浙江精神与『八八战略』

ZHEJIANGJINGSHEN YU BABA ZHANLUE

胡承槐　胡文木◎编著

浙江省哲学社会科学重点研究基地
『文化发展创新与文化浙江建设研究中心』资助项目

中共中央党校出版社

图书在版编目（CIP）数据

浙江精神与“八八战略”/胡承槐，胡文木编著．
--北京：中共中央党校出版社，2020.6
ISBN 978-7-5035-6372-0

Ⅰ.①浙… Ⅱ.①胡… ②胡… Ⅲ.①区域经济发展
-经济发展战略-研究-浙江②社会发展-发展战略-研
究-浙江 Ⅳ.①F127.55

中国版本图书馆 CIP 数据核字（2019）第 299388 号

浙江精神与“八八战略”

责任编辑 蔡锐华 侯文敏
版式设计 苏彩红
责任印制 陈梦楠
责任校对 李素英
出版发行 中共中央党校出版社
地　　址 北京市海淀区长春桥路 6 号
电　　话 （010）68922815（总编室） （010）68922233（发行部）
传　　真 （010）68922814
经　　销 全国新华书店
印　　刷 北京中石油彩色印刷有限责任公司
开　　本 700 毫米×1000 毫米 1/16
字　　数 300 千字
印　　张 19.25
版　　次 2020 年 6 月第 1 版 2020 年 6 月第 1 次印刷
定　　价 56.00 元

网　　址：www.dxcbs.net **邮　　箱**：zydxcbs2018@163.com
微 信 ID：中共中央党校出版社 **新浪微博**：@党校出版社

目　录 MU LU

绪　论

制定并实施“八八战略”和进一步总结、凝练并倡导、弘扬浙江精神，是习近平同志在主政浙江时创下的两大光辉业绩，在客观实践和主观精神两个方面为浙江的可持续发展注入长盛不衰的原动力。深入理解浙江精神与“八八战略”之间的内在逻辑联系，对于进一步培育和弘扬浙江精神，沿着“八八战略”所指引的方向，推进浙江经济社会发展具有重要的理论和实践意义。

一、浙江精神的丰富性、典型性、实践性和发展的阶段性

人是物质性的存在物，同时也是精神性的存在物。准确、全面系统地理解一个地方区域的风土人情、精神风貌，是制定地方区域发展路线、治理方略的重要前提。习近平同志关于浙江精神的系列论述、报告、讲话，准确、系统、科学地界定了“浙江精神”的内涵、特征及与浙江历史、当下实践的辩证关系，是科学认知浙江实际的重要理论成果。

首先，从最广泛的角度来看，所谓浙江精神亦即浙江人民的精神。这一定义，明确了浙江精神的主体及其主体间性（地方区域特性的限定），明确了浙江精神承载主体和实践来源的广泛性，明确了浙江精神的人民性，坚持和体现了群众史观的价值旨归。

其次，从历史发展、文化积淀视角定义浙江精神，指明了浙江精神是历代浙江人民祖祖辈辈创造传承下来，经过历史锤炼、选择和凝结起来的，体现在当代浙江人身上的精神气质，是弥漫于浙江大地生生不息的优秀文化的世代传承和现实再现。故而生发于浙江大地上的悠久的历史文化、激情澎湃的革命文化和生气蓬勃的现代文化精华构成了浙江精神的三大文化基因和内在要素。

最后，从浙江改革开放的时代实践视角定义浙江精神，从中揭示浙江

精神的时代新内涵和浙江精神的实践性及发展的阶段性。在改革开放头二十几年的伟大实践中，浙江人民进一步发扬奋斗精神，厚植浙江精神，将浙江精神推进到“自强不息、坚忍不拔、勇于创新、讲求实效”的新高度。党的十六大之后，十一届浙江省委、省政府全面树立和落实科学发展观，紧密结合浙江实际，团结和带领全省人民开展实施“八八战略”、全面建设“平安浙江”和促进社会和谐等一系列新的伟大实践，进一步生成“求真务实、诚信和谐、开放图强”的浙江精神新特质，以充满时代新气息的浙江精神引领浙江人民“干在实处，走在前列”。

浙江精神是由世世代代生活在浙江大地上的人民群众在改造自然、改造社会的奋斗中累积起来引人奋进向上且体现真善美的精神气质、精神力量。

二、浙江精神为“八八战略”提供精神土壤、元素和动力

从现实出发和将党的十六大精神贯彻落实到浙江的具体实践中去，是科学制定和实施“八八战略”的两大支点。浙江精神作为现实条件的重要组成部分，从主体精神方面为科学制定、实施“八八战略”提供了厚实的精神土壤、丰富的精神元素和强大的精神动力。

首先，浙江精神为“八八战略”的科学制定、科学实施提供了厚实的精神土壤。“八八战略”是在全面系统、深入了解掌握浙江经济社会发展的实际情况，依据浙江经济社会发展中存在的实际矛盾，分析浙江发展的优势和短板的基础上生成的。在这里，浙江的主体情况，浙江的人文历史积淀，从主体方面构成制定和实施“八八战略”的精神土壤。在浙江大地上，源自先民治水进程形成的以因势利导为主要内容的、尊重客观规律实事求是的科学精神源远流长，从大禹到沈括再到竺可桢，这些历史人物充分反映了浙江人民具有特别深厚的求知尊智、深入事理、尊重规律、因势利导、探索创新的人文特质；从陈亮、叶适主张经世改用，到黄宗羲高呼工商皆本，千年来始终浸润着事功为上、工商亦本的商业理性，并哺育出如明代沈万山、清代宁波帮、湖州帮为典型代表的大商巨贾，营造着代代相沿、弥漫四方的工商气息；从吴越国王钱镠的保境安民、国家认同到岳飞、于谦再到近代秋瑾的爱国保民，爱国思想与民本思想融为一体、绵长

深厚；从胡则清正廉洁、勤政为民到方孝孺、张苍水的刚正不阿再到柔石的台州式硬气，世世代代培育着浙江人的正气、硬气和底气；这种刚健正直、坚贞不屈的气节与事功为上的商业精神再融合，又进一步生发出讲信守义、义利并举的契约精神和中庸的道德特性；从越王勾践的卧薪尝胆，到鲁迅的战斗到最后一口气再到无数“陈江河”们（电视剧《鸡毛飞上天》的主角）的发奋图强，浙江人特别能吃苦的坚韧不拔精神绵长又深厚；凡此等等，深厚的历史文化，培育了近现代浙江的革命文化、科学思维、商业理性和奋斗韧性。

改革开放以来，浙江广大干部群众秉承优秀文化传统，进一步弘扬浙江精神，赋予浙江精神“自强不息、坚韧不拔、勇于创新、讲求实效”的新特质，并构成浙江精神的核心文化竞争力，激励和引领浙江人民率先进行市场取向的体制改革，激励和引领浙江坚持经济社会统筹协调发展。浙江精神的这一新发展为“八八战略”的制定和实施提供了厚实的时代精神土壤。

其次，浙江精神为“八八战略”提供丰富的主体实践的精神元素。“八八战略”，是在浙江精神土壤上制定出来的，内在地包含着浙江精神的精神元素。“八八战略”的制定过程、实施过程是将中央精神与浙江实际紧密结合的过程，这与浙江精神中悠久的求知重智、因势利导的实事求是精神一脉相承，是浙江精神在新的历史条件下的闪亮再现。“八八战略”从整体到每一个具体战略部署，都与浙江精神存在高度的对应关系，在整体上，“八八战略”再现和浸透着以民为本、实事求是、事功为上、敢为人先、商业理性、发奋图强等浙江精神；在每一具体战略部署上，或侧重反映体现浙江人民敢为人先、善于变通、打破陈规的创业创新精神，或侧重反映体现浙江人民事功为上、开放合作、守信重诺的商业理性，或侧重反映体现浙江人民工商皆本、善于事功，紧跟时代发展脚步的时代精神，或侧重反映体现浙江人特别注重家国一体、区域一体及能以四海为家的爱国爱乡精神、团结互助精神、艰苦奋斗精神，或侧重反映体现浙江人民爱学习、重文化、讲文明、注重“诗书”传承的人文精神，等等，“八八战略”自始至终都充盈和贯穿着浙江精神。

最后，浙江精神为实施“八八战略”提供强大的精神动力。普遍良好、积极向上的主观状态和精神风貌是党和政府推动各项政策措施落地见效的客观基础、重要前提。十一届浙江省委、省政府为贯彻实施“八八战略”，一方面加大力度宣传优秀的历史文化，用浙江的历史、文化教育熏陶人民；另一方面在全省开展深入总结浙江改革开放基本经验和进一步挖掘、凝练浙江精神的活动，强化精神文化认同，用浙江经验、浙江精神鼓舞激励人民，从而进一步激发敢为人先、创新创业的勇气和智慧，进一步强化浙江人民特别能吃苦耐劳的韧性，进一步激发浙江人民特别能善于发现商机的嗅觉，进一步厚植浙江人民守信重诺、互助合作、共化危机的商业理性和契约精神，进一步丰富浙江人民特别能适应市场、特别善于开拓市场、完善市场机制体制的灵性。

在浙江精神引领和鼓舞下，“八八战略”顺利实施，“活力浙江”“平安浙江”“法治浙江”“绿色浙江”、文化大省建设卓有成效，经济社会发展各项事业走在全国前列。

其一，市场发育、创新发展走在全国前列。富于改革创新精神的浙江人民，在十一届浙江省委、省政府的带领下，大胆探索，改革“变法”，变计划经济之旧规，立市场经济之新法，变行政命令之陋习，建市场运行之良序，不断健全完善市场经济体制机制，加快先进制造业基地建设，走新型工业化道路，大力发展战略新兴产业，形成以公有制为主体、多种所有制经济携手前行共同发展，经济总量高速增长、经济质量跳跃发展的大好格局。

其二，协调发展走在全国前列。通过大力实施城市化战略，“千村示范、万村整治”和“山海协作”工程，跳出“三农”抓“三农”，统筹“三农”兴“三农”，率先在全国走出一条以城带乡、以工促农、城乡一体化发展的路子。

其三，绿色发展走在全国前列。在制定和实施“八八战略”的过程中，十一届浙江省委以“以人为本”“因势利导”的浙江精神为内在动力，确立“绿水青山就是金山银山”的生态经济理念，进一步发挥浙江的生态优势，走绿色发展的道路，大力发展绿色经济、循环经济，努力创建绿色浙江、美丽浙江。

其四，开放发展走在全国前列。开放发展是与浙江人自古以来就具有的特别擅长于商业活动、特别能吃苦耐劳并游走于四方的浙江精神高度吻合的发展路子。浙江省委、省政府以浙江精神为内在动力，着眼于省内省外、国内国际两个大局，高举开放发展大旗，全力打造开放合作平台，全面提升开放型经济发展水平，使浙江发展成为对内对外开放水平领先的省份。

其五，共享发展走在全国前列。商品经济是在时间空间上表现为一种持续重复的社会化的经济活动过程，在经济活动中，各方行为主体共同得益是商品经济的内在要求和精神元素。十一届浙江省委、省政府在实施“八八战略”过程中，将科学发展观与浙江丰厚的商业精神有机地结合起来，充分利用浙江人乐于共享这一精神元素，强调坚持发展过程中的人民主体地位，坚持全体人民“共享改革发展成果”的理念，着力多方面推进平等享有发展权、享受权的体制机制改革，通过制度、体制、机制的多方面创新，促进社会公平正义，让欠发达地区和社会弱势群体广泛地享受到社会发展成果。

三、科学制定、实施“八八战略”推进浙江精神走向更高层次

一方面，科学制定、实施“八八战略”以浙江精神为主观条件和社会意识背景；另一方面，“八八战略”的实施和一以贯之的持续坚持，也反作用于浙江精神，不断厚植浙江精神，将浙江精神推向更高的历史发展阶段，赋予浙江精神更为鲜明的“求真务实、诚信和谐、开放图强”的时代新特点。

科学制定和实施“八八战略”，促使广大干部群众更加自觉、更为科学地将马克思主义理论适用于浙江具体实践，在更高水平上厚植了求真精神。“八八战略”的制定和实践，推动了全省广大干部群众进一步探求马克思主义理论之真，用发展着的马克思主义最新成果武装头脑，科学理解和掌握邓小平理论、“三个代表”重要思想、科学发展观的精髓，在“真学、真懂、真信、真用”的过程中，将理论转变为思路，将理论转化为实践成效。

“八八战略”的制定、实施，推动了全省广大干部群众进一步探求浙

江发展规律之真。对标时代发展的基本趋向，对标科学发展观和中央对浙江的要求，分析总结浙江的特色、个性和优势，分析总结浙江发展过程中的短板、不足和种种客观的约束条件，深化浙江发展规律的认知，在更为全面认知浙江实际基础上，按照浙江发展规律，勇于发挥优势，勇于创新创造。

“八八战略”的制定、实施，推动了全省广大干部群众探求认识和改造世界的方法之真，进一步锻炼和提高了广大干部理论联系实际、走群众路线的自觉性和能力，进一步激发了广大干部群众在遵循客观规律基础上的首创精神，在实践中创新、创业、创造的智慧和勇气。

“八八战略”的制定、实施，进一步厚植了真抓实干、讲求实效的务实精神。尊重实际，注重实干，讲究实效，是浙江传统的事功务实精神的具体展现。“八八战略”的制定和实施将浙江精神的务实精神推到更高层次。从务实和空间讲，它将散布于微观层面的事功务实精神，提升到宏观省域层面，成为全省区域发展战略的主观出发点，从全省人民的愿望要求出发，从世情、国情、省情出发，注重实干，始终坚持以经济建设为中心，聚精会神搞建设，一心一意谋发展，推动经济社会转入科学发展的轨道。从务实的社会领域、内容层次上讲，它将侧重于经济活动中致事功讲实效的意识，扩展为整个社会全领域发展的重实干讲实效的务实精神，在制定和实施“八八战略”的过程中，进一步树立效率理念，加强科学管理，提高资源利用效率，全面、协调、高效地推进浙江经济社会的科学发展。

“八八战略”的制定、实施，进一步厚植了诚实立身、信誉兴业的诚信精神。诚信是人类社会的永恒价值，更是现代商业社会的基石。重规则、守契约、讲信用、言必信、行必果，是浙江普遍的传统美德，它们在“八八战略”的实施过程中，在“活力浙江”“信用浙江”“法治浙江”的建设过程中得到进一步倡导弘扬，不仅普通民众、企业的信用意识、规则意识更为增强，更加重要的是政府等公权力机关的规则意识、信用意识大为增强，把诚信和依法行政作为政府公正公信之源，努力增加政务透明度，努力建设法治政府、有限政府和服务型政府，在“信用浙江”“法治浙江”建设中起到引领作用；不仅在省内、国内的商务活动和社会交往中，坚持心底真诚、行为守信，做一个诚信的公民、企业或政府机关，更重要的是在涉外商务和交往中，把诚信视为最好的竞争力、通行证，坚守诚信原则，将浙江的诚信精神展示给全世界。

"八八战略"的制定、实施，进一步厚植和弘扬了和美与共、和睦有序的和谐精神。和谐是一种客观状态，也是一种精神状态，是主观对客观状态的感受和追求。在"八八战略"的实施过程中，通过建设"绿色浙江"，正确处理"金山银山"与"绿水青山"的辩证关系，全省人民更加自觉地关爱自然、保护自然，培养起与自然和悦相适的情操心境，与自然之间建立起更为融洽和谐的相互关系。在实施"八八战略"过程中，通过"文化大省""平安浙江""法治浙江"建设，全省人民确立起社会主义共同目标的价值追求，和衷共济，营造相互尊重、相互理解、团结关爱的文化精神氛围，以社会主义道德、法治为准绳，坚持公平正义的价值导向，妥善处理和化解各种利益冲突，促进不同利益群体平等相待，协同行动，不断提高物质生活共同富裕、精神生活共同富有的水平，把浙江建设成越来越和谐的美好生活的精神家园。

"八八战略"的制定、实施，进一步厚植和弘扬了浙江省以全球视野为底色的开放精神。近代以来，人类历史逐渐从地域史、民族史转向"世界史"的发展轨道。不断克服地域性限制的束缚，是商品经济历史阶段和当今全球化大趋势的必然要求。"八八战略"顺应这一历史大趋势，激励浙江广大干部群众敞开胸怀，进一步树立国家整体意识和全球化意识，在"请进来、走出去"两个方面狠下功夫，在高度的自省中，虚心地积极地汲取海内外优秀的物质文明、制度文明和精神文明成果，进而推动浙江省经济、法治、道德、文化生活以及自然环境和基础设施跃向更高水平；在嘹亮的进军号中，跳出浙江发展浙江，将浙江的人流、资金流、物流引向海内外四面八方，在浙江省域之外再建起一个"浙江经济"，同时还把浙江的物质文明、精神文明带到海内外四面八方，使浙江在开放发展方面走在了全国前列。

"八八战略"的实施，进一步厚植了拼搏奋斗、奔竞不息的图强精神。逆水行舟，不进则退。"八八战略"的制定和实施，为浙江的进一步发展指明了方向，也进一步激发出浙江广大干部群众奋发进取、走在前列的斗志。在“八八战略”的实施过程中，广大干部群众进一步树立起忧患兢慎意识，始终保持谦虚谨慎、不骄不躁的作风，做到自豪而不自满、昂扬而不张扬、务实而不浮躁，兢慎干事，逆进顺取，不断前行；在前行中，不断增强勇立潮头的胆略，发扬“先人一步”“高人一招”的改革智慧，不断化挑战为机遇，转潜力为实力，变困境为佳境；在前行中，致富思源、富而思进，以忧天下之忧的宽广胸襟，先富带后富，积极参与东北老工业基地振兴、西部开发和中部崛起等国家战略性大项目，为浙江和整个国家的现代化建设拼搏向前。

总而言之，浙江精神和“八八战略”之间有着相互联结、相互支撑、相互促进、相互转化的辩证关系，正确认知和科学掌握这一辩证关系，是浙江经济社会可持续发展的有力保障。基于此，浙江省委党校马克思主义研究院编写《浙江精神与“八八战略”》一书。全书由绪论和十章内容构成，各章内容和主要观点如下：

第一章：“八八战略”：浙江精神引领下区域发展战略的成功实践。“八八战略”是浙江精神引领下浙江区域发展和现代化建设的成功实践，是习近平新时代中国特色社会主义思想形成的重要基石，是21世纪马克思主义和中国当代马克思主义的鲜活内容。2003年2月至2007年3月，在浙江经济社会发展进入结构性转型的重要关头，在习近平同志主政浙江期间，坚持和发展“自强不息、坚韧不拔、勇于创新、讲求实效”的浙江精神，与时俱进地培育和弘扬“求真务实、诚信和谐、开放图强”的精神，创新形成并初步实践了“八八战略”，推动区域现代化建设走在全国前列，奠定了浙江经验的基本格局，给浙江人民乃至全国留下了宝贵的精神和物质财富，为习近平新时代中国特色社会主义思想形成和发展提供了丰富的浙江素材。

第二章：以敢为人先的拼搏精神为动力，充分发挥浙江的体制机制优势。在党和国家改革开放方针的指引下，浙江人民蕴藏在血液里的敢为天下先的创新拼搏精神喷薄而出，经过20多年的持续发力，率先在全国生成较为充分发达的市场体制、市场机制，率先成为市场大省。市场体制、市场机制的生成，一方面极大地提升和推动了浙江经济的发展。在另一方面，也带来了新的一系列问题，比如粗放发展的问题，公有制经济不断退缩的问题。如何在进一步发展经济的同时，解决好市场发展所带来的问题？习近平同志主政浙江期间，省委、省政府号召全省广大干部人民以浙江精神为动力，继续深化改革，“进一步发挥浙江的体制机制优势”，在市场体制、市场机制充分发展的背景下，创造性地“大力推动以公有制为主体的多种所有制经济共同发展”，进而反过来通过公有制经济和其他各种成分的所有制经济的共同发展，“不断完善社会主义市场经济体制”。

第三章：以开放精神为引领，不断提高对内对外开放水平。习近平同志主政浙江期间，强调浙江精神在新时期新阶段必须与时俱进，其中非常重要的一点就是要进一步培育和弘扬海纳百川、兼容并蓄的“开放”精神。“开放”，是全球意识、世界胸襟，就是海纳百川、兼容并蓄，以我为主，为我所用。“开放”，就要进一步树立开放理念和兼容胸怀。要在高度的自省中虚心汲取全人类创造的一切文明成果，使我们的思想观念、生活习惯、行为方式和精神素质不断适应开放的世界和全球化竞争的需要，让开放的精神结出更多惠及浙江千万人民的硕果。“开放”，就要进一步增强全球眼光和战略意识。要有跳出浙江发展浙江的大手笔，具备积极参与全球化合作与竞争的勇气和胆略，在更大范围、更广领域、更高层次参与国内外的经济合作和交流，努力提高对外开放的水平。“开放”，还要进一步提升做世界公民的文明素质和人文情怀，关心全人类的文明进步和共同发展。“求真务实”“开放图强”的浙江精神，如涌动的活水，跳跃、翻腾在整个浙江开放型经济建设的历史过程中，表现出旺盛的生命力。

第四章：秉承浙江精神，加快先进制造业基地建设。浙江精神充分调动和激发了浙江人民建设社会主义现代化的积极性、主动性和创造性，为推动浙江发展提供了不竭动力和精神源泉，鼓舞着一代又一代浙江人投身改革开放和创业创新。在新的历史起点上，浙江人民以块状特色产业优势为基础，大力弘扬与时俱进的浙江精神，精准发力，补齐传统产业的转型升级和新兴产业的创新发展的科技短板，加快先进制造业基地建设，这是“八八战略”关于把潜在产业优势转化为现实物质基础的战略思维，是马克思生产力理论的客观要求。先进制造业基地建设和弘扬浙江精神在逻辑和内核上互促共进，不断激发浙江人民的无穷智慧和伟大创造。从实践来看，从工业创新创强到块状经济落后产能整治，大批知名企业和“浙江制造”品牌的崭露头角，无不展现坚持精神引领的实践意义，这为当前推进供给侧结构性改革提供了一个实践起点。

第五章：以浙江精神为引领，坚持城乡统筹协调发展。在浙江精神的引领下，浙江坚持城乡经济社会统筹协调发展，加快推进城乡一体化，通过大力实施城市化战略，跳出“三农”抓“三农”，统筹城乡兴“三农”，推动城乡居民收入大幅度提高。2018 年，浙江居民人均可支配收入为 45840 元，仅次于北京和上海，自进入 21 世纪以来一直排名全国第 3 位；全年城镇和农村居民人均可支配收入分别为 55574 和 27302 元，城乡居民收入差距继续保持全国最低位。目前，浙江全面小康社会实现程度约 98%，城镇化率为 69%，高等教育毛入学率超 60%，教育、卫生、文化、社会保障等各项事业都取得了长足进步，已实现全面建成小康社会的既定目标。

第六章：弘扬人与自然“和谐”精神，引领创建“绿色浙江”生态省。浙江精神作为具有浙江地方特色的群体意识、精神状态、价值取向和思想境界，在浙江生态文明建设推进过程中得到充分运用和集中体现。浙江实施生态省战略以来，从打造“绿色浙江”到建设“美丽浙江”、再到“诗画浙江”大花园，推进一系列环境污染治理行动，特别是坚持走“绿水青山就是金山银山”的绿色发展之路，体现了浙江人对世纪之交转型时期客观存在的环境污染问题能够做到“求真务实”、治理到底，体现了对如何处理好人与自然关系能够做到“诚信和谐”、共生共进，体现了对培育新时代绿色发展新优势能够做到“开放图强”、创新驱动。在“浙江精神”引领下总体性推进生态文明建设和绿色发展，谱写新时代高质量发展的浙江生态篇章。建设“绿色浙江”生态省战略既从浙江当时经济社会发展水平和生态环境实际状况出发，又着眼于与科学发展观这个重大纲领对齐，统筹人与自然和谐发展，为浙江生态文明建设工作全局提供正确指导和预见引领，体现与“四个全面”“五大发展理念”是精神契合、逻辑贯通、理论升华的关系。十余年来浙江按照“绿水青山就是金山银山”的路子谋划浙江绿色发展格局，制定实施一系列重要生态文明建设保障制度并取得显著成效，特别是对安吉、桐庐、开化、海盐等地区，探究其生态保护、生态经济、生态评估等特色绿色发展和生态治理模式。党的十八大以来，中央制定了许多促进生态文明建设的制度和措施。党的十八届五中全会进一步提出了绿色发展理念，其中蕴含着浙江生态文明建设试点示范的创新探索和长期积累的成功经验。理论和实践再次证明在“两山理论”指导下，浙江的绿色发展已经走在全国前列、正在引领绿色发展潮流。

第七章：浙江精神引领山海战略，推动区域经济社会协调发展。浙江山水秀丽，人文荟萃。千百年来，浙江特有的地理环境、生产生活方式、历史上的多次人口迁徙和文化交融，造就了浙江人民兼有农耕文明和海洋文明的文化特质，锤炼了浙江人民兼容并蓄、励志图强的生活气度，砥砺了浙江人民厚德崇文、创业创新的精神品格。浙江精神代代传承，历久弥新，始终激励着浙江人民励精图治，开拓创新，显示出强大的生命力和创造力。进入21世纪后，虽然浙江的经济总量与人均GDP一直在全国居于前列，但是同样存在着区域发展不平衡、不协调问题，全省经济社会持续快速健康发展面临着严峻挑战。习近平同志主政浙江期间，提出了“八八战略”。作为“八八战略”重要组成部分之一的“山海战略”是浙江为推进区域协调发展而实施的一项重大战略举措。此后，历届浙江省委带领全省人民，不断丰富“山海战略”的内容和载体，创新“山海战略”实现的路径。经过十多年的不懈努力，“山海战略”有效地缩小了浙江区域经济发展的差距，取得了显著成效，使浙江统筹发展走在了全国前列，并在实践中逐步探索出了一条具有浙江特色的区域协调发展的新模式。在“山海战略”实施的背后，始终跳动着、支撑着、推动着、引领着人们的力量源泉，正是浙江精神。它不仅与“山海战略”的实践相伴，而且将求真务实、开放图强、走在前列、勇于创新、崇学向善等精神发扬光大，谱写了新时期浙江人民高水平全面实现小康社会的奋斗篇章。

第八章：以浙江精神为引领，打造一流的经济社会发展环境。浙江精神作为浙江人民在千百年来的奋斗发展中孕育出来的宝贵财富，不仅体现了改革开放的本质要求，同时也体现了改革开放和中国特色社会主义实践在浙江区域呈现出的“勇立潮头”的内在动力和“走在前列”的实践探索，两者互为表里，相互促进，不断推动着浙江经济发展所需要的“硬环境”和“软环境”的改善。尤其是2003年，随着浙江省委提出“进一步发挥环境优势，积极推进以‘五大百亿’工程为主要内容的重点建设，切实加强法治建设、信用建设和机关效能建设”重大战略部署，浙江精神在改造外部环境过程中不断绽放出的强大精神动力并有力地保障了浙江环境的全面营造和提升。

第九章：大力弘扬浙江精神，全面建设文化强省。改革开放以来，浙江人民之所以创造了令世人瞩目的“浙江奇迹”，从客观上来看，这种决定性的物质力量就是浙江全体人民在坚持社会主义总体利益的前提下最大限度地让市场力量发挥决定性作用的必然结果。从主观上说，这根源于具有地方区域个性和特色的“浙江精神”进一步萌发与再造：从“自强不息、坚韧不拔、勇于创新、讲求实效”到“求真务实、诚信和谐、开放图强”再到“干在实处、走在前列、勇立潮头”。浙江精神作为“思想发动机”不仅推动着浙江物质生产系统的飞跃式发展，更复归于自身推动着浙江精神系统的飞跃式发展——文化强省的美好前景正一步步向我们走来。就具体内容而言浙江精神所引领的文化强省建设可在逻辑上划分为三个层层递进、环环相扣的部分：一是浙江精神呼唤文化强省建设，这是“干在实处”的精神自觉。二是浙江精神激励建设文化强省战略的具体深化，这是“走在前列”的精神自信。三是浙江精神建构全面建设文化强省的宏伟蓝图，这是“勇立潮头”的精神自强。

第十章：浙江精神与“党建八八部署”相互促进相得益彰。办好中国的事情，关键在党，越是快速发展，就越要绷紧党的建设这根弦。将精神文明建设、物质文明建设与党的建设有机结合起来，是习近平同志主政浙江期间工作的重要特色。为更好地实施“八八战略”，十一届浙江省委在2004—2005年，分别部署了浙江精神大讨论和“巩固八个方面的基础，增强八个方面的本领”的党建部署（简称“党建八八部署”）。两者相互支撑、相互促进，共同推动了浙江经济社会全面发展。一方面，浙江精神的凝练、概括、宣传、坚守和弘扬，为浙江“党建八八部署”营造了极好的精神氛围和主观能动性；另一方面，“党建八八部署”的实践，将浙江精神引入党建领域，并将浙江精神的实现形式提升到新的高度。

第一章　“八八战略”：浙江精神引领下区域发展战略的成功实践

“八八战略”是在浙江精神引领下浙江区域发展和现代化建设的成功实践，是习近平新时代中国特色社会主义思想形成的重要基石，是21世纪马克思主义和当代中国马克思主义的鲜活内容。2003年2月至2007年3月，在浙江经济社会发展进入结构性转型的重要关头，习近平同志主政浙江期间，坚持和发展“自强不息、坚忍不拔、勇于创新、讲求实效”的浙江精神，与时俱进地培养和弘扬“求真务实、诚信和谐、开放图强”的精神①，创立、形成并初步实践了“八八战略”，推动区域现代化建设走在全国前列，奠定了浙江经验的基本格局，给浙江人民乃至全国留下了宝贵的精神和物质财富，为习近平新时代中国特色社会主义思想的形成和发展提供了丰富的浙江素材。

一、“八八战略”形成的理论基础、精神力量及时代背景

面对浙江改革发展遇到的诸多新问题、新挑战，曾主政浙江的习近平同志以红船精神和浙江精神为引领，自觉运用中国特色社会主义理论，先行先试，在破解制约浙江发展的战略性、全局性、长远性问题上进行了一系列大胆探索。2003年7月10日，时任浙江省委书记的习近平同志在省委第十一届四次全会上，在总结浙江多年来的发展经验基础上，全面系统地概括了浙江发展的八个优势，提出了指向未来的八项举措，统称“八八战略”。“八八战略”的提出，为浙江加快全面建设小康社会、提前基本实现现代化指明了方向，成为浙江区域现代化建设的顶层设计和省委领导全省发展的总战略。近年来，浙江省委坚持一张蓝图绘到底，一任接着一任

① 习近平：《与时俱进的浙江精神》，《哲学研究》2006年第4期。

干，不动摇、不停步，不懈怠、不折腾，把“干在实处，走在前列”的要求一贯到底，认真续写“八八战略”这篇大文章，不断推进“八八战略”深化细化具体化，不断以新的成效彰显出“八八战略”的生命力，推动浙江各项事业发展不断跃上新台阶。

（一）马克思主义的总体方法论是“八八战略”创立和形成的重要理论基础

马克思主义理论是通过总体方法论构建起来的综合性科学体系，总体性是它的根本特征，总体方法论是它的根本方法。马克思在关于《资本论》的通信和《政治经济学批判导言》中指出，我的著作是“艺术的整体”，要真正理解掌握它，只有用“我的方法”，达到“具体的总体”。总体方法论就是将人与人的世界理解为一种总体性存在，并通过对这种总体性存在的把握去理解和解释每一个个别事件的存在[①]。从“八八战略”到“四个全面”，从区域实践到大国治理，习近平新时代中国特色社会主义思想深得马克思主义总体方法论的精髓，在中国特色社会主义伟大实践中不断丰富和发展马克思主义的总体方法论，并推动21世纪马克思主义和当代中国马克思主义的构建和发展。“八八战略”是马克思主义的总体方法论和总体性原则运用于科学社会主义实践和中国改革开放事业的典范。

（二）与时俱进的浙江精神是“八八战略”创立和形成的不竭动力

浙江是红船精神的诞生地。改革开放以来，在红船精神引领下，浙江人民创造和形成了“自强不息、坚忍不拔、勇于创新、讲求实效”的浙江精神，成为推动浙江改革开放和现代化建设事业的强大精神动力。习近平同志主政浙江期间，不断思考坚持和发展浙江精神问题，为浙江实现区域跨越式发展谋划和增添精神动力。2003年7月，习近平同志在部署和阐发“八八战略”这篇大文章时，强调要“进一步发挥浙江的人文优势，积极推进科教兴省、人才强省，加快建设文化大省”，把“文化大省”既作为“八八战略”的重要内容，又作为“八八战略”实施和推进的重要精神支撑。经过几年的探索和积累，2006年习近平同志在《哲学研究》第4期发

---

① 胡承槐等：《全面深化改革：马克思主义的总体方法论创新发展》，浙江人民出版社2015年版，第11页。

表《与时俱进的浙江精神》，总结和提炼“求真务实、诚信和谐、开放图强”的浙江精神[①]，以此激励全省人民干在实处，走在前列。2016 年 G20 杭州峰会期间，习近平总书记对如何秉持浙江精神提出新的要求，告诫全省人民在浙江精神的引领下，“干在实处，走在前列，勇立潮头”。十多年来，在党中央的坚强领导下，浙江省委、省政府领导全省党员干部和广大人民群众不断把浙江精神融入血脉、化作基因，从中不断汲取真理的力量、创新的力量、实干的力量、精神的力量。

（三）新世纪面临的机遇和挑战是“八八战略”创立和形成的时代条件

进入 21 世纪以来，经济全球化深度发展，世界科技进步日新月异，国际生产要素重组和产业转移加快，中国在经济全球化和世界科技革命中面临着经济结构调整、产业升级、开放开发的机遇。因此，中央作出科学研判，认为 21 世纪头 20 年，中国进入了全面建成小康社会的关键时期和决胜阶段，是必须紧紧抓住并且可以大有作为的重要战略机遇期。同时，新世纪新阶段又面临着能否顺利跨过“中等收入陷阱”的挑战，能否打破妨碍经济社会发展的体制机制弊端，能否化解深化改革和扩大开放的风险，能否应对国际形势复杂多变的挑战等。基于此，习近平同志带领省委一班人，把握中央科学发展要求，顺应人类社会发展大势，弘扬“红船”精神，探索区域治理的新道路、新方式，进行了“八八战略”的总体部署和创新实践，抓住机遇、用好机遇，拓展更大的发展空间，赢得更好的发展优势。

（四）浙江发展的现实基础和问题导向是“八八战略”创立和形成的历史根据

习近平同志主政浙江期间，正是浙江经济发展的腾飞期、增长方式的转变期、各项改革的攻坚期、开放水平的提升期、社会结构的转型期和社会矛盾的突显期，对生产关系和上层建筑的调整提出了新的要求，对从法律和制度上统筹兼顾各方面利益提出了新的要求，对经济调节、市场监管、社会管理、公共服务提出了新的要求。当时全国人均 GDP 达到 1000

---

① 习近平：《与时俱进的浙江精神》，《哲学研究》2006 年第 4 期。

美元，浙江人均GDP是全国第一个超过3000美元的省份（不含直辖市），20多年的改革开放为浙江提升发展积累了良好的物质基础，创造了跨越“中等收入陷阱”“走在前列”的优势和条件。但是，浙江发展也遇到了资源短缺等“先天的不足”和发展方式粗放等“成长的烦恼”，致使原有的一些优势正在减弱，新的矛盾又在不断出现，“不能再走老路”，必须坚持全球站位和世界眼光，跳出浙江看浙江，以战略思维谋划新发展，进一步认识和把握自身优势，强化现有优势，发掘潜在优势，通过“八八战略”的新实践，把原有的劣势转化为新的优势，奋力推进浙江的新一轮改革发展。

（五）“走在前列”“提前基本实现现代化”的历史使命是“八八战略”创立和形成的现实依据

改革开放以来，浙江作为沿海开放地区，其经济社会发展和党的建设为全国创造了许多经验，不少工作走在全国前列，成为日渐响亮的省域名称。进入21世纪以来，党的十六大确定了21世纪头20年全面建设小康社会的宏伟目标，要求“有条件的地方可以发展得更快一些，在全面建设小康社会的基础上，率先基本实现现代化”。为此，浙江省委基于对中央精神、时代要求、群众期盼的正确认识和把握，决定发挥“八个优势”，推进“八项举措”，着力推进质量和效益同步提升的快速发展，城市与农村互促共进的一体化发展，物质、精神、政治三大文明相辅相成的协调发展，经济社会与人口资源环境的可持续发展，从而在新的更高起点上实现到2020年“翻两番”的目标，使浙江的经济更加发展、民主更加健全、科教更加进步、文化更加繁荣、社会更加和谐、人民生活更加富裕。

二、“八八战略”基本内涵及其浙江精神引领下的实践成效

2003年7月，时任浙江省委书记的习近平同志，以浙江精神为引领，根据科学发展观的要求，在省委十一届四次全会上，明确提出发挥“八个优势”，推进“八项举措”，统称“八八战略”。由此，“八八战略”成为浙江区域发展的总纲领和总方略，引领浙江的前进方向、统筹浙江的发展布局、指导浙江的具体实践。在“八八战略”的实践过程中，浙江省委大力弘扬与时俱进的浙江精神，不是静止地、机械地看待“八八战略”，而是根据中央精神，结合浙江实际，不断丰富和发展“八八战略”，统筹谋划

浙江创新发展的全局，持续作出“活力浙江”“平安浙江”“法治浙江”“绿色浙江”及“文化大省”建设等重大决策，逐步形成了以党建为统领，经济、政治、文化、社会、生态文明五位一体的区域现代化建设布局，以此指导和推进浙江“干在实处，走在前列”，创造了中国特色社会主义的区域实践经验。

（一）“八八战略”的基本内涵

“八八战略”是进一步发挥“八个方面的优势”，推进“八个方面的举措”的简称，其基本内涵：一是进一步发挥浙江的体制机制优势，大力推动以公有制为主体的多种所有制经济共同发展，不断完善社会主义市场经济体制；二是进一步发挥浙江的区位优势，主动接轨上海、积极参与长江三角洲地区合作与交流，不断提高对内对外开放水平；三是进一步发挥浙江的块状特色产业优势，加快先进制造业基地建设，走新型工业化道路；四是进一步发挥浙江的城乡协调发展优势，加快推进城乡一体化；五是进一步发挥浙江的生态优势，创建生态省，打造“绿色浙江”；六是进一步发挥浙江的山海资源优势，大力发展海洋经济，推动欠发达地区跨越式发展，努力使海洋经济和欠发达地区的发展成为浙江经济新的增长点；七是进一步发挥浙江的环境优势，积极推进以“五大百亿”工程为主要内容的重点建设，切实加强法治建设、信用建设和机关效能建设；八是进一步发挥浙江的人文优势，积极推进科教兴省、人才强省，加快建设文化大省。“八个方面优势”是对浙江改革发展具体实践的高度凝练，“八个方面举措”是引领浙江改革发展向更高更新目标迈进的战略指向。

由此可见，“八八战略”不是线性的、平面的理论概念，而是科学的、总体的“大文章”。“八八战略”涵盖了经济、政治、文化、社会和生态文明建设各领域，体现的是中国特色社会主义事业“五位一体”总布局在浙江的生动实践。“八八战略”的主要内容包括：不断完善社会主义市场经济体制，提高对内对外开放水平，推动城乡一体化和欠发达地区跨越式发展，加快发展海洋经济，走新型工业化道路；加强法治建设、信用建设和机关效能建设，构建服务型政府，建设“法治浙江”；积极推进科教兴省、人才强省，加快建设文化大省；建立为民办实事长效机制，提高城乡居民生活水平，建设“平安浙江”；创建生态省，打造“绿色浙江”。这些方面相辅相成、相互促进，构成一个有机的总体。

在浙江精神的引领下，“八八战略”成为指导浙江发展和提前基本实现现代化的总纲领，成为推进浙江区域治理现代化和各项工作的成功实践，成为认识新常态、适应新常态、引领新常态的金钥匙，不仅明确当时要干什么、怎么干，而且引导后人怎么样久久为功、善始善终。

（二）“八八战略”的实践成效

“八八战略”是浙江人民在中央和省委的领导下创造的浙江现象、浙江经验的基本形态和核心要义，是习近平同志主政浙江期间为浙江人民留下的宝贵理论成果、实践成果、文化成果，是中国特色社会主义的区域伟大实践和创新。党的十八大以来，习近平总书记提出的“四个全面”战略布局和创新发展、协调发展、绿色发展、开放发展、共享发展的五大发展理念，既是对改革开放40年来我国发展经验的总结概括，是党的发展理论的重大升华，也是对“八八战略”在内的浙江区域发展实践的经验总结和理论提升。在浙江精神的引领下，浙江人民在实践中形成、在实践中践行、在实践中深化“八八战略”，“八八战略”的成功实施，又进一步丰富和提升了浙江精神、浙江经验、浙江现象，使浙江在“四个全面”战略布局和“五大发展理念”的实践上走在全国前列。

1. 浙江精神引领创新发展走在全国前列

在“八八战略”确立和实施过程中，时任浙江省委书记的习近平同志旗帜鲜明地指出，以浙江精神为引领，“不能再走老路”，确立倡导创新发展理念，实施创新发展战略，坚持“在创新中发展”，发展要有新思路，改革要有新突破，开放要有新局面，各项工作要有新举措；要“运用理论创新的最新成果，不断推进制度创新、科技创新、文化创新以及其他各方面的创新，不断开创新的局面”。富于改革创新精神的浙江人民，在历届省委的领导下大胆探索，改革“变法”，变计划经济之旧规，立市场经济之新法，变行政命令之陋习，建市场配置之良秩，从法律和制度上规范关系、完善体制、兼顾利益、推动改革，厘清政府、社会、市场的权限边界和法律关系，确认经济实体的法人资格，使企业成为真正的市场竞争主体；建立维护公平竞争的市场法治秩序，防止市场信息失真，防止市场行为失当，惩治不当市场行为；建立完善保护知识产权、提高自主创新能力、反对不正当竞争、促进效率和公平的法规制度；加强对权力的制约和监督，强调权力“授予有据、行使有规、监督有效”，不断健全完善社会主义市场经济体制，加快先进制造业基地建设，走新型工业化道路，大力发展战略性新兴产业，腾笼换鸟，凤凰涅槃，打出一套转型升级组合拳，推进科技和人才强省，为浙江“走在前列”提供了持续的创新动力和发展活力。近年来，浙江省委坚持以治水为突破口、以创新驱动为引领，创造发展新动力，使“浙江制造”向“浙江创造”“浙江智造”迅速转型。从“八八战略”到“创业富民、创新强省”战略再到“两富”“两美”建设，创新发展理念贯穿始终，一任接着一任干，一任接着一任创新发展，创新发展结出了丰硕成果。2002—2014 年，浙江 GDP 总量从 8003 亿元增长到 40154 亿元，人均 GDP 从 16841 增长到 72967 元，经济发展跃上了一个新台阶。据中国科学院发布的《中国科学发展报告》，2012 年浙江 GDP 质量指数居全国第 2 位。与此同时，到 2014 年，全省共拥有商品交易市场 4321 个，交易额为 1.95 万亿元，登记网上交易市场 167 家，交易额为 2.56 万亿元，均居全国第一位。

2. 浙江精神引领协调发展走在全国前列

马克思主义的总体方法论强调发展的总体性、协调性。深谙马克思主义总体方法论要义的习近平同志当时强调要在“协调发展”上下功夫，明确提出“‘八八战略’实质上就是要追求全面协调科持续的发展”，并始终坚持把统筹兼顾、协调发展作为实施“八八战略”的基本方法。2004 年 3 月，习近平同志到嘉兴开展蹲点调研，强调要大力弘扬红船精神和浙江精神，在主持召开的全省统筹城乡发展座谈会上，提出浙江要率先在全国走出一条以城带乡、以工促农、城乡一体化发展的路子，到 2010 年基本消除城乡二元结构，城乡差别明显缩小，形成城乡协调发展的格局，明确了城乡统筹“五个整体推进”的要求。因而，在“八八战略”的实践发展过程中，既注重着力推进质量和效益同步提升的快速发展，城市与农村互促共进的一体化发展，又注重着力推进物质文明、精神文明和政治文明相辅相成的协调发展，经济社会和人口资源环境和谐统一的可持续发展。通过全面实施“千村示范、万村整治”工程，推进城乡一体化发展；通过大力发展海洋经济、推进“山海协作”，加快欠发达地区跨越式发展；通过加快建设文化强省，特别是近几年大力推进新型城市化和美丽乡村建设，城乡居民收入稳居全国省（区）第一，原26个欠发达县实现集体“摘帽”。2013年城乡居民收入比的平均值为2.4∶1，明显低于2012年全国平均4.1∶1的水平；城镇居民家族恩格尔系数为34.4%，农村居民家族恩格尔系数为35.6%，远低于全国同期平均水平，国民福祉不断改善。2014年三次产业的比重为4.4∶47.7∶47.9，经济结构不断优化和改善，第二产业明显高于全国平均水平，第三产业与全国平均水平持平，第一产业接近发达国家水平。浙江从一个经济发展水平滞后的农业小省发展成为三大产业协同发展的经济强省。

3. 浙江精神引领绿色发展走在全国前列

习近平同志主政浙江期间，在绿色发展上进行了理论阐述和有效实践。他首次提出绿水青山就是金山银山、打造“绿色浙江”、建设“美丽浙江”等理念，要求“进一步发挥浙江的生态优势，创建生态省，打造‘绿色浙江’，努力把浙江建设成具有比较发达的生态经济、优美的生态环境、和谐的生态家园、繁荣的生态文化，人与自然和谐相处的美丽浙江”。2003年，浙江省委、省政府召开全省生态建设动员大会，制定了生态省建设规划；2005年，召开了全省循环经济工作会议，积极推进循环经济发展，加快增长方式转变，走出一条具有浙江特色的绿色发展之路；2010年，作出《关于推进生态文明建设的决定》；2014年，颁布了《关于建设美丽浙江创造美好生活的决定》。十几年来，浙江历届省委按照“绿水青山就是金山银山”发展理念，全面实施“八八战略”，打造“绿色浙江”，深入开展生态文明建设，创建生态省、生态市、生态县、生态村活动，并与时俱进地实施“五水共治”，联动推进治气、治土、治堵，大力淘汰落后产能，大力整治低小散企业，使浙江省环境质量稳居全国前列。如今，杭州、宁波、绍兴等地被评为“国家环保模范城市”，一批县市被命名为“国家级生态示范区”。2013年，在36种监测产品中浙江有26种产品单位能耗大幅下降，其中炼油、乙烯、钢铁等产品的单位能耗持续保持国内领先水平。浙江精神的理论内涵和实践形态不断丰富和发展。

4. 浙江精神引领开放发展走在全国前列

“八八战略”提出与实施过程中，习近平同志强调，开放是浙江发展的重要活力、动力之源，是浙江精神的重要体现。“我们必须具有战略眼光和世界眼光，跳出浙江看浙江”，“坚持‘走出去’和‘引进来’相结合，立足浙江发展浙江和跳出浙江发展浙江并举”。按照“八八战略”的部署和要求，浙江省委以浙江精神为引领，着眼于国内国际两个大局，高举开放发展大旗，全面实施开放开发战略，发挥区位优势、提高对内对外开放水平，全力打造重大开放平台，全面提升开放型经济发展水平，在开放发展方面始终走在全国前列。2003年，浙江党政代表团赴上海、江苏考察学习，随后的省委工作会议作出了长三角合作交流的战略部署；2004年，浙江党政代表团赴四川、重庆、湖北学习考察，推动省际经济技术合作交流。2001—2014年全省外贸出口总额从294亿美元增加到2733亿美元，占全国外贸出口总额11.7%；之后全球性阿里云2015云栖大会和世界互联网大会就分别在杭州和乌镇召开，集中体现了浙江的开放发展水平。

5. 浙江精神引领共享发展走在全国前列

习近平同志主政浙江期间，把“坚持人民主体地位”“共建共享”作为“八八战略”的重要价值原则，作为践行浙江精神的重要理念，强调人民是“八八战略”的主体和力量源泉，坚持“八八战略”为了人民、依靠人民、造福人民、保护人民，以保障人民根本利益为出发点和落脚点的价值目标。2006年6月，习近平同志从三个方面对以人为本理念进行了深刻阐述，强调人在社会历史发展中的主体作用与地位的历史观，尊重人、解放人、依靠人和为了人的价值观，坚持人的尺度的思维方式。因此，“八八战略”始终坚持“共享改革发展成果”的原则要求，着力推进在经济、政治、文化利益的同等对待和均等享受，特别是对社会弱势群体，必须通过制度机制的改革创新，促进社会公平正义，让欠发达地区和弱势群体共享改革发展成果。全面实施“八八战略”，大力促进人的全面发展和社会全面进步，推进“两富”“两美”建设，不断加大改善保障民生工作力度，全省财政支出增量的2/3以上用于民生，全面消除了家庭人均收入4600元以下贫困现象，做到坚决不把贫困带入“十三五”。2002—2014年，浙江城镇居民人均收入从11716增长到40393元，农村居民人均纯收入从4930增长到19373元，城乡居民收入连续14年和30年居各省区第一，城乡收入比2014年已缩小2.09倍，为全国各省区市最低；城乡居民安全感满意率不断创新高，2013年提升至95.93%。

“八八战略”蕴含着五大发展理念的要义，体现着浙江精神的价值取向。完善社会主义市场经济体制、加快先进制造业基地建设、走新型工业化道路、推进科教兴省和人才强省等指向的是创新发展，体现浙江人民敢为人先的精神；加快城乡一体化、大力发展海洋经济、推动欠发达地区跨越式发展、加快建设文化大省指向的是协调发展，体现浙江人民忠诚为民的精神；创建生态省、打造“绿色浙江”指向的是绿色发展，体现浙江人民求真务实的精神；发挥区位优势，提高对内对外开放水平指向的是开放发展，体现浙江人民开放图强的精神；促进人的全面发展和社会全面进步、反映沿海发达地区帮助内陆山区发展的“山海协作”指向的是共享发展，体现浙江人民诚信和谐的精神。“八八战略”的长期贯彻实践，已经使浙江在创新发展、协调发展、绿色发展、开放发展、共享发展上取得了显著的成效。

历史表明，“八八战略”不是一省一时的发展之计，而是关乎全局和长远的谋划。“八八战略”是科学发展观在省域层面的具体实践，从其蕴含的马克思理论品质和浙江精神出发，同时也体现了习近平同志在治国理政层面的远见卓识和政治智慧。“八八战略”是一以贯之又与时俱进的发展思路。浙江省委以“抓铁有痕、踏石留印”的精神和“成功不必在我”的情怀，一张蓝图绘到底，一届接着一届干。从“八八战略”到“创业富民、创新强省”，从建设“两富”现代化浙江到实现“四翻番”，直至浙江省委十三届四次全会提出“八个着眼于”，无论在理论领域还是实践领域，都达到了“纲举目张”的效果，取得了这一历史发展阶段的伟大成就。

三、秉持浙江精神，坚持“八八战略”，一张蓝图绘到底

习近平同志指出：“一个民族的复兴需要强大的物质力量，也需要强大的精神力量”。浙江是红船精神的诞生地，是习近平新时代中国特色社会主义思想的重要萌发地。习近平主政浙江期间，经过大量调查研究和分析比较，对浙江改革发展实践经验进行科学总结，形成了区域经济社会发展的总纲——“八八战略”，由此成为浙江省委带领全省人民一届接着一

届干的发展蓝图，成为新时代引领浙江发展、建设“两个浙江”的总抓手。随着时间的推移，“八八战略”的蓬勃生命力，正在不断展现出来。立足中国特色社会主义新时代，面对百年未有之大变局，秉持浙江精神，续写好“八八战略”这篇大文章，实践好“八八战略”这张大蓝图，发展好“八八战略”这个大工程，成为浙江上下共同的信念、共同的自觉、共同的行动。

（一）浙江精神引领“八八战略”的深化发展

在浙江精神的引领下，按照马克思主义的总体方法论，随着浙江区域实践的发展和人民的创造积累，浙江省委不断丰富和完善“八八战略”的科学内涵，推进“八八战略”再深化，改革开放再出发。

十一届浙江省委以“八八战略”为总纲，总体性谋划浙江发展大局，步步为营、善作善成，一年部署一个新主题，先后作出了“平安浙江”“法治浙江”“文化大省”“生态省建设”和加强党的执政能力建设等重大决策部署，提出了“干在实处、走在前列”的总要求，逐步形成了以党建为统领的经济、政治、文化、社会、生态“五位一体”的区域现代化建设总纲。自此，历届浙江省委秉持浙江精神，坚持一张蓝图绘到底，从思想和行动上把“干在实处、走在前列”的要求一贯到底，从理论和实践上不断丰富和发展“八八战略”，推进中国特色社会主义在浙江的生动实践。十二届浙江省委认真贯彻党的十七大精神，在深入实施“八八战略”的基础上，作出实施“创业富民、创新强省”决策部署。十三届浙江省委先后召开六次全会，分别就加强自身建设、干好“一三五”、实现“四翻番”、实施创新驱动发展战略、全面深化改革、全面深化法治浙江建设等作出研究部署，出台了一系列有力有效的政策举措，努力建设“两富”（物质富裕精神富有）、“两美”（建设美丽浙江、创造美好生活）的现代化浙江建设，谱写中国梦的浙江篇章。省第十四次党代会提出突出“四个强省”工作导向，聚力“六个浙江”建设，向着“两个高水平”奋斗目标奋勇前进。这些政策举措始终贯穿“八八战略”这根红线，不断推进“八八战略”深化细化具体化，不断以新的成效彰显出“八八战略”的生命力。

习近平同志到中央工作以后，仍然高度关注、指导、推动“八八战略”的创新发展，结合浙江实际和人民期待，提出了全新的工作要求。

2015年5月习近平总书记视察浙江时，对浙江工作赋予“干在实处永无止境、走在前列要谋新篇”的新使命，提出了“更进一步、更快一步”的总要求，并明确了“八个方面”重点任务、提出了进一步打开“五个通道”推动经济转型升级的具体要求。2016年9月G20杭州峰会期间，习近平总书记又对浙江工作提出了“秉持浙江精神，干在实处，走在前列，勇立潮头”的新要求。2018年，在“八八战略”实施15周年之际，习近平总书记作出重要批示，对浙江提出“干在实处永无止境，走在前列要谋新篇，勇立潮头方显担当”的新要求。根据习近平同志重要批示精神，省委带领全省人民以实际行动践行习近平总书记对浙江提出的“干在实处永无止境，走在前列要谋新篇，勇立潮头方显担当”新期望，向着高质量发展精准发力，坚定不移推进“八八战略”再深化、改革开放再出发。

习近平同志的关心、肯定，极大地增强了浙江干部群众坚持以“八八战略”为总纲、推进习近平新时代中国特色社会主义思想在浙江实践的信心和决心。“八八战略”实施15年，给浙江带来了全面深刻、影响深远、鼓舞人心的变化。2002—2017年，全省地区生产总值从8004亿元增加到51768亿元，年均增长10.5%；人均生产总值从16841元增加到92057元，年均增长9.2%；一般公共预算收入从567亿元增加到5803亿元，年均增长16.8%；城镇居民人均可支配收入从11716元增加到51261元，农村居民人均可支配收入从4940元增加到24956元，年均分别增长8.0%和7.9%①。奋力推进“八八战略”再深化、改革开放再出发，学懂弄通做实习近平新时代中国特色社会主义思想，已经成为浙江“走在前列”谋新篇的最新行动。凭借长期坚持“八八战略”形成的坚实基础和独特优势，浙江能够在新时代、新担当、新气象、新作为上继续走在全国前列，继续为全国各地贡献出浙江独特的经验和智慧。

（二）“八八战略”与新思想精神契合

2015年5月25日至27日，习近平总书记在浙江考察指导工作时指出，他在浙江工作时，省委就提出了“八八战略”。这不是拍脑瓜的产物，

---

① 浙江省委：《推进“八八战略”再深化、改革开放再出发》，《人民日报》2018年7月20日。

而是经过大量调查研究提出来的发展战略，聚焦如何发挥优势、如何补齐短板这两个关键问题。不要口号化，口号化最终就是泡沫化。要抓实实在在的、有针对性的工作。他进一步指出，“八八战略”和“四个全面”在精神上是契合的。“八八战略”与“四个全面”战略，作为中国特色社会主义事业的区域布局和总体布局，是习近平新时代中国特色社会主义思想的重要内容，是马克思主义总体方法论与中国区域实际和总体实际相结合的重要成果，二者有着一脉相承的精神契合，主要体现在三个维度上。

第一，“四个全面”战略与“八八战略”都充分体现了党的实事求是思想路线。中国共产党是靠实事求是起家和兴旺发展起来的。实事求是，是中国共产党人带领人民推动中国革命、建设、改革事业不断取得胜利的重要法宝，是我们党的思想路线和基本工作方法，是新形势下我们党认识世界和改造世界的根本要求和强大武器。“八八战略”的形成和实施，是靠实事求是；“四个全面”战略的形成和推进，同样靠实事求是。“四个全面”战略与“八八战略”都体现了实事求是这一马克思主义中国化理论成果的精髓和灵魂。“八八战略”形成过程中，习近平同志先后深入全省各地40多个乡村和社区进行专题调研，坚持一切从实际出发，因地制宜、发挥优势、补全短板，不仅明确发挥“八个方面的优势”，而且强调推进“八个方面的举措”，形成了指导和推动浙江区域发展蓝图——“八八战略”。从区域经验到大国治理，实事求是成为贯穿始终的思想路线和方法论。植根于基层、来源于基层的习近平总书记，向世人展示了共产党人“实事求是”的品格，宣告致力于实现中华民族伟大复兴的中国梦，保障人民平等追梦的机会、打造人人圆梦的平台、锻造领导中国梦的坚强核心，不断增强人民群众的获得感。党的十八大以来，以习近平同志为核心的党中央高举实事求是的思想路线，立足世情国情党情民情，清醒认识和准确把握我国社会主义初级阶段的基本国情和基本特点，先后作出了全面深化改革、全面依法治国、全面建成小康社会、全面从严治党的战略部署，形成了四位一体、相互联系、相互促进的“四个全面”战略布局。从“八八战略”到“四个全面”战略，体现了中国共产党人作决策、办事情、谋发展的实事求是路径和方法，努力探求规律、认识规律、遵循规律，增强对事物客观规律的认识，并勇于实践、善于实践，在实践中积累经验、进行理论升华，再用以指导实践、推动实践。

第二，“四个全面”战略与“八八战略”都充分体现了“以人民为中心”的思想理念。不论是“四个全面”战略还是“八八战略”，都坚持鲜明的人民大众立场，将这一马克思主义最鲜明的价值追求和政治立场具体化、时代化，从而进一步实现人民福祉这一价值旨归。习近平同志主政浙江期间，在部署和推进“八八战略”时，强调得最多、阐述得最充分的发展理念和执政理念就是以人为本，坚持相信群众、依靠群众、组织群众、动员群众、带领群众，让群众得实惠、让干部受教育，充分发挥人民群众的主体作用。基于此，省委在部署和推进落实“平安浙江”“法治浙江”“文化大省”“生态省建设”和加强党的执政能力建设等重大决策时，都始终如一地“坚持以人为本”的重要原则，强调以最广大人民的根本利益为出发点和落脚点，让人民生活得“安心、舒心、放心”。由此，浙江不仅成为市场化程度、法治化水平高的先发地区，而且成为社会和谐程度、人民“获得感”强的首善之地。“四个全面”战略同样是来自于人民，植根于人民，服务于人民。党的十八大以来，习近平总书记在中央全会及其他重要会议上多次阐述人民的主体性思想：党的十八届三中全会部署全面深化改革战略时鲜明强调，“人民是改革的主体”，充分发挥人民群众积极性、主动性、创造性；把“促进社会公平正义、增进人民福祉”作为全面深化改革的出发点和落脚点；推进国家治理体系和治理能力现代化的价值目标，是让“发展成果更多更公平惠及全体人民”；党的十八届四中全会部署全面依法治国战略上强调，必须“坚持人民主体地位”，人民是依法治国的主体和力量源泉，坚持法治建设为了人民、依靠人民、造福人民、保护人民；党的十八届五中全会在部署全面建成小康社会时指出，必须“坚持以人民为中心”的发展思想，把“增进人民福祉、促进人的全面发展”作为全面建成小康社会的出发点和落脚点，“使全体人民在共建共享发展中有更多获得感”。十八届中央纪委全会在部署全面从严治党战略时强调，反对腐败是党心民心所向，有党心民心作力量源泉，反腐败斗争必定胜利；“民心是最大的政治，正义是最强的力量”，推动全面从严治党向基层延伸，让群众更多感受到正风反腐的实际成果。可见，马克思主义的人民主体论是“四个全面”战略与“八八战略”的共同理论基础，马克思主义的人民主体性是“四个全面”战略与“八八战略”的共同政治品质，一切为了人民、为了人民的一切是“四个全面”战略与“八八战略”的共同旨归。

第三，“四个全面”战略与“八八战略”都充分体现了马克思主义的总体方法论特征。不论是“四个全面”战略，还是“八八战略”，都从主客体相互作用、历史考察和社会体系的系统结构性这三大维度上，彰显了二者在马克思主义理论发展谱系上的“正统性”。从“八八战略”到“四个全面”是马克思总体方法论的正统“传承”。总体方法论和总体性原则，是马克思主义理论科学性、革命性、实践性长盛不衰的根本原因；“八八战略”和“四个全面”之所以是马克思主义中国化的最新成果，就在于它所蕴含的方法论原则，直接耦合于马克思的总体方法和总体性原则，并在实践上丰富和发展着马克思的总体方法论和总体性原则。同时，“八八战略”和“四个全面”是马克思主义与中国实践相结合的成功范例和最新成果。“八八战略”从既定的历史前提出发，从既定的现实状况出发，按照总体方法论的总体性原则，沿着马克思主义历史理想所指引的方向，突出优势策略，从而使得浙江成功实现又好又快发展，走在全国前列。如果说“八八战略”的制定、实践和一张蓝图绘到底的提出，是将马克思主义方法论和中国具体实践相结合的成功范例，那么“四个全面”战略布局则是以习近平同志为核心的党中央将马克思主义运用于中国实践，坚持和发展中国特色社会主义的全新成果。它是对我们党70年来治国理政实践经验的科学总结和丰富发展，集中体现了时代和实践发展对党和国家工作的新要求。

（三）浙江精神与“八八战略”的相互促进及丰富发展

“八八战略”与浙江精神是相互统一、相互作用的，“八八战略”是引领浙江发展的总纲领，是推进浙江各项工作的总方略，是浙江精神发展新阶段的新内容新体现，浙江精神是浙江发展的脉络传承、人文理念和永续动力，是“八八战略”诞生和发展的总引领，随着“八八战略”的深化发展而不断发展。

1. “八八战略”和浙江精神都是马克思主义在中国的具体发展，蕴含和体现着马克思主义总体方法论的精髓

马克思曾经说过，哲学不仅要解释世界，更重要的是要改造世界，推动社会历史进步并最终进入共产主义。“八八战略”秉承马克思这一关于

“事实、方法与理想”之间相互关系的总体性原则，一方面通过党的思想建设、文化大省建设等，高举以理想、信念为核心的社会主义核心价值观旗帜；另一方面脚踏实地，在承认客观状况的现实性的同时，运用科学的方法和手段（党的领导、依靠群众、依法治国、深化改革），改造现实和形塑现实，力求将现实导向富强、自由、平等、民主、法治、文明、和谐亦即提前实现基本现代化、建设全面小康的社会主义新阶段，从而为浙江“走在前列”提供科学的方法论和精神动力。按照马克思主义的总体方法论，随着浙江区域实践的发展和人民的创造积累，浙江省委与时俱进弘扬浙江精神，不断丰富和完善“八八战略”的科学内涵。十一届浙江省委以“八八战略”为总纲，总体性谋划浙江发展大局，步步为营、善作善成，一年部署一个新主题，先后作出了“平安浙江”“法治浙江”“文化大省”“生态省建设”和加强党的执政能力建设等重大决策部署，提出了“干在实处，走在前列”的总要求，逐步形成了以党建为统领，经济、政治、文化、社会、生态五位一体的区域现代化建设总纲。历届浙江省委坚持一张蓝图绘到底，从思想和行动上把“干在实处，走在前列”的要求一贯到底，从理论和实践上不断丰富和发展“八八战略”这篇大文章，推进中国特色社会主义在浙江的生动实践，不断以新的成效彰显出“八八战略”的生命力，也为浙江精神与时俱进地发展提供了素材和实践动力。

2.“八八战略”是浙江精神发展新阶段的新内容新体现，同时也在不断促进浙江精神的丰富和发展

从历史发展来看，浙江人多地少、资源匮乏，为了生存，浙江人敢做“第一个吃螃蟹的人”，敢于“闯世界”。改革开放后，浙江人更是抓住重大机遇，大胆摸索与改革，形成了民营经济活跃、市场机制灵活的体制机制优势，率先培育出了中国第一家私营企业、第一个专业市场、第一个股份合作社等，成为改革开放的排头兵。特别是2003年习近平同志提出“八八战略”后，浙江走出了一条内源性的以民间力量为主的社会化生产路径，呈现出市场化程度高、民营经济发达、专业市场量大面广、块状经济密集、县域经济强等特色。[①] 由此可见，“八八战略”的提出，是在顺应浙

① 李泽泉：《伟大改革开放精神与浙江精神》，《宁波日报》2019年3月21日。

江历史和社会发展需要的前提下，也是在浙江敢为人先、用于奋斗的精神引领下不断发展的。浙江精神是历史的，也是现实的，更是未来的。“八八战略”是浙江精神发展到一定阶段的新内容，也将在浙江精神的引领下继续深化发展。习近平同志指出，在“八八战略”指引下，15 年来，浙江省委坚持一张蓝图绘到底，一任接着一任干，推动经济社会发展取得了历史性成就。这种延续，将在浙江精神的推动下，续写新的篇章。“八八战略”的深化发展，也将为浙江精神与时俱进地发展提供新的实践来源。这从浙江精神的提炼可以看出来。浙江精神从 2000 年提炼的“自强不息、坚韧不拔、勇于创新、讲求实效”到“八八战略”实施后的 2005 年提炼为“求真务实、诚信和谐、开放图强”再到“干在实处、走在前列、勇立潮头”，都体现了与时俱进的浙江精神的发展，也体现了“八八战略”在浙江的实践发展。

3. 浙江精神是“八八战略”落实和深化的精神动力，同时也在不断促进“八八战略”继续深化，续写新篇章

精神力量是无穷的。浙江精神产生于浙江这一地域，是浙江历史发展的产物，也是浙江人民勤劳奋斗的精神积累，具有丰富的历史内涵和时代价值。诞生于浙江的红船精神，是浙江革命奋斗、不断成长的精神引领。中国共产党领导下的改革开放和深化改革则是浙江精神最终诞生的时代催化剂，改革开放迸发浙江精神的生命，深化改革还将铸就浙江精神的新生。源远流长的浙江精神，始终流淌在浙江人民的血脉里，构成了代代相传的文化基因，它们“一遇雨露就发芽，一有阳光就灿烂”。这是有了这种始终流淌在浙江人民血脉里的精神力量，使得浙江在历史洪流中不断前进发展。浙江精神是与时俱进的，在发展到一定阶段，就引领浙江在“八八战略”的发展纲领下，取得了惊人的发展成绩。而“八八战略”在浙江的提出和深化发展，也正是浙江精神与时俱进发展的实践和体现。“八八战略”的再深化也将为浙江精神的延续发展提供新的实践来源。

第二章　以敢为人先的拼搏精神为动力，充分发挥浙江的体制机制优势

改革开放使得浙江人民蕴藏在血液里的最为天下先的创新拼搏精神喷薄而出，经过 20 多年的持续发力，浙江率先在全国生成较为充分发达的市场体制、市场机制，成为市场大省。市场体制、市场机制的生成，一方面极大地提升和推动了浙江经济的发展；另一方面，也带来了新的一系列问题，比如粗放发展的问题、公有制经济不断退缩的问题。如何在进一步发展经济的同时，解决好市场发展所带来的问题？“八八战略”的提出，号召全省广大干部人民以浙江精神为动力，继续深化改革，“进一步发挥浙江的体制机制优势”，在市场体制、市场机制充分发展的背景下，创造性地“大力推动以公有制为主体的多种所有制经济共同发展”，进而反过来通过公有制经济和其他各种成分的所有制经济的共同发展，“不断完善社会主义市场经济体制”。

一、浙江人民敢为人先的创新精神是生成体制机制优势的主观原动力

“进一步发挥浙江的体制机制优势，大力推动以公有制主体的多种所有制经济共同发展，不断完善社会主义市场经济体制”，是党中央精神与浙江发展历史、实际有机结合的战略举措。这一战略举措的科学性首先源于浙江人民特别旺盛的敢为人先的改革创新精神和浙江经过 20 多年改革开放，逐步累积起来的先行发育而成市场大省这一客观现实。“进一步发挥体制机制优势”，是对过去 20 多年浙江人民勇于探索大胆创新的高度肯定，同时也是对未来实践要进一步弘扬敢为人先、勇于创新的主观精神的期盼和要求。

（一）改革开放 20 年浙江民间活力的充分释放

浙江作为我国东部地区的一个省份，在经济发展的自然资源等条件方

面并无特别明显的优势，1978 年以前经济发展水平长期处于国内中游水平。党的十一届三中全会后，浙江全面启动了改革开放进程，以推行农村家庭联产承包责任制为起点，浙江大地上的民间动力与活力开始涌动并喷发，能人办厂、乡镇企业、个私经济蓬勃兴起，通过 10 余年的努力，基本实现从农业省向工业省的跨越，基本解决了全省人民的温饱问题。

1. 能人与带头人创业激情迸发

党的十一届三中全会后，家庭联产承包责任制在浙江省内得到普遍发展，农业劳动效率迅速提高，农村剩余劳动力从人民公社体制下的隐蔽状态中浮现出来，并且合法地拥有了向非农产业流动的自由，给富有创业创新精神的浙江农村中的各种“能人”提供了一显身手的机会。源远流长的商品经济传统，为 20 世纪 70 年代兴办社队企业打下了一定基础，由于邻近上海易于接受其人才、技术、信息、市场、管理、设备扩散和转移的条件，特别是各级地方政府组织推动和邻里之间示范效仿，这使得浙江在全国发展乡镇企业的竞赛中脱颖而出，取得了骄人的成绩。

2. 各类市场主体自发兴起

浙江人素有“义利并举、工商皆本”的文化传统和源远流长的商品经济传统，在改革开放相对宽松的大背景下，这些浙江民间的“市场基因”得到了充分的展示和发挥，最明显的是传统计划体制外生长出来的非国有成分（包括乡镇企业、个私经济），成为区域经济中市场经济及其运行机制的内在因素和重要组成部分。同时，体制外的生长也对体制内产生了重要的正向推动作用，在这个阶段国有经济通过引入市场化因素加快改革，自身也得到了较快的发展。1991 年，全省国有工业比 1978 年增长 6.55 倍，形成了多种所有制共同发展、相得益彰的格局。

3. 专业市场发展风生水起

改革开放初期，温台地区和浙中地区就出现了“前店后厂”或就地集中办市场的产销方式，涌现出一批规模较大的商品和专业市场。20 世纪 80 年代初期随着农村专业户、专业村的大批涌现，浙江省迎来市场兴建新高潮，崛起了路桥小商品批发市场、义乌小商品市场、永嘉桥头纽扣市场、绍兴轻纺市场等一大批初级专业批发市场，20 世纪 80 年代中后期，市场加速发展，初步形成了门类比较齐全的商品市场网络。截至 1991 年底，全省集贸市场发展到3802个，年成交额达到200多亿元，市场个数和成交额均居全国首位，市场大省初步形成。

4. 块状经济蓬勃发展

改革开放以来，浙江从“一村一品、一地一业”起步，依托区域性商品市场，以农村小作坊、个私小企业为主体，以低成本劳动密集型商品为对象，通过专业化分工，走出了一条“小企业、大协作”的区域特色产业发展之路，形成了一大批以“专业村”和“专业镇”为代表的特色块状经济。与此同时，随着专业市场与块状经济的互动发展，块状经济开始更加迅速发展起来，形成了“小商品、大市场”的发展格局，成为浙江经济发展的一大特色。

（二）邓小平南方谈话进一步激发浙江人民改革创新的积极性

1992年初，邓小平同志发表南方谈话。以此为标志，浙江改革开放进入了向纵深快速推进的新阶段。浙江各级党委和政府按照建立社会主义市场经济体制的要求，大力推进在企业产权制度改革、市场体系建设、行政管理体制改革和社会保障制度建设等方面工作，形成了领先全国的先发性体制优势。具体表现为在所有制结构调整和现代企业制度建立、市场体系培育和发展、政府职能转变和宏观管理体系建立、社会保障制度建设等方面的统筹推进。

1. 企业产权制度逐步改革

1993年，产权制度改革首先在乡村集体企业拉开序幕，1995年城镇集体企业产权制度改革全面启动。到20世纪90年代中期，浙江许多县域的国有资本已经从竞争性领域退出。1997年，国有大中型企业的股份制改造全面推进，国有企业中确立新型劳动关系，提前实现了国有大中型企业三年改革和脱困目标。浙江省委省政府积极提升个私经济发展水平，1998年以后，提出“四个不限”“三个加大”“三个有”，不限发展比例，不限发展速度，不限经营方式，不限经营规模；加大政策扶持力度，加大依法保护力度，加大环境整治力度，使个体私营企业经营者经济上有实惠、社会上有地位、政治上有荣誉。通过产权制度改革，进一步激发了企业活力，在全国较早地形成了多种所有制经济共同发展、相得益彰的良好局面。

2. 专业市场积极主动调整

浙江以专业市场为主的一般商品市场，开始逐步走上转型升级道路，从货物交易、地毯式经营，向改善交易环境、商品展示展览、开拓营销渠道、构建营销网络、发展连锁配送、建立现代物流等拓展，大大增强了专业市场的集聚功能和辐射功能。2000 年与 1991 年相比，全省商品交易市场由 3802 个增加到 4348 个，成交额则由 205 亿元增加到 4023 亿元，增长了约 18.7 倍。其中年成交额超 10 亿元的市场就达 68 个。与此同时，块状经济快速发展，提高了浙江产品的市场占有率和竞争力。生产资料市场逐渐扩大，初级金融市场开始兴起，劳务市场有了初步发展，技术市场和房地产市场开始起步。所有这些为市场发挥资源配置基础性作用创造了条件。

3. 行政管理体制深化改革

微观领域改革的不断深化，必然要求加快推进宏观层面的体制改革。1992 年，浙江率先在投融资体制改革上取得突破，通过推广“四自公路”等模式引导民资参与基础设施建设，这为全面推进行政管理体制改革创造了有利条件。1999 年，省政府开始着手审批制度改革，大幅削减审批审核事项。到 2002 年，省级行政审批事项从 3452 项减少到 856 项。各地各部门大胆创新，在行政管理体制改革方面进行了许多有益探索。省委省政府按照放权让利的原则，分别于 1992 年、1997 年、2002 年先后三次扩大经济强县（市）的经济社会管理权限，并出台了“两保两挂”“两保两联”等省对县市财政政策。宏观层面的一系列改革，进一步巩固和提升了浙江体制优势，增强了经济发展活力。

（三）“进一步发挥体制机制优势”提出的时代背景与战略谋划

2002 年 12 月，时任省委书记、代省长的习近平同志主持召开省委十一届二次全会，根据党的十六大精神和省第十一次党代会的部署，审议通过了《中共浙江省委关于认真贯彻落实党的十六大精神，加快全面建设小康社会，提前基本实现现代化的决定》，进一步明确了浙江新世纪新阶段的奋斗目标。随着习近平同志调研的不断深入、思考的不断深化，2003 年 7 月，浙江省委召开十一届四次全会，习近平同志代表省委在会上完整地、系统地提出了“八八战略”，并把“进一步发挥浙江的体制机制优势”作为第一条。“进一步发挥浙江的体制机制优势”的战略决策是来源于对国际国内宏观背景的把握以及对浙江经济社会发展阶段变化的科学分析。

1. 机遇与挑战并存的宏观背景

进入新世纪，我们面临难得的发展机遇，世界科技进步日新月异，经济全球化深入发展，国际间生产要素重组和产业转移加快，产业结构加速调整，城市化进程加速推进，消费结构加快升级，市场体系不断完善，对外开放进一步加快，使我们有可能利用有利的时机和条件加快发展。同时前进的道路并不平坦，保持经济快速发展的难度加大，深化改革的阻力加大，扩大开放的风险加大，资源环境的制约加大，维护社会稳定的任务加重，社会经济成分、组织形式、就业方式、利益关系和分配方式日益多元化。这些机遇和挑战都是客观存在的，关键在于是否能够抓住机遇，应对挑战。“进一步发挥浙江的体制机制优势”的提出正是在这样的背景下产生的，体现了强烈的机遇意识和危机意识。

2. 浙江发展新形势新任务的现实呼唤

地处沿海经济比较发达的浙江，走在改革前列的浙江人民，始终是改革发展的“弄潮儿”。车越快越难开，山越高越难爬。当时正值全国高度关注“浙江经验”之际，进入新世纪的浙江又处于一个经济社会发展极其重要的拐点之上，正处于全面建设小康社会的一个关键时间节点上，又面临率先向现代化目标迈进。走在前列的浙江，如何实现经济社会又好又快发展？如何应对新问题、新矛盾、新挑战，“进一步发挥浙江的体制机制优势”就是在这么一个大背景下浙江省委给出的答案，不仅从战略构想上回答了这个问题，更是从实践层面上指明了清新具体的路线图。

3. 浙江人民群众创新精神和聪明智慧的实践总结

“进一步发挥浙江的体制机制优势”是对浙江改革发展实践的一次有高度、有新意和完整的经验总结。它充分体现了浙江改革发展的基本经验，更是对浙江人民群众创新和智慧的总结概括。我们党历来极其高度重视总结经验。毛泽东、邓小平曾多次阐述共产党是靠总结经验起家的深刻道理。忽略或不善于重视经验总结，很容易走弯路犯错误。基本经验来自生动实践，来自人民创造。“进一步发挥浙江的体制机制优势”既是浙江改革发展实践的基本经验，也是浙江人民创新和智慧的重要结晶。因此，从某种意义上讲，没有人民群众的创新和创造，没有广大干部科学执政的理念，没有“浙江经验”的总结和深化，就没有“八八战略”和“进一步发挥浙江的体制机制优势”的提出与实践。

二、浙江精神为进一步发挥体制机制优势提供精神动力和主观保障

“进一步发挥浙江的体制机制优势，大力推动以公有制为主体的多种所有制共同发展，不断完善社会主义市场经济体制”是“八八战略”首要的战略举措。它强调要坚持“两个毫不动摇”，推动国有经济不断发展壮大，推动个私经济不断上规模、上水平；深化市场取向改革，健全完善市场体系，充分发挥市场在资源配置中的基础性作用；创造各种条件，放手让一切劳动、知识、技术、管理和资本的活力竞相迸发，让一切创造社会财富的源泉充分涌流。这一战略举措的制定，充分体现了求真务实、与时俱进的浙江精神，这一战略举措的实施，更是要求广大干部群众进一步在实践中以“自强不息、坚韧不拔、勇于创新”的浙江精神为精神支柱，以“求真务实、诚信和谐、开放图强”的浙江精神为指引，激励全省人民“干在实处，走在前列”。

（一）以浙江精神为支撑，进一步深化经济体制改革

2003 年 12 月召开的浙江省委十一届五次全会，全面贯彻党的十六届三中全会和中央经济工作会议精神，作出了《关于贯彻落实党的十六届三中全会精神，进一步完善社会主义市场经济体制的决定》。这次全会认真总结了浙江 20 多年来经济体制改革的经验，深入分析了当前面临的形势，明确了完善社会主义市场经济体制的指导思想和目标任务，明确了以浙江精神为支撑，进一步深化经济体制改革的内容和方式方法。

1. 深入推进省属国有企业改革

2004 年 6 月，时任浙江省委书记的习近平同志深入部分省属国有企业集团和杭州市国企调研，广泛听取深化改革、加快发展的意见和建议。接着，浙江省委省政府召开省属国有企业改革座谈会，对省属国有企业改革作了动员和部署，并出台《关于加快推进省属国有企业改革的实施意见》，明确提出三年基本完成以投资主体多元化为主要内容的新一轮省属国有企

业改革，从整体上搞好搞活省属国有企业，进一步增强国有经济的竞争力、控制力和带动力，实现国有经济布局和结构的战略性调整。2006 年又对培育壮大省属大型国有企业集团作出部署，进一步明确了调整省属国有经济布局结构、培育大型企业集团的目标和措施。通过省属企业之间市场化资源重组整合，鼓励和推动企业做强做大，加快推进整体资产上市或核心资产上市，形成了一批具有较强影响力和带动力的大型现代企业集团，全省国有企业竞争力、活力不断增强，资产总量、质量和集中度得到明显提高，主要指标居全国各省市区前列。2010 年末，省属企业户均资产总额 347.5 亿元、销售收入 279.1 亿元、利润总额 13.4 亿元，分别是 2005 年末的 3.5 倍、3.7 倍和 3.0 倍，有 7 家省属企业入选中国企业 500 强。

2. 着力推动民营经济新飞跃

2004 年 2 月，浙江省委、省政府出台《关于推动民营经济新飞跃的若干意见》，对促进民营经济加快发展作了全面部署，重点是促进“五个转变”，实现“五个提高”。即积极推动民营经济从主要依靠先发性的机制优势，向主要依靠制度科技管理文化的全面创新转变，提高民营经济综合实力和国际竞争力；从主要集中在传统制造业和商贸业，向全面进入高技术高附加值先进制造业、基础产业和新兴服务业转变，提高民营经济产业层次和发展水平；从主要依靠国内资源和国内市场，向充分利用国际国内两种资源、两个市场转变，提高民营经济外向发展水平；从现有特色产业、小规模经营逐步向更高层次的集群化、规模经营转变，提高民营经济组织化和规模化水平；从比较粗放的经营方式向更加注重集约发展的经营方式转变，提高民营经济整体素质和可持续发展水平。2001 年到 2006 年，个私经济总产值、销售总额、社会消费品零售额、出口创汇额等指标一直稳居全国第一。2006 年，非公经济生产总值达 11246 亿元，占全省 GDP 的比重为 71.5%。

3. 加快现代市场体系建设

传统商品交易市场不断创新，电子商务、连锁经营、物流配送等现代流通业态加快发展，义乌小商品市场成为全世界小商品集散基地。同时，资本市场快速发展，上市公司数量持续增加，技术、劳动力、土地等其他要素市场初具规模。特别是针对要素紧缺和利用率不高并存的问题，积极培育要素市场，深入推进要素市场化配置改革。围绕集约节约用地制度创新，开展工业用地弹性出让、城乡建设用地增减挂钩、低效用地二次开发、低丘缓坡开发利用等改革试点；围绕金融创新，设立小额贷款公司、村镇银行、农村资金互助社等金融机构，开展农房、股权、林权、无形资产等抵质押贷款；进一步扩大水、电等资源要素阶梯式、差别化配置力度。2012年，全省建设用地亩均产出GDP 19.6万元，比2010提高23.3%，比2007年提高58.7%。

4. 继续推进政府管理体制改革

从2003年开始，浙江按照完善社会主义市场经济体制和推进政治体制改革的要求，全面开展政府机构改革，到2005年基本结束。这次改革的重点是进一步转变政府职能，调整和完善政府机构设置，优化组织结构，改进管理方式，提高行政效率，逐步形成行为规范、运转协调、公正透明、廉洁高效的行政管理体制。启动实施第三轮省级行政审批制度改革，减少规范审批事项，提高审批效率，省级行政审批事项从2486项减少到630项，成为全国审批项目最少的省份之一。全省11市和90个县（市、区）全部建立行政审批服务中心。深化投资体制改革，积极推进政府投资项目评估、公示和代建制，完善重大项目跟踪服务责任制度和稽查制度，建立项目与土地、环保等联动审批机制、土地供给率和项目开工率“两率”考核制度，全面推进企业投资项目网上核准和备案制。近年来，浙江又启动了全方位、全流程、全覆盖的新一轮审批制度改革，并在绍兴县开展企业投资高效审批试点，在义乌市开展企业（贸易）主体设立快速审批试点。到2012年，省本级非行政许可审批事项从560项减少到96项，行政许可事项减少了181项。建立政府投资项目省级联合审批制度，行政审批时间由200多天缩短至60天。

5. 全面推进对内对外开放

一是着力推动对外贸易“两个转变”。大力培育出口品牌，扩大高技术、高附加值产品和自主知识产权产品出口，推动外贸出口从数量型创汇型向质量型效益型转变；着力优化进出口结构，增加浙江急需的能源、原材料以及先进技术装备、关键零部件的进口，减少外贸顺差，推动对外贸易从鼓励出口为主向进出口平衡增长转变。对外贸易规模持续扩大，外贸出口总额突破2000亿美元大关。二是积极构建开放平台，大力引进外资。改进招商引资方式，积极利用民营企业灵活、块状经济发达的特点，大力推进“以民引外”“以外引外”战略，促进民营资本与外资的融合，加大招商选资力度，更多地引进世界500强等跨国公司和高技术产业项目，推动利用外资从引进资金为重点向引进先进技术、先进管理和海外智力为重点转变，利用外资水平进一步提高。2006年，全省实际利用外商直接投资突破85亿美元，比2001年增长2.8倍。三是积极开展多种形式的境外投资。重点做好对东盟、俄罗斯和非洲的投资工作，扩大能源资源和技术合作，加快浙江企业国际化经营步伐，推动对外开放从以“引进来”为主向“走出去，引进来”并举转变，浙江对外投资项目总数和投资总额连续多年居全国第一。四是“跳出浙江发展浙江”，积极扩大对内开放。2003年，浙江省委、省政府出台了《关于进一步接轨上海，大力推进长三角经济一体化的若干意见》，做好接轨上海、参与长三角合作与交流的各项工作，推动形成长三角区域的联动发展格局。2004年，浙江省委、省政府又出台了《关于加强对口支援和国内合作交流工作的若干意见》，指出要认真做好对口支援和对口帮扶工作，鼓励浙江各类经济主体积极参与西部大开发、东北等老工业基地振兴和中部崛起，进一步深化区际合作，形成全方位、多形式、多层次的区域合作的新格局。同时鼓励浙商回乡投资创业，实现互利共赢。

（二）以浙江精神为指引，深化推进经济结构战略性调整

针对浙江长期积累的结构性、素质性矛盾，以及经济增长中过多依赖低端产业、过多依赖低成本劳动力、过多依赖资源环境消耗的格局。浙江省委明确提出，要发扬知难而上的拼搏精神，利用“倒逼机制”，在努力改善要素资源供给的同时，痛下决心，苦练内功，“腾笼换鸟”，以“浴火重生、凤凰涅槃”的决心，加快推进经济结构调整。

1. 积极推动产业结构调整

2003年6月，浙江省委、省政府召开了全省工业大会，制定了先进制造业基地建设规划纲要和扶持政策，提出到2007年初步建立起以高新技术产业为先导、高附加值特色产业为支柱、高度国际化的先进制造业基地；2010年基本形成国内领先、具有较强国际竞争力的先进制造业基地，成为

我国走新型工业化道路的先行地区；到2020年浙江制造业全面融入世界现代制造业体系，基本形成以高新技术为先导、高附加值的加工制造业与现代装备制造业协调发展的国际性先进制造业基地。积极发展现代服务业，2005年浙江省委、省政府首次召开全省服务业大会，出台加快现代服务业发展政策文件。同时，加快产业结构优化升级步伐，拓展发展的空间和平台。从2003年开始，浙江加大政府规划和政策引导力度，着力从技术、品牌、管理、体制机制等方面推动块状经济创新发展，通过开发区、工业园区的大规模开发建设，全省已形成了立体型、多层次、错位式的工业发展空间格局。国家和省级开发区、工业园区构成了块状经济的核心区块，一批特色园区和乡镇工业功能区成为块状经济的集聚区。努力提高自主创新能力，全面推进知识产权战略、标准化战略和品牌战略，加快区域创新体系建设，大力引进国内外知名高校、科研机构、跨国公司共建创新载体，加快重大科技攻关和创新项目建设，全面提高科技创新对经济的支撑和拉动作用。

2. 积极推进城乡一体化发展

积极推进统筹城乡一体化发展。2004年3月，习近平同志用了近一周的时间，到嘉兴开展蹲点调研，并主持召开了全省统筹城乡发展座谈会，提出浙江要率先在全国走出一条以城带乡、以工促农、城乡一体化发展的路子。明确浙江今后一个时期统筹城乡发展的重点是实施"五个整体推进"，即整体推进城乡产业结构战略性调整，着力形成第一、二、三产业协调发展的新格局；整体推进城乡就业结构战略性调整，着力形成城乡一体化的就业新格局；整体推进城乡规划建设与生态环境建设，着力形成城乡建设互动共进的新格局；整体推进城乡社会保障和公共服务体系建设，着力形成经济发展与社会进步相互促进的新格局；整体推进城乡配套改革，着力形成统筹城乡发展的新体制。2005年，浙江省在全国率先出台了《浙江省统筹城乡发展推进城乡一体化纲要》，提出要统筹推进城乡改革，消除体制性障碍，逐步建立城乡统一的劳动就业制度、户籍管理制度、义务教育制度和税收制度等，逐步形成有利于城乡相互促进、共同发展的机制和体制。

3. 大力推进生态省建设

一直以来，浙江践行"既要金山银山，更要绿水青山"的发展理念。

2003年，浙江省委、省政府召开生态省建设动员大会，制定了生态省建设规划，并由省人大常委会作出了建设生态省的决定，提出要经过20年左右的努力，基本实现人口规模、素质与生产力发展要求相适应，经济社会发展与资源、环境承载力相适应，把浙江率先建设成为比较发达的生态经济、优美的生态环境、和谐的生态家园、繁荣的生态文化，可持续发展能力较强的省份，使全省走上生产发展、生活富裕、生态良好的文明发展道路。强力推动、实施国家下达给浙江的节能减排指标。从2004年起，浙江用3年时间，相继组织开展“811”环境整治和生态保护专项行动，大力淘汰资源能源消耗高、环境污染大的落后生产能力，深入实施以发展循环经济九大领域、打造九大载体、实施十大工程为内容的循环经济“991”行动计划，全面完成“十一五”节能减排目标，并以年均增长7%的能源消耗支撑了年均11.8%的经济增长，能源利用水平位居全国前列。

三、浙江精神助力进一步发挥体制机制优势取得明显成效

“进一步发挥浙江的体制机制优势”的战略举措实施以后，浙江人民以“自强不息、坚韧不拔、敢于创新、讲求实效”的浙江精神为支撑、为动力，以“求真务实、诚信和谐、开放图强”的浙江精神为指引，精准发力，推进所有制结构调整、国有和民营企业改革、农村经济体制改革、市场体系建设、社会保障制度建设、行政审批制度改革，“进一步发挥体制机制优势”的改革实践取得明显成效，不仅使浙江的经济发展更加健康，经济体制更为健全和完善，而且，这些先行性改革举措及其成功实践为全国经济体制的总体性改革提供了良好的示范。

（一）以“民”为本，将创新企业制度作为突破口，进一步优化所有制结构

改革开放初期，重点在体制外培育非公经济主体，20世纪90年代以后，则重点在体制内率先加快国有城镇企业产权制度改革，建立企业新型劳动关系，加快国有经济布局战略性调整，进入21世纪，进一步推进不同所有制企业现代企业制度建设，多种所有制经济相得益彰、共同发展，形成了适应市场经济要求、富有活力的微观市场主体。

1. 民营经济实现新发展

进入20世纪90年代，浙江省在总结台州、温州等地股份合作制经验的基础上，率先在全国推进乡镇集体企业产权制度改革，使一大批乡镇集体企业转变为产权明晰、机制灵活的市场主体，两种模式殊途同归。各级党委政府充分尊重广大群众创业权利和自主选择，为民营经济充分发育创造宽松的环境，提出放手发展个体私营经济，使民营企业发展进入黄金期。跨入21世纪，随着市场竞争环境的变化和企业自身规模的扩大，民营企业创新力度不断加大。省委、省政府积极实施民营经济新飞跃战略，破除民营经济发展过程中的体制机制障碍，民营经济大省地位进一步巩固，当时浙江省70%以上的经济总量、90%以上的新增就业、50%以上的新增财政收入贡献均来自民营经济，在全国500家最大的民营企业中，仅浙江就占了202席。

2. 国有经济布局和结构进一步调整优化

浙江省率先在全国推进国有企业产权制度改革，建立企业新型劳动关系，将原来国有集体企业职工转变为符合市场经济要求的劳动者，国有、城镇集体的改制面达到98%。开展了企业经营者年薪制、鼓励技术要素参与分配等内部分配制度改革。进入21世纪，推进新一轮省属国有企业改革，确定了以产权多元化为主要内容的省属国有企业新一轮改革三年目标；推进国有集体企业产权制度改革，大力发展混合所有制经济。到2005年上半年，省属国有企业改革取得积极进展。耀江集团通过国有资产公开挂牌转让的方式成功实施整体改制；萧山机场引进战略投资者的改革总体方案已经批复，进入实质运行。民营经济股份化改革不断加快。到2004年底，全省私营有限责任公司达到20.78万家，私营股份有限公司为46家，占私营企业总数的62%。同时，混合所有制及股份制企业发展呈现扩量化、规范化和规模化的新趋势，显示出强大的生命力。

（二）以“和谐”为指向，从打破二元结构为着力点，进一步健全统筹城乡发展体制机制

通过改革生产经营体制，解放农村生产力；改革农产品统派购制度，推进粮食购销市场化，赋予农民生产经营自主权；改革农业生产方式，大力发展现代农业；改革农村税费制度，减轻农民负担；改革城乡二元体制，统筹城乡发展。形成了以市场化解放农民，工业化致富农民，城市化带动农村，产业化提升农业，以城带乡、城乡互促的发展格局。

1. 坚持放活少取多予，农村改革不断深化

把“放活”作为改革开放初期的政策重点和“三农”发展的根本，迅速推行家庭承包经营制度，广大农民获得了生产经营自主权，同时大力发展家庭工业和个私经济，放开城乡商品流通市场，大力推进粮食购销市场化，为农民创业创新提供了良好环境。把“少取”作为工业化中期阶段“三农”政策的重点，在全国率先启动农村税费制度改革，从制度层面做到了农业税费零负担。在2002年取消农村教育集资的基础上，在全国率先实现真正意义上的免费义务教育。把“多予”作为工业化后期阶段重点支持“三农”发展的保证，加大对“三农”的投入，全面建立农村公共财政制度，并将投入重点逐步由农业向农村转移，由生产性投入向生活性投入转移，实施千村示范万村整治为龙头的系列工程、实施千万农村劳动力素质培训工程、实施农村教育四项工程、农民健康工程和农村文化阵地建设工程等，将农民纳入社会保障体系，着力培育新型农民，多方位增加务农农民收入，农民生活质量不断提高。

2. 坚持统筹城乡发展，城乡一体化深入推进

农村工业化的加速推进，为农村小城镇建设发展提供了产业基础和资金来源，20世纪80年代中后期，以全国第一座“农民城”——龙港镇为代表的一批特色鲜明的新型小城镇迅速崛起。进入20世纪90年代，进一步加大撤区扩镇并乡力度，推进小城镇综合改革试点，走出了一条独具特色的小城镇改革与发展的路子，268个镇进入全国千强镇行列。进入21世纪后，浙江省委、省政府从本省已全面进入以工促农以城带乡发展新阶段的实际出发，把大力实施统筹城乡发展方略和推进新农村建设作为现代化建设的重大战略任务来抓，先后制定了《统筹城乡发展推进城乡一体化纲要》和《全面推进社会主义新农村建设的决定》，全省上下呈现统筹城乡兴“三农”的良好态势，随后城乡差距明显缩小，城乡一体化进程明显加速。通过改革，促进了城市基础设施向农村延伸、公共服务向农村覆盖、现代文明向农村辐射，形成了城乡协调发展的新格局，实现了从自发统筹向自觉统筹和全面统筹的转变。

（三）以“讲求实效”为准绳，优化资源配置，进一步完善开放有序的市场体系

积极培育技术、劳动力、资本、土地和房地产等要素市场，大力发展现代物流、电子商务等现代流通方式，着力加强市场体系建设。加快外贸体制改革，鼓励民营企业扩大出口，保持了外贸出口多年的高速增长，一般贸易出口和贸易顺差连续多年居全国首位。努力探索投融资体制市场化改革，引导民间投资进入基础设施、科技教育和文化事业领域。一个以专业市场为骨干、要素市场为支撑、新型流通方式为手段的现代市场体系基本形成。

1. 以专业市场为特色的商品市场空前发达

改革开放以来，浙江市场迅速恢复和发展，出现了温州、义乌、黄岩等一大批全国最早的工业小商品市场，20 世纪 80 年代中后期商品市场加速发展，初步形成门类比较齐全的商品市场网络。浙江省政府于 1991 年 7 月发出《关于进一步办好城乡市场的通知》，开始有计划、有重点地改造、建设和提升一批专业和综合批发市场，形成了“建一个市场、带一批产业、活一方经济、富一方百姓、兴一座城镇”的效应，实现了社会各方兴办市场的局面。进入 20 世纪 90 年代后期，浙江省政府下发了《关于促进商品交易市场持续健康发展的通知》，提出了“突出重点，扶优扶强，巩固发展全国性、区域性大市场”的思路，鼓励大型专业市场走出国门，将商品辐射到国际大市场，专业市场的交易方式、经营模式和业态全面升级，一批龙头市场迅速崛起，市场强省地位确立。到 2007 年，全省共有商品交易市场 4096 家，市场成交总额达 9325 亿元，年成交额超亿元市场有 574 个，其中超十亿元市场为 133 个，超百亿元市场为 15 个，市场成交总额、单个市场成交额连续 17 年居全国第一。

2. 资本、劳动力、技术、土地等生产要素市场蓬勃发展

浙江是资源小省，资源要素瓶颈对生产要素加快流动形成了巨大的倒逼效应。改革开放以来，率先在全国组建了稠州、银泰、泰隆股份制商业银行等具有鲜明特色的草根金融。为进一步扩大直接融资，拓宽企业在境内外主板、中小板、创业板上市的融资渠道，打造形成了以民营企业为主体、特色鲜明的“浙江板块”，到 2007 年底，中小板上市公司为 43 家，占

全国总数21%，居全国第一。随着工业化进程加快，产业结构调整加速，形成了对劳动力和技术的巨大需求，促进了劳动力市场和技术市场的较早发育，形成了遍布城乡的职业介绍网络，率先在全国建立网上技术市场。

（四）以普惠“民生”为价值目标，扩大惠民政策覆盖面，进一步完善社会保障体系

党的十六大特别是十六届三中全会提出了以人为本，“五个统筹”“五个坚持”的重要思想，从深化经济体制改革的重要性和紧迫性，提出加快建设与经济发展水平相适应的社会保障体系的目标任务。2007年底，全省基本养老保险、基本医疗保险、失业保险、工伤保险、生育保险制度的参保人数分别为1076万人、855万人、585万人、1003万人、505万人。与此同时，浙江省还根据社会经济的发展，适时建立了被征地农民的基本生活保障制度、新型农村合作医疗制度以及城镇居民医疗保险制度等，社会保障在制度层面上开始覆盖全民，向全民社保阶段迈进。

1. 基本养老保险制度改革全面推进

养老保险是社会保险体系的核心内容。浙江已打破企业所有制和职工身份对职工参保的限制，全面建立起社会统筹与个人账户相结合的基本养老保险制度，并按照国家、企业和个人分担的原则筹集养老保险基金。从2002年至2007年间，浙江全省基本养老保险参保人数从701.06万人增加到1075.94万人，累计基金结余从132.63亿元增加到605.16亿元，基金支付能力达到28个月，大大高于全国平均水平。2007年，浙江省的企业退休人员月人均养老金达到1310元，位居全国各省区第一。

2. 基本医疗保险制度稳步实施

医疗保险是社会保障体系的重要组成部分，自浙江省1998年建立起这项制度以来，其在保障城镇职工的基本医疗需求以及遏制医疗费用的快速增长等都发挥了非常重要的作用。到2007年底，全省基本医疗保险的参保人数达到855万人，当年基金收入129亿元，支出75亿元，历年基金滚存结余194亿元，基本实现了收支平衡，略有节余。此外，为了满足城镇职工不同层次的医疗保障需求，浙江还建立了重大疾病医疗补助、公务员医疗补助、企业补充医疗保险等多层次的医疗保障体系。2006年，浙江又针对城镇非职工居民医疗保障的空白，出台了《关于推进城镇居民医疗保障制度建设试点工作的意见》。截至2007年底，全省77个统筹地区中已有41个开展了这项工作，杭州、绍兴、湖州还被列入国家试点城市，全省共有150万城镇居民参保缴费并开始享受医疗保险待遇。

3. 失业保险制度不断完善

早在2002年，浙江就在全国率先实现了下岗职工基本生活保障制度和失业保险制度的并轨，企业新的减员不再进入再就业服务中心，而是直接进入劳动力市场，能够实现再就业的人员，其劳动关系转到新就业的单位，不能实现再就业的人员，纳入失业保险管理范围。随着社会经济的发展和改革的进一步深入，浙江失业保险制度开始不断走向完善，保障范围不断扩大，保障水平不断提高，基金的承受能力也不断增强。到2007年底，全省失业保险的参保人数为584.7万人，年末领取失业保险金人数为6.3万人，基金累计结余已达到75.24亿元，全省失业保险金月平均水平达到529.68元。

4. 工伤、生育保险制度逐步健全

2006年，浙江省政府下发了《关于全面推进工伤保险的通知》，提出到2008年，使全省工伤保险的参保人数达到1200万人，基本实现全覆盖，从而切实保障广大劳动者和农民工群体的职业健康和生命安全。到2007年底，全省工伤保险参保人数达1003万人，比上年增加399万人，是所有社会保险项目中参保人数增长最快的一个险种。生育保险方面，到2007年底，全省生育保险的参保人数为505万人。

5. 农村社会保障制度建设取得新进展

到2007年末，全省新型农村合作医疗制度的参保人数达到3000万人，参保率为89%，人均筹资水平为90元，提前达到党中央关于2008年基本建立合作医疗制度的工作要求。全省共有291万被征地农民参加了基本生活保障，其中有109万名符合条件的参保对象领取基本生活保障金或基本养老金，人均保障水平为200元/月，有的地区已达到400多元/月。随着统筹城乡发展思路的贯彻，创新并实施农村社会养老保险制度的呼声日益高涨。浙江省的一些地区进行了积极的探索。新制度的设计既保持了与原农村社会养老保险和城镇职工基本养老保险的适当衔接，又充分考虑了当前农民的缴费能力，同时加大了政府的财政投入力度。

（五）以“勇于创新”的浙江精神推进行政审批制度，进一步加快改革政府职能转变

浙江人民敢为人先、自发实践，党委政府尊重首创、宽容开明，实现了政府与民间在共创良好发展环境中的良性互动。通过“三轮审批制度、四次扩权强县”改革，率先推进政企政事分开，确立企业在投资中的主体地位，把政府职能转到为市场经济发展创造良好发展环境上来，使我省的创业环境更佳、创新活力更足。

1. 不断深化审批制度改革，提高市场服务水平

从1999年开始，先后启动多轮行政审批制度改革，行政审批事项从3452项削减为264项。为方便群众办事，自上虞建立全国首家行政审批服务中心后，全省所有市县（市、区）都已建立了行政审批服务中心，成为服务型政府、效率型政府的重要“窗口”。第三轮审批制度改革启动，再削减、下放和调整100多个项目审批权限。同时，积极推行“办事大厅”式、窗口化的审批流程，全省已有80家综合性行政审批服务中心面向社会。加快了全省联网的网上审批系统的建立完善。杭州、金华等地率先推行非政府投资项目登记备案制、告知承诺制。各地普遍建立了经济发展环境投诉中心。基本理顺了政府、市场、企业之间的关系，行政管理中的越位、缺位和错位现象明显改进，服务型政府的基本框架初步建立。

2. 积极推进扩权强县改革，实行扁平化管理

从20世纪90年代开始，浙江省先后四次扩大了县级政府管理权限。1992年，省政府首先对萧山、余杭、鄞县、慈溪等13个经济强县扩权，1999年，省政府同意萧山、余杭享受地级市部分经济管理权限，2002年，又将313项原属地级市的经济管理权限下放给绍兴、温岭等20个县（市、区）。2006年，省委省政府确定义乌市作为进一步扩大县级政府经济社会管理权限的改革试点，赋予设区市经济社会管理权限，提高了县级政府管理效率，增强了县域经济发展能力。

3. 实行省直管县的财政体制，扩大基层公共服务能力

浙江省较早实行省直管县的财政体制，实现了财政收支划分、专项拨款、预算资金调度、财政年终结算省直管县。1995年，省政府对贫困县和经济欠发达县、市实行“两保两挂”政策；1997年，对其他县、市实行

“两保两联”政策。2003年进一步划清收入来源，明确分成办法，实行新的“两保两挂”和“两保一挂”政策。省直管县的财政体制，有力地增强了县级财政的实力，激发了县域经济发展的活力。

4. 加快行业协会和中介机构改革，增强社会组织服务经济发展的能力

在宁波、平湖、义乌、苍南等地试点的基础上，全面推进行业协会与行政机关人员、机构、财务三脱钩改革，1342家行业协会完成脱钩，行业协会民间化进程进一步加快。出台加快中介机构改革发展的若干意见，进一步规范中介机构行为，促进中介服务业发展，中介机构服务经济社会发展的能力进一步增强。

四、弘扬浙江精神与实施发挥体制机制优势相互促进的基本经验

21世纪以来，全省各级党组织和广大干部群众遵循习近平同志“培育和弘扬与时俱进的浙江精神”的号召，沿着“八八战略”所指引的航向，坚持解放思想、实事求是、锐意改革、开拓创新，积累了弘扬浙江精神与“进一步发挥浙江的体制机制优势”相结合的丰富实践经验。这些经验为浙江今后的改革发展提供了重要启示与遵循，必须长期坚持。

（一）始终坚持解放思想，充分尊重群众首创精神，高水平全面建成小康社会

在改革开放的伟大实践中，浙江省创造性地贯彻中央的方针政策，充分尊重群众的首创精神，大力推进社会主义市场经济体制改革，充分保护人民群众脱贫致富的创业热情，鼓励和支持人民群众勇于探索的创新激情，注重在先行先试中积累经验，善于把实践经验转化为制度设计，让一切劳动、知识、技术、管理和资本的活力竞相迸发，让一切创造社会财富的源泉充分涌流。

1. 浙江省始终以思想解放为先导，每一步的发展都离不开思想的解放

党的十一届三中全会以后，在“解放思想、实事求是”思想路线指引下，浙江广大干部群众率先在所有制和运行机制等方面突破僵化观念的束缚，开创了“千家万户办企业、千山万水闯市场”的波澜壮阔局面；党的十四大以后，浙江广大干部群众率先确立现代市场经济观念，全面推进市

场取向的改革，掀起了“改体制转机制、建市场促开放”的新高潮；党的十六大、十七大、十八大以来，浙江广大干部群众推进全面深化改革，确立一系列与新的发展阶段相适应的新思路、新观念，形成了经济社会持续健康发展的新局面。今后，省委、省政府将着力引导广大干部群众持续解放思想，始终保持勇于实践、勇于变革、勇于创新的良好精神状态。大力弘扬创新文化，及时总结宣传在改革实践中涌现出来的成功经验和先进典型，营造好全面深化改革的良好氛围。

2. 浙江各级党委和政府充分尊重广大群众的意愿和首创精神

人民群众是创造财富的主体，是改革创新的主体。总的来说，浙江省始终坚持一切从实际出发，行政干预不仅较为克制，而且更有选择性，把群众和基层的创新创造，作为推进改革的原动力。凡是民间力量能做的事，政府放手和发动老百姓去做；凡是依靠市场机制能解决的事，政府尽可能做到不越俎代庖。始终坚持“允许试、允许闯”，积极鼓励探索创新；始终坚持做到不争论、不张扬、不限制，善待挫折，激励成功；始终坚持把人民群众的积极性、创造性与市场经济的体制优势有机结合在一起，使民众自我创业和创新的活力极大地释放出来，形成浙江经济巨大的能量。新的历史条件下，我们要始终坚持党的群众路线，尊重群众意愿、汲取群众智慧、凝聚群众力量，充分调动人民群众参与各项改革的积极性、主动性、创造性。找准改革的最大公约数，进一步凝聚共识、巩固共识、发展共识，不断聚合全面深化改革的正能量。

3. 始终把实现好、维护好、发展好最广大人民根本利益作为改革的出发点和落脚点

改革开放以来，浙江始终把以人为本作为改革的核心立场，尊重人民首创精神，保障人民各项权益，不断在实现改革成果由人民共享、促进人的全面发展上取得显著成效。今后，必须进一步以保障和改善民生为重点，加快形成与之相适应的社会管理体制、基本公共服务体系、现代社会组织体制和社会管理机制，促进社会公平正义、增进和改善人民福祉。大力推进社会事业改革发展，深化教育、卫生、体育体制改革，完善城乡就业和社会保障体系，健全为民办实事长效机制，扩大公共产品和公共服务领域的社会开放，加快基本公共服务均等化进程，努力建成更高水平全面

小康社会。

（二）持之以恒、坚韧不拔地推进市场化改革

回顾改革开放历程，浙江之所以能够率先发展、快速发展，关键在于率先进行以市场为取向的改革，形成了体制机制的先发优势，增强了发展的动力和活力。

1. 不断完善社会主义基本经济制度，推动形成充满生机活力的新格局

坚持和发展以公有制为主体、多种所有制经济共同发展的社会主义基本经济制度，是浙江省改革开放以来经济发展取得巨大成就的重要经验。在新的发展阶段，我们要进一步处理好坚持公有制为主体与促进非公有制经济发展的关系，把两者统一于现代化建设的进程中，着力完善现代产权制度，充分激发各类经济主体的发展活力。深化国有企业改革，进一步优化国有企业布局和结构，使之更好地发挥骨干带头作用。积极发展混合所有制经济，鼓励国有、集体、非公有经济交叉持股，相互融合。推动民营企业制度创新和管理创新，特别要注重消除影响民间投资的“玻璃门”“弹簧门”“隔离栅”，真正把“非禁即入”原则落到实处，对法律法规未明确禁止的产业和领域，鼓励和支持民间投资进入，深化“浙商回归”工程，进一步释放民间资金潜力、提振民间投资信心、促进民营经济发展。

2. 全面深化以市场为取向的改革，加快形成体制机制的先发优势

改革初期，突出体制外市场主体培育，开辟了农村工业化新的增长领域；20 世纪 90 年代，改革转向体制内国企、外贸、投融资等领域的突破，有效解决我省在加快发展中对资源配置、资金流动、市场空间扩大等方面提出的新需求；党的十六大和十六届三中全会以后，浙江省改革的着力点放在规范完善市场经济体制，加大力度推进统筹城乡、区域和经济社会发展的改革，注重加强薄弱环节，提高发展的协调性。正是由于浙江省率先而且是牢牢地坚持住了市场取向的改革，用改革的办法解决前进中遇到的矛盾和问题，不失时机地推进改革，从而极大地解放和发展了生产力。新的历史条件下，要完善各类要素及商品价格形成机制，改革城乡二元的土地使用制度，加快地方金融市场建设，积极构建市场导向的技术创新机制，推进创新驱动发展战略落到实处，进一步加快商品市场转型升级。

3. 坚持创造性地贯彻落实党的路线方针政策，不断引领时代发展潮流

善于把中央精神和浙江实际结合起来，先行探索，自觉实践。每当中央作出关于改革的重要决定，浙江省委、省政府不是照本宣科，而是从实际出发，认真研究贯彻落实中央路线方针政策的具体措施，率先出台一系列政策文件，引导全省的体制改革和创新。如 1994 年国家实行分税制改革，我省不坐等国家出台统一规范的规定，制定了“两保两挂”“两保一挂”等一系列财政转移支付制度，丰富完善了省以下财政管理体制，为全国提供了宝贵的实践经验。今后更要一如既往地坚持从实际出发，创造性贯彻落实党的路线方针政策，使浙江继续走在前列、赢得发展的先机，走出富有鲜明特色的发展之路。

（三）始终坚持求真务实，紧密结合浙江实际，走有浙江特点的发展之路

改革开放以来，浙江始终坚持“发展是硬道理”，以经济建设为中心，紧紧抓住发展这个执政兴国的第一要务，推动浙江经济社会快速发展、跨越发展、科学发展，从一个资源小省到建成为一个经济大省，取得了令世人瞩目的巨大成就。

1. 坚持从浙江的实际出发

改革开放的号角吹响以后，浙江始终坚持把中央精神与浙江实际紧密结合，从省情的人文环境、资源禀赋、产业基础的实际出发，注重市场配置资源和政府积极有为有机结合，放手发展民营经济，大力推动农村工业化，积极培育各类专业市场，加快国有企业产权改革，推进国有经济战略性调整，努力扩大对内对外开放，着力统筹城乡区域协调发展，形成了以公有制为主体、多种所有制经济公平竞争、相得益彰、共同发展的格局，完善了以消费品市场为基础、专业批发市场为骨干、生产资料和生产要素市场为支撑的市场体系；建立了以工促农、以城带乡、城乡区域协调发展的体制机制，开创了内外联动、互利共赢的多层次、宽领域、全方位开放局面，走出了一条具有鲜明浙江特色的发展路子，保持了经济社会的持续快速健康发展。

2. 坚持激发创造活力

创造活力是人类社会进步和发展的动力源泉，更是浙江实现跨越式发展的动力源泉。35 年来，浙江省各级政府积极鼓励创业发展，“允许闯”

造就了浙江千百万创业主体，浙江人民的创业热情与市场机制有机结合，成为浙江发展的一大特点。为了创业，浙江人四海为家，在全国各地乃至世界各地集聚成一个又一个“浙江村”“温州城”“义乌路”；为了创业，浙江人历尽艰辛，白天当老板，晚上睡地板，以“四千”精神铸就了千百万成功的创业者；为了创业，浙江省人敢冒风险，走出国门闯世界，从南非到俄罗斯，从西欧到埃及，从伊拉克到阿富汗，到处活跃着浙江商人的身影。今后，必须进一步激发全社会的创业创造活力，让一切劳动、知识、技术、管理和资本的活力竞相迸发，社会财富充分涌流，创造浙江从“经济大省”迈向“经济强省”的新奇迹。

3. 坚持推进社会建设制度创新

浙江省市场取向改革起步早，民营经济发达，社会阶层结构的急剧变化，社会经济成分、组织形式、物质利益、就业方式的日益多样化，使得社会建设面临巨大的挑战，同时也为其提供了新的资源和发展空间。这些年来，浙江省各地坚持从实际出发，正确把握好不同时期、不同阶段社会建设的侧重点，大力进行社会建设的制度创新，注重深化社会领域改革，在社会组织与社会管理、社会事业投入与社会资源配置、社会关系调整和社会安全管理体制创新等方面进行了有益探索，确保了社会建设始终保持新鲜活力，不断取得新的成效。

4. 坚持建立健全长效机制

浙江省坚持着眼于社会公平，加快以权利公平、机会公平、规则公平、分配公平为主要内容的制度建设。逐步消除城乡分割的二元体制，建立健全公共财政向“三农”倾斜的投入机制、农民增收的长效机制和农业风险的新型防范机制；推进收入分配制度改革，加快促进低收入农户奔小康，着力提高低收入者收入水平；加快“平安浙江”“法治浙江”建设，构建完善突发公共事件应急体系，不断健全利益诉求协调机制，及时化解社会矛盾，实现好、维护好、发展好最广大人民的根本利益，促进社会主义和谐社会建设。

（四）始终坚持党的领导，加强党的建设，为推进浙江发展提供根本保证

改革开放以来，浙江始终坚持以改革创新精神全面加强党的自身建

设，紧密结合改革开放和现代化建设的实践，增强政治定力，按照科学执政、民主执政、依法执政的要求，坚持一张蓝图绘到底的理念，不断提高领导干部执政本领，改进领导方式和执政方式。推进党内民主建设，增强党的创新活力。坚持标本兼治、综合治理、惩防并举、注重预防的方针，扎实推进惩治和预防腐败体系建设。全面推进农村、企业、城市社区和机关、学校、新社会组织等基层党组织建设，充分发挥基层党组织推动发展、服务群众、凝聚人心、促进和谐的作用。全省各级党组织坚持立党为公、执政为民，求真务实、清正廉洁，有力地增强了党的创造力凝聚力战斗力，为浙江改革发展“走在前列”提供了重要的组织保证。

1. 坚持和改进党的执政能力和领导水平

改革开放以来，浙江省各级党委立足国情世情党情的变化和挑战，紧紧围绕新的历史条件下建设一个什么样的党、怎样建设党这个根本问题，根据中央的战略部署，先后作出了一系列加强党的执政能力建设和先进性建设的重大决策部署，有力推进了新时期我省党的建设。针对市场经济发育较早、经济社会发展较快等状况对干部素质能力提出的新要求，立足领导干部的实际需求，有针对性地开展大规模干部教育培训。针对浙江省市场经济发展比较成熟的特点，以及新经济组织和新社会组织蓬勃发展的实际，通过创新基层党组织设置方式、加强基层党建工作力量等措施，扩大组织覆盖与工作覆盖，全面推进基层党组织建设。

2. 坚持党的制度建设贯穿始终

改革开放以来，全省各级党委坚持把制度建设贯穿于党的建设的各个方面，着眼构建体系完备、内容科学、相互衔接的制度体系，着力制定完善法规制度；坚持具体经验系统化、感性认识理性化、成功做法制度化，在总结基层探索实践的基础上，积极建立并推广一系列有效制度；注重发挥制度的整体效应，抓住工作的有利条件，统筹规划和集中推出有关法规制度，既做到了用制度来促进党的思想、组织、作风建设的深入开展，又做到了用制度建设不断巩固党的建设成果。

3. 坚持健全完善党建工作各项体制机制

全省各级党委始终牢记“不抓党建是失职、抓不好党建是不称职”，把党的建设放在突出位置来抓，探索建立党建工作领导小组，认真落实党建工作责任制，以坚强有力的组织领导保证了党建工作的成效。党委主要领导以身作则，深入党建工作联系点调研了解情况，思考谋划党的建设，带动和督促党委一班人认真履行各自的管党职责。党的建设工作内容广泛、涉及全局，坚持以统筹的思路、系统的方法，推动各方面工作有效组织、有效运转、有效落实。充分重视发挥和整合运用党的组织资源和政治优势，形成了合力推进党的建设的整体优势。

（五）以勇立潮头的浙江精神为动力，努力再创浙江体制机制新优势

党的十一届三中全会特别是进入21世纪以来，浙江坚持不懈地推进改革开放，积极发挥体制机制优势，不断增强改革的整体性和协调性，取得了显著成效，积累了有益经验，对再创体制机制新优势具有重要启示。这些做法和经验，对浙江省全面深化改革弥足珍贵，必须因地制宜地在发展中坚持、在坚持中完善，再创体制机制新优势与新辉煌，进一步明确我省全面深化改革所处的历史方位，使浙江在全面深化改革方面继续走在前列，为全国改革发展作出更大贡献。

1. 把再创体制机制新优势的工作部署摆在更加突出的位置

紧紧围绕我省全面深化改革、再创体制机制新优势的工作格局，以不断推进各项改革任务的法治化建设为重点突破口，力求我省全面深化改革既始终以法治建设为保障，又始终在法治的轨道上推进，从而不断朝着再创体制机制新优势、着力提高依法治理能力的目标前进。当前，省内每一项改革任务都已经有明确的牵头领导、责任单位、时间进度和目标要求。为此，各级各部门更要振奋精神、努力实干，把再创体制机制新优势的重大战略部署摆在更加突出的位置，既要切实抓好上级部署的重大改革，做好“规定”动作；又要结合各自实际开展小微改革，做好“自选”动作。省直有关部门和市、县各级要认真分析各自工作领域中存在的突出问题，研究改革思路与举措，每年也可排出自身的改革“盘子”，并制订年度工作计划，一项一项地扎实推进，形成全省上下全面深化改革的良好局面。

2. 加快推进改革试点经验的制度化建设

紧紧围绕“4+6国家战略举措”新格局、嘉善县域科学发展示范点以及省部合作专项改革试点建设要求，以建立健全各项相关体制机制建设为

重点突破口，推进各项改革试点工作的制度化建设，为改革试点提供法治保障。健全完善“4＋6 国家战略举措”各项体制机制。我们已经形成了“4＋6 的国家战略举措”新格局，就是在海洋经济发展示范区、舟山群岛新区建设，温州金融综合改革和义乌国际贸易综合改革的四大国家战略举措基础上，实施国家新赋予的六大改革项目：加快推进舟山江海联运服务中心、民营绿色石化基地建设，积极创建杭州国家自主创新示范区、中国（杭州）跨境电子商务综合试验区，积极发展民营银行，加快设立义乌国际邮件互换局和国际邮件交换站。同时，要重点围绕建设海洋经济发展示范区，积极推进和创新海岛开发保护体制、海洋内外开放体制、海洋开发投入体制、用海用地管理体制、海洋综合管理体制。围绕开展义乌市国际贸易综合改革试点，以转变外贸发展方式为主线，组织实施“市场采购”新型贸易方式及其配套监管办法，着力推进国际贸易体制机制创新。围绕舟山群岛新区建设，深化新区行政体制改革，积极扩大舟山港口岸开放力度。围绕建设温州市金融综合改革试验区，积极引导民间融资规范化、阳光化，大力推进中小企业金融服务创新加快构建与我省经济发展相适应的有特色的地方资本市场。

3. 加快“四张清单一张网”建设不断提高依法行政能力和水平

紧紧围绕使市场在资源配置中起决定性作用和更好发挥政府作用两方面，以建立“四张清单一张网”为重点推进简政放权，加快政府职能转变，努力打造最活市场主体、最快审批速度、最佳投资平台、最好发展氛围，使浙江成为全国综合投资环境最好的省份之一，为再创体制机制新优势提供法治保障。一是建立政府权力清单。通过全面推行省市县三级政府权力清单制度，进一步简政放权，把该放的权力放开、放到位，用政府权力的减法换取市场和社会活力的加法，让政府从直接干预市场中摆脱出来，让市场发挥其决定性作用，从而激发市场主体的微观活力，增强经济社会发展的内生动力。二是建立企业投资项目负面清单。为切实确立企业投资主体地位，浙江省着力改革核准目录外企业投资项目审批方式，探索对工业项目实行负面清单制、企业依法承诺制、备案制和事后监管制。三是建立财政专项资金管理清单。针对当前财政专项资金管理中存在“专项过多、规模过小、资金分散、使用低效”以及“重争取、轻使用”等突出问题，部署开展对各类专项资金的清理、整合和规范工作，并在此基础上建立专项资金管理清单制度。四是建立责任清单。与权力清单相配套，责任清单就是告知哪些责任是哪级政府、哪些部门必须要承担的，也就是哪些事“必须干”。编制责任清单，就是要让各个部门在“三定”方案的框架内，全面梳理部门主要职责、理清与相关部门职责边界、提出加强事中事后监管措施、明确公共服务事项，制定责任目录清单。五是实行政务服务“一张网”。建设集行政审批、便民服务、政务公开、在线互动、效能监察等功能于一体、省市县三级联动的网上综合型公共服务平台，推进行政权力运行全流程效能监督，提高行政效率。

4. 健全完善“五水共治”为重要突破口的转型升级组合拳体制机制

紧紧围绕人民对美好生活的向往这一奋斗目标，以打好“五水共治”攻坚战为重点突破口，不断探索完善我省“五水共治”体制机制，建立健全保障和改善民生的长效机制，为维护最广大人民群众的根本利益提供法治保障。坚持依法治水、科学治水、源头治水、系统治水，健全党政领导亲自抓、部门联动齐抓共管的治水领导体制和工作机制；健全运用市场机制合理配置水资源的制度，建立覆盖省、市、县三级的最严格水资源管理控制指标体系和管理办法；全面推行“河长制”“江段长制”，建立省、市、县、乡四级“河长”体系和区域、流域联防联控机制，完善相应考核办法。与此同时，必须通过“五水共治”工作的长效推进，制定重污染行业整治提升、促进产业转型升级的具体目标，推动各地立足长远、源头治水，认真落实省委、省政府提出的“四边三化”“四换三名”“三改一拆”等转型升级“组合拳”举措，以壮士断腕的决心淘汰落后产能，全面整治重污染行业，加快淘汰落后生产能力，完善产业转型升级倒逼机制。

5. 抓好生态文明建设促进绿色发展的体制机制建设

紧紧围绕努力实现天蓝、水清、山绿、地净，建设富饶秀美、和谐安康、人文昌盛、宜业宜居的美丽浙江的目标要求，强化法治制度建设，不断提升浙江省生态文明建设的法治化水平，为推进“两美”建设提供法治保障。一是建立完善建设美丽浙江、创造美好生活的体制机制，着重在建立完善“源头严控”“过程严管”“恶果严惩”“多元投入”的体制机制方面创新突破。二是分层次有步骤地推进相关地方立法工作。重点围绕水、大气、土壤、固体废物、辐射等污染防治和资源有偿使用、生态补偿、生态修复以及食品安全等，加强相关法规规章的“立、改、废”工作，加强地方立法，制定和完善专项法规规章。三是严格依法审理，加大执法力度。加强法律法规实施的监督检查和主体功能区规划实施等的有效监测。研究制定跨区域生态环境诉讼管辖、污染鉴定、损失计算、公益诉讼的规范性文件，指导环境执法和司法实践。四是扎实抓好生态文明建设各项重要工作任务的落实。各地各部门要按照省委决策部署，进一步强化责任担当，狠抓工作落实，努力开创建设美丽浙江、创造美好生活的新局面。

第三章　以开放精神为引领，不断提高对内对外开放水平

“走开放的道路，跨出自己的小天地。”体制机制创新是经济社会发展的活力之源，开放是体制机制创新优势在空间上的拓展。浙江经济之所以能获得相对较快的发展速度，既是按照自然规律发挥地区优势、扬长避短的结果，也是破除阻碍经济开放的体制机制障碍、遵循经济规律进行谋篇布局的成就。经济系统是由若干相互联系的经济元素有机结合形成的整体，经济系统的生命力来自系统内外资源的交换。浙江经济本身作为一个相对独立的系统，属于长三角这个具有特定发展内涵的区域经济体系，还内嵌于中国经济乃至全球经济的框架之中。推动浙江经济发展，必须具备区域、国家、全球的总体视野，将浙江经济的独立性与整个经济系统的全局性深度融合。

“开放”是“八八战略”的第二个关键词。从经济发展的角度来看，“跳出浙江发展浙江”不仅是浙江经济开放的手段，更是浙江经济发展的总体布局，其实质就是通过统筹省内外、国内外资源，将省内发展同对外开放相结合，将对内开放和对外开放相统一，从而获得更大的发展空间，更好地造福于民。习近平同志主政浙江期间，强调浙江精神在新时期新阶段必须与时俱进，其中非常重要的一点就是要进一步培育和弘扬海纳百川、兼容并蓄的“开放”精神。“开放”，是全球意识、世界胸襟，就是海纳百川、兼容并蓄，以我为主，为我所用。“开放”，就要进一步树立开放理念和兼容胸怀。要在高度的自省中虚心汲取全人类创造的众多文明成果，使我们的思想观念、生活习惯、行为方式和精神素质不断适应开放的世界和全球化竞争的需要，让开放的精神结出更多惠及浙江千万人民的硕果。“开放”，就要进一步增强全球眼光和战略意识。要有跳出浙江发展浙江的大手笔，具备积极参与全球化合作与竞争的勇气和胆略，在更大范

围、更广领域、更高层次参与国内外的经济合作和交流，努力提高对外开放的水平。“开放”，还要进一步提升做世界公民的文明素质和人文情怀，关心全人类的文明进步和共同发展。[①] “求真务实”“开放图强”的浙江精神，如涌动的活水，跳跃、翻腾在整个浙江开放型经济建设的历史过程中，表现出旺盛的生命力。

一、求真务实：浙江开放型经济建设的起点

求真务实，就是要尊重实际，注重实干、讲求实效。尊重实际，就是要始终坚持从世情、国情、省情出发，从我们面临的形势任务的实际出发，从全省人民的愿望要求的实际出发。要清醒认识浙江先发遭遇的新挑战、先行遇到的新问题，不囿于以往的经验，不照搬别人的做法，作出符合浙江实际的战略抉择。注重实干，就是要善于抓住机遇、用好机遇，务实求变，务实求新，务实求进，用宽广的眼光、改革的思路、发展的办法解决前进中的问题。讲求实效，就是要进一步树立效率理念，加强科学管理，提高资源利用效率，多做功在当代、立在千秋的工作。[②] 改革开放以来，浙江经济取得长足发展，开放在其中起着极其重要的作用。作为我国对外开放的重要前沿阵地，浙江始终坚持在开放中求发展，在开放中谋取更大的竞争优势。随着经济全球化进程加速，开放的环境、格局都发生了重大而深刻的变化，这些变化不可避免地对浙江的开放性经济建设带来了新的挑战和机遇。

思路决定出路。开放理念蕴含了习近平同志一贯持有的总体视野和务实思维，也是对科学发展观的深刻领会和生动实践。科学发展观是关于新时期如何继续统领经济社会发展全局的战略思想，科学发展观第一要义是发展，核心是以人为本，基本要求是全面协调可持续，根本方法是统筹兼顾。浙江开放型经济建设充分反映了科学发展观的基本主张。首先，浙江经济开放的根本目标在于推进人的发展，让人民共享开放发展的成果，因此提出了将浙江人经济与浙江经济相结合的理念；其次，开放是要解决发

① 习近平：《与时俱进的浙江精神》，《哲学研究》2006 年第 4 期。

② 习近平：《与时俱进的浙江精神》，《哲学研究》2006 年第 4 期。

展中凸显出来的不全面、不协调、不可持续的现实问题，浙江的开放发展提出要将内源式发展与外源式发展相统一，让改革与开放齐头并进；最后，浙江开放既包括对内开放，也包括对外开放，是根据浙江经济的现实状况和基本需要作出的发展要求。习近平同志曾在浙江省历次重要会议上，在浙江省各地考察调研时，始终将开放型经济建设放在突出重要的位置上。2003 年 3 月，习近平同志率领浙江党政代表团前往上海、江苏两地考察学习，推动全省上下“学沪苏之长，抓解放思想，兴开放之举，促浙江发展”。从此，开放成为浙江经济发展的一条新红线。

（一）跳出浙江看浙江

不识庐山真面目，只缘身在此山中。浙江省面对 21 世纪的机遇和挑战，面对自身发展的现实基础，面对率先实现现代化的宏伟目标，得出经验：开放是浙江经济社会持续向好发展的必然要求。

开放基于浙江在 21 世纪面临的机遇与挑战。进入 21 世纪，世界科技进步日新月异，经济全球化深入发展，浙江面临难得的发展机遇。国际间生产要素重组和产业转移加快，产业结构加速调整，城市化进程加速推进，消费结构加快升级，市场体系不断完善，促使浙江能够利用这一有利时机加快发展。但浙江利用外资的规模和水平还不高，本土经济与外资经济融合的程度也比较低，本土企业和外资企业没有形成良性互动的发展格局。随着浙江部分比较优势的弱化、要素资源制约的日益加重、企业自身扩张需求的增强，对开放水平提出了更高、更紧迫的要求，于是开放发展成为浙江经济的必然趋势。

开放基于浙江发展的现实基础。习近平同志指出：“就浙江省而言，落实科学发展观的一项重要内容就是要处理好内源发展与对外开放、外向拓展的关系。”① 浙江是典型的“内源型经济”，通过“民营资本”和“内需”完成工业原始积累，实现经济起飞。这种“内源型经济”的发展道路给浙江带来了相对独立的完善工业体系，经济发展基础也比较稳固，但也形成了产品竞争能力较低、资源配置空间较小、企业层次不够高等局限。

---

① 习近平：《干在实处 走在前列——推进浙江新发展的思考与实践》，中共中央党校出版社 2006 年版，第 85 页。

实际上，内源型经济的发展并不排斥外源型经济的有益成分。实践表明，浙江民营经济形成的产业集聚效应能够对外资产生强大的吸引力，浙江需要立足自身，推动外源型经济优势不断转化为内源型经济优势，不断增强地区经济发展的后劲。其实，由于浙江地处中国经济最活跃的长三角地区，具有天然的区位优势，过去的浙江经济开放水平与沿海诸省市相比严重滞后，并没有很好地把区位优势转化为开放优势。在经济全球化、区域经济一体化加速发展的背景下，加强与外部区域的联系是进行专业化分工、发挥比较优势的必然要求。因此，浙江选择开放发展既有必要，也有基础。

开放基于浙江加快全面建成小康社会、提前基本实现现代化的宏伟目标。有无开放战略意识，直接关系到开放型经济的发展速度。[①] 改革开放以来，浙江抓住改革这个重点，取得了市场经济发展的先机，创造了民营经济、块状经济比较发达的优势，但在利用外资方面仍存在短板。要想完成率先实现现代化的宏伟目标，就不能再单靠改革这一条腿走路。其实，从某种角度而言，开放比改革更关键。因为一个封闭的系统很难进行真正意义上的改革，必须要接受外部信息，同外部进行沟通、互动、转化，才能为自身改革提供源源不断的动能。开放是改革的契机，也是改革的镜子。开放必然要求改革，改革也必然需要开放。以开放促改革、促发展，能为浙江注入新动力、增添新活力、拓展新空间。

（二）遵循规律谋发展

经济开放是浙江发展的必经之路。但是如何开放，开放的范围是什么，路径是什么，方法是什么，落脚点又是什么。面对新形势下进一步扩大开放的需要，习近平同志对浙江发展开放型经济提出了四点指示。[②]

1. 对内开放与对外开放相结合

统筹国内国外两个发展大局，是中央针对全国发展的新形势和新任务提出的重要要求。对于处于结构性调整的浙江省而言，更是推动经济进一

---

① 习近平：《干在实处　走在前列——推进浙江新发展的思考与实践》，中共中央党校出版社2006年版，第86页。

② 习近平：《干在实处　走在前列——推进浙江新发展的思考与实践》，中共中央党校出版社2006年版，第87—88页。

步发展的现实出路。从浙江自身看，产业更替是浙江经济结构调整和产业转型升级的必要条件。浙江是一个资源小省，又是一个经济大省，生产要素的供需关系十分紧张。2003 年夏天，浙江多地爆发了“电力短缺”现象，许多工厂拉闸限电，停四开三。资源对浙江经济发展的刚性约束日渐突出。浙江要想发展，必须对生产要素进行合理规划，推动产业梯度转移，促进资源合理流动，实现经济内涵式增长；从外部条件看，中西部地区具有较多的矿产资源、劳动力和土地等生产要素，也有承接东部转移产业的需要，恰好与浙江形成了互补的合作关系。另外，中国加入世界贸易组织为原本就具备对外开放区位优势的浙江加快构建对外开放新格局创造了重要机遇。浙江鼓励浙商走出国门，发挥自身优势，到海外建立研发中心、开工厂、设立销售机构，融入全球产业链，更好地利用全球资源以弥补本地要素的不足；同时浙江省努力提高其出口商品的质量与档次，接轨国际规则，加大产品出口，更充分地打开海外市场，努力使对外开放水平得到质的提升。

2. 扩大开放与深化改革相结合

改革与开放是一对相辅相成的关系，没有不实行改革的开放，也没有不进行开放的改革。习近平指出，改革是浙江的优势。浙江过去的发展，总体上靠的是改革，但这个优势能否保持，还要依靠开放。一方面，浙江的改革呼唤开放。要适应经济全球化和科技进步的新形势，就必须引进世界先进技术和管理理念。另一方面，浙江的开放推动改革向纵深发展。开放体制的创新，涉外经济管理体制的透明化、稳定化，法制环境的公平化，是开放的要求，也是改革的内涵。进入对外开放不断扩大的关键机遇期，浙江必须尽快改变改革领先、开放滞后的非均衡格局，使改革开放一同成为推进浙江加快发展的强大动力。

3. 利用外资与结构调整相结合

提高利用外资水平、推动外资效用最大化，是浙江优化经济结构的客观要求。随着市场经济体制改革的不断深入和加入世贸组织的全面影响，全国各地的招商引资变得十分活跃，开拓国际市场力度不断加大。但是浙江在引进外资的过程中必须保持清醒的头脑。对外贸易不仅有利于浙江经济的持续快速增长，而且对产业升级、增长方式转变具有不可替代的作用。因此，不仅要看到对外贸易的直接经济效应，更要具备统筹发展的长远眼光。要引导外资的流向，使外资更多地投向高新技术产业、基础产业和新兴服务业；要引进国外的先进科学技术、管理经验和高素质人才，注重引进技术的消化吸收和创新提高，促进浙江本身的产业升级；要把引进技术密集型企业与发展劳动密集型企业紧密结合，把引进大企业和引进中小企业紧密结合，提升产业层次，促进结构调整。

4.“引进来”与“走出去”相结合

“引进来”是引进国外的资金、技术和管理，增强自身的综合实力；“走出去”是开拓国际市场，到大市场上去参与竞争、施展身手。从两者的内容看，“引进来”和“走出去”各有侧重。就“引进来”而言，要创新引资方式，扩大引资平台，重点引进对浙江产业升级具有重大带动作用的大项目、大企业，不断提高利用外资的质量和水平。还要推动本土经济与外资经济加速融合，加强双方在技术、资金、人才、信息等方面的联系，促进本土企业与外资企业形成良性互动的发展格局，最终增强综合竞争力。就“走出去”而言，要正确认识企业走出去的背景和作用。企业走出去，是经济规律的使然，是产业结构升级的内在需要，是维持区域竞争力的必然选择。腾笼才能换鸟，壮大才能反哺。[①] 企业走出去有利于浙江发展高新技术产业和新兴服务业，有利于带动产品走出去、资源引进来，有利于实现浙江经济和浙江人经济的共同腾飞。从两者的关系看，“引进来”和“走出去”并非对立。不论是“引进来”还是“走出去”，都是着眼于提升浙江本土经济的竞争力。改革开放之初，关注的是吸引外资、技术和管理；20 世纪 90 年代中后期，聚焦的是经贸往来；如今，促进浙江资本、浙江制造“出海”，成为新亮点。这种对外开放的历程深刻反映了浙江经济的阶段性变迁。要想真正下好开放发展这盘棋，“引进来”和“走出去”缺一不可。

（三）立足浙江说开放

开放本身包括两个层面，一是区际开放，一是国际开放。随着世界贸

① 习近平：《干在实处　走在前列——推进浙江新发展的思考与实践》，中共中央党校出版社 2006 年版，第 85 页。

易的不断增长，区域经济合作的不断加强，区际开放和国际开放都是浙江直面的课题。浙江的开放建立在对自身区位优势的清醒认识上，建立在对国家战略的坚决支持上，更建立在对经济发展规律的深刻理解上。

1. 以区位优势为基础，谋划对内开放新格局

面对要素跨区域流动、企业跨区域发展、市场跨区域扩张的新趋势，如何跳出行政区域，在更大的空间内加快自身发展，是浙江实施对内开放战略的核心问题。

（1）接轨上海、融入长三角。长三角地区具有雄厚的经济基础、独特的区位优势、良好的发展势头和较好的合作基础。无论从国内区域经济的发展态势，还是从参与国际竞争的需要，浙江加快融入长三角地区的经济合作都显得尤为紧迫。从全国范围看，长三角正日益成为中国经济最有活力的地区，地区间的产业转移日益频繁，工业化信息化速度加快。浙江凭借独特的经营、创业环境，丰裕的资金优势及相关政策配套，能够承担国际国内产业转移的重要任务。从区域内部看，随着基础设施建设的加强，长三角交通一体化程度不断提高。杭州湾跨海大桥的建设、连接上海的复线高速通道建设、甬台温高速公路复线及铁路网络的改造，使得浙江的区位优势更加突出。从合作基础看，自改革开放以来，长三角经济一体化的进程就不断加快。20 世纪 80 年代初，苏浙乡镇企业崛起，上海大量技术人员以民间形式涌向长三角的中小城镇和乡村；20 世纪 80 年代中期至 90 年代初，上海国有企业大举向长三角地区的城乡进行工业扩张，长三角内的各级政府和企业也竞相与上海工业进行合作，逐步形成上海同长三角其他地区的产业垂直分工体系以及后期的带有竞争关系的水平分工；20 世纪 90 年代中后期，随着经济体制转型、产业结构加快调整，长三角经济一体化的合作机制由企业单一行为逐步向政府搭台的方向发展，合作领域更加多样、合作方式更加多元、合作方向更加流动。

怎样融入？习近平同志指出，一要“虚心学习，主动接轨”。针对“无需接轨”的狭隘观念，要充分认识上海在长三角经济圈中的龙头地位，把接轨上海摆在首位。资本总是流向经济活跃区、市场繁荣区，上海作为国际经济、金融、贸易、航运中心，其龙头地位是无可取代的。接轨上海就是接轨机遇、接轨发展、接轨国际化和现代化。早在 20 世纪 90 年代，

江苏就率先掀起了接轨上海的热潮，苏、锡、常争当上海后花园，经济实力在国内罕有匹敌。相比之下，浙江诸市可谓是错失了这十年的发展先机。无论是在经济总量、产业层次，还是对外开放、科技进步、城市建设等方面，当时的浙江与沪苏都有不少差距。有鉴于此，浙江外向型经济要保持良好增长态势，就不得不打造高端“借力”平台，积极承接经济发达地区的“溢出效应”，加强大范围、高层次的区域合作。二要“发挥优势，真诚合作”。针对“无法接轨”的错误认识，习近平同志提出，浙江与沪苏两省市相比，各有所长，也各有所短，都有取长补短、加强合作的需求。只要充分利用比较优势，就能找准区域战略契合点。对于浙江而言，应保持自身民营经济发展较快的优势，加大利用外资的力度。三要“全面融入，实现共赢”。针对“无从接轨”的困惑，在部署浙江经济开放格局的过程中，习近平始终强调的一点就是，不仅要做法接轨、体制接轨，更要观念接轨。利用长三角地区各省市间地域相连、人缘相亲、经济相融、人文相近的特点，以思想观念的融合为先导，实现市场相通、体制相融、资源共享、交通共连、人才互通、产业互补。以增强浙江综合实力为立足点，确立相互融合的联动发展理念，整体提高长三角地区的国际竞争力，推动整个长三角地区的共同发展和繁荣。①

（2）积极参与西部大开发、中部崛起和东北老工业振兴。做好对口支援是立足全国大局、统筹区域发展的重大政治责任，也是浙江在更高的起点上开辟新的发展途径、在更大的范围内实现要素合理配置的战略选择。一方面，浙江积极响应中央西部大开发、中部崛起和振兴东北地区等老工业基地的战略决策，提出既要给予必需的“输血式”帮扶，更要开展“造血式”帮扶，建立对口支援的长效机制。通过农业开发、创办企业、人才培训、干部交流等途径，帮助受援地区优化产业结构，创造就业机会，增加地方财政收入，不断增强其自我积累和自我发展的能力。另一方面，浙江充分利用政策优势，加强与对口地区的合作交流，实现优势互补。浙江经济社会发展总体情况良好，但发展中体制性、结构性矛盾没有得到根本

---

① 习近平：《干在实处　走在前列——推进浙江新发展的思考与实践》，中共中央党校出版社2006年版，第89—92页。

解决，调整经济结构、转变经济增长方式的任务很重。在这一过程中，浙江相当一部分劳动力、资金、技术需要转移到外省。浙商积极参与对口支援建设，既能发展当地经济，也有利于延伸浙江产业链，推动浙江产业的梯度转移，具有良好的经济效益和社会效益。

（3）跳出浙江发展浙江。“跳出浙江发展浙江”是浙江发展的必然要求，这个口号刚提出来时，社会各界对于浙江资本的“走出去”存在思想不统一的情况。一些声音认为，跳出浙江不是发展浙江，而是资本外逃。对此，习近平同志指出，资本输出不是盲目的，是追逐利润的结果。当企业发展到一定阶段，在全国乃至全球范围内整合资本都是理所应当的，不应该阻拦，也无法阻拦。

习近平同志借用“地瓜理论”，形象地向人们说明了“跳出浙江发展浙江”的道理。① 他把浙江比作地瓜的根茎，把企业比作地瓜的藤蔓。藤蔓向四面八方延伸，为的是汲取更多的阳光、雨露、营养，但它的发展不可能脱离地瓜的根茎，它吸收的养分也会源源不断地输送回来。企业也是一样，向外寻求发展空间，在更大的范围内配置资源，并非资源外流、企业外迁，而是为了生存发展作出的必然选择。民营企业的扩张，符合市场经济规律，也符合浙江省环境和要素承载能力不足的现状。作为政府，主要是处理好“走”“留”“引”的关系。一要积极鼓励企业留住本部、走出加工环节，留住研发及研发成果、走出营销环节，留住高新产业产品、走出相对过剩的产业产品；二要大力支持“走出去”企业回归发展，引入先进技术、知名品牌和高端人才，形成和培育“浙江籍”的跨国国际知名大公司，共推浙江发展继续走在前列。

2. 以结构优化为中心，提升对外开放竞争力

浙江是中国最早实行对外开放的省份之一。在开放型经济建设刚起步时，浙江与其他沿海省市差不多，当时江苏、广东抓住了开发区建设、引进台资、发展加工贸易等几次大的历史时机，取得了开放型经济的领先优势。面对对外开放的新形势，习近平同志提出了三种意识，一是要提高全面实施对外开放的战略意识。有了强烈的开放战略意识，才会有新的工作

① 习近平：《之江新语》，浙江人民出版社 2007 年版，第 72 页。

思路，才会有扎实的工作业绩；二是要增强抓机遇开拓进取的创新意识。实践证明创新是实现加快发展的源泉和动力；三是要树立不进则退的竞争意识。在激烈的市场竞争中，能否充分发挥好现有比较优势，就在于竞争意识强不强，工作力度大不大。[①] 具体而言，实行对外开放有三个方面，一是积极实施“走出去”战略；二是推动外贸从增量向提质转变；三是调整优化利用外资结构。

外经方面，实施“走出去”战略是扩大对外开放的重大举措。随着企业“走出去”的愿望越来越迫切、条件越来越成熟，浙江鼓励和支持有比较优势的企业积极参与境外交流合作。一方面，从浙江的产业结构出发，努力增强竞争能力，如充分发挥浙江中小企业和区块特色经济的特点，加强专业化分工，提高企业组织化程度；又如利用专业市场发达的优势，鼓励大型专业市场开拓国际市场，扩大市场辐射能力。另一方面，借鉴国外有效经验，积极探索“走出去”的多种方式，如构筑国际采购体系、营销网络、建立生产基地、开发自然资源、设立研发中心等。在实施“走出去”战略时，浙江始终坚持遵循市场规律，培育并强化企业主体地位，同时建立税收、信贷、外汇、融资、保险、信息支撑体系，完善境外政策扶持体系，为企业对外投资营造良好外部环境。

外贸方面，浙江具有商品市场发达、企业机制灵活、产品价廉物美的比较优势，出口主体不断壮大，出口产品结构不断改善，出口方式不断改进，国际市场空间不断扩大。但外贸结构不很合理，高科技产品及高附加值产品比重不高。服务贸易滞后于货物贸易，进口贸易滞后于出口贸易，还遭遇了较严重的国际贸易壁垒。浙江提出，要加快转变外贸增长方式，积极调整出口产品结构，提高加工贸易增值率，高度重视服务贸易，提高基础设施的对外开放利用率，还要充分发挥进口在补充资源供给不足、推动技术进步和产业升级等方面的作用，促进外贸出口持续稳定增长。

外资方面，习近平同志提出了两点意见，一是全面认识引进外资的深刻意义，认识到引进外资是增加了资本、跨国公司，引进了先进技术和管

---

① 习近平：《干在实处　走在前列——推进浙江新发展的思考与实践》，中共中央党校出版社 2006 年版，第 86—87 页。

理理念和市场销售网络。在当前阶段，不宜片面夸大吸引外资的风险，要继续加大引资力度。二是“选商引资”的引资思路，强调外资经济与本土经济的相辅相成，切忌割裂内生机制和外生机制的内在联系。要根据浙江的土地实际承受能力和产业长远发展需求，通过优化引资结构、引资方式和引资环境，从产业结构升级的高度突出技术提升，从浙江产业链延伸的广度突出总体效益，从增强浙江核心竞争力的高度突出地方特色。①

二、开放图强：浙江开放型经济建设的内在逻辑

胸怀决定格局。开放是浙江的追求，也见证了浙江的攀登。1978 年，宁波港的开放，标志着浙江对外开放的窗口正式开启。1979 年，浙江成立“浙江省经济协作领导小组”，初步建立省内外经济协作关系，产品销售逐渐向全国市场拓展。党的十四大后，浙江以外贸两轮承包经营和省级开发区设立为契机，到 1996 年在全国率先实现了“县县有外贸”。2002 年后，浙江提出进一步发挥区位优势，不断提高对内对外开放水平，并将其列为推动浙江提前实现现代化的重要战略之一。党的十八大以来，浙江继续扩大开放之势，以“腾笼换鸟、凤凰涅槃”的“两只鸟”理念调整经济发展结构，以“跳出浙江发展浙江”的思路拓展发展空间，从政府主导逐步过渡到企业为主，使得区域合作组织更加完善，区域外投资贸易更趋活跃，形成了富有活力的区域特色经济格局，保持了经济的平稳较快发展态势。

浙江开放型经济建设的发展经验主要在于科学战略的引领。开放，要求海纳百川、兼容并蓄，以我为主，为我所有。浙江把民营经济的优势、产业集群的优势和开放经济紧密联系，将“走出去”与“引进来”协调统一，将“浙江人经济”与“浙江经济”统筹兼顾。面对浙江开放经济的新机遇、新挑战，浙江深刻认识到，只有加大开放力度，全面提高开放水平，才能练好内功、提高国际竞争力。从“接轨上海，积极参加长江三角洲合作与交流”到推进“长江经济带”经济合作、主动接轨“一带一路”建设，从“跳出浙江发展浙江”到“浙商回归”，从“走出去、引进来”

---

① 习近平：《干在实处 走在前列——推进浙江新发展的思考与实践》，中共中央党校出版社 2006 年版，第 95 页。

到全面提高开放型经济水平，浙江省委、省政府一张蓝图绘到底，发展思路更加清晰，工作方法更加成熟，前进步伐更加稳健。开放，也是心忧天下的宽广胸襟。浙江在推进东部率先发展中不断加强与长三角地区和东部发达省区的交流与合作，把东北等老工业基地振兴、西部开发和中部崛起作为义不容辞的责任。对内开放方面，一方面以企业为主体，积极引导浙商东扩西进，北上南下，围绕产业转型、能源保障和粮食安全，推动区域经济战略合作；另一方面根据经济形势变化发展，倡导浙商回归，将浙商创业创新与浙江产业转型升级紧密勾连。对外开放方面，不断深化对外贸易体制，创新外经贸发展方式，注重提高利用外资质量。

（一）精准发力：从接轨长三角到对接长江经济带

自浙江省委、省政府将“主动接轨上海，积极参与长江三角洲合作与交流”作为“八八战略”的重要内容实施以来，全省掀起了接轨合作的热潮，长三角合作交流进入了新的发展阶段。首先，合作机制不断完善，多层次工作机制初步形成。省级层面，“高层领导沟通协商、座谈会明确任务、联络组综合协调、专题组推进落实”；地市层面，多地积极缔结友好关系，台州加入“长三角城市经济协调会”，合作交流更加紧密。其次，专题合作进展顺利。三地设立了大交通体系、旅游客运网络、生态环境治理、信息资源共享、天然气管道建设、区域规划和人力资源等重点合作专题，形成了一批跨区域的专题规划，签订实施了20多项合作协议。接轨与合作战略取得的巨大成就，这些成就体现在：一是推动了浙江自身发展。进一步增强了浙江对外商的吸引力，促进了浙江科技综合实力和自主创新能力的提高。二是促进了长三角经济融合。政府间合作的加强，大大减少了行政区划分割对区域经济合作的阻碍，有力地规避了区域间重复投资和过度竞争，三地相互投资更加活跃。三是长三角一体化发展成为国家战略。国家发改委在2005年正式启动了《长三角区域规划》的编制工作，为深入推进长三角合作与交流创造了更好的条件。

总的来看，浙江推动并参与新一轮长三角合作与交流成效显著，但在此轮接轨中也存在不足和问题。从接轨对象来看，对上海的重视重于江苏；从接轨方式来看，硬件接轨重于软件接轨，短期项目重于战略项目。具体工作中还存在统筹协调和投入力量不足等问题。为了进一步深化接轨与合作工作，浙江提出“五个着眼于”的工作思路：着眼于把长三角建设成为科学发展的先进区和社会和谐的示范区，着眼于全面推进长三角一体化发展，着眼于发挥比较优势，着眼于用好“上海世博会”机遇，着眼于战略和政策的互动，从而促进浙江经济社会又好又快发展。十二五期间，浙江以上海自由贸易区为纽带，利用嘉兴等地的区位优势，全面推进接轨上海工作，尤其注重加强基础设施、产业整合、平台建设等方面的合作交流。2014 年 12 月 2 日，长江三角洲地区三省一市主要领导座谈会在上海召开，会议主要围绕积极参与“一带一路”和长江经济带国家战略，在新起点上推进长三角地区协同发展的主题进行讨论。长三角地区主要领导定期会晤机制，最早正是由时任浙江省委书记的习近平提议设立。习近平同志把完善的合作机制视为加强经济合作、推动该区域经济健康有序发展的内在要求和重要保证，提出“要从政府、企业、民间等多方着手，健全合作机制”，建立沪苏浙三省市党政主要领导定期会晤机制应运而生。2008 年，随着“泛长三角”概念的出现，又吸纳了安徽的加入，至此形成“3＋1”的新格局。作为长三角区域合作协调机制中最重量级的会议，该会议一直致力于打破行政界线，推进区域经济一体化。

长江是货运量位居全球内河第一的黄金水道，是中国经济发展大格局中的重要“一横”。浙江主动对接长江经济带国家战略，一方面能够发挥本地的商品、资本、人才优势服务长三角经济带，另一方面也是为自身转型升级争取了广阔的战略腹地，优化资源要素配置，实现产业要素的梯度转移。浙江兼具长江内河水运和沿海港口海运的双重区位优势，使其在陆海联动、江海联运中占据着独特的重要地位，也因此，江海联运服务中心、港口经济圈建设成为浙江参与长江经济带战略实施的重要路径。依托长江经济带，从长三角地区到中部再到西部，形成了一条完整的产业梯度转移和资源利用链条，浙江的区域开放战略的重点性和可延展性更加突出。

（二）打破藩篱：从跳出浙江到浙商回归

习近平同志曾经多次对浙江的干部和企业家强调，如何在高基点上确保浙江的发展不停步、可持续，是浙江发展进入关键时期必须解决的一个重大课题。针对浙江资源紧缺、环境容量小等制约，浙江近年来陆续出台有关开放政策，促进结构调整，拓展发展空间。

“启”——跳出浙江发展浙江。跳出浙江是浙江经济发展的一个重要特征。随着浙江经济的快速发展，浙企与外界的经济融合实际早已开始。政府提出“跳出浙江”，是顺应经济发展潮流，尊重经济发展规律的举动。从经济全球化、信息网络化发展的实际出发，浙江不再局限于村村开店、户户冒烟的格局，而是鼓励和支持民营企业走出浙江、走出国门。大批浙商在省委、省政府的引导下，凭借自身敏锐的市场洞察力和敢为天下先的开拓精神，积极参与全国各个区域乃至全球各国的开发建设，创造了良好的经济社会效益。从“产地销”到资源利用、产业扩张、战略投资，从商贸流通到农业、工业、建筑、物流、基础设施各个领域，浙江民营经济的对外投资规模日益扩大。据不完全统计，目前，浙江有超过 640 万人在省外投资创业，创办企业超过 26 万家，投资总额近 4 万亿。[①] 在外浙商创造的经济总量，超过了省内创造的经济总量。“跳出浙江”推动着浙江从资源小省发展为市场大省、经济大省。

“承”——回归浙江发展浙江。回归浙江是浙江经济发展的内在要求。浙江正处于转型升级关键时期，面对严峻的经济下行压力，扩大有效投资成为经济工作的关键。作为全国最活跃的企业家群体，有超过 600 万的浙商在全国各地投资创业，150 万浙江人在世界各地创业经商。实施浙商回归工程，是扩大有效投资的重要载体和现实途径。2011 年 12 月，浙江出台了《中共浙江省委浙江省人民政府关于支持浙商创业创新促进浙江发展的若干意见》，之后相关部门又陆续出台了 12 个配套文件。2012 年 1 月，浙江省政府在 29 家省外浙江商会中设立“回归办”，授权商会开展浙商回归工作。其中，16 位会长受邀列席了当年浙江“两会”，扩大了浙商及浙商商会的影响力。2012 年，全省浙商回归到位资金为 1297.9 亿元；2013 年到位资金为 1752.13 亿元；2014 年，到位资金为 2236 亿元；2015 年，到位资金为 3066 亿元；2016 年，到位资金为 3492.59 亿元；2017 年，到位资金为 3800 亿元。2014 年，浙江全省完成固定资产投资为 23555 亿元，比去年增长 16.6%，超额完成 12%的计划增长率；2015 年，浙江全省完

---

① 沈商：《“一带一路”战略下的浙江机遇》，《今日浙江》2014 年第 23 期。

成固定资产投资为 26665 亿元，比上年增长 13.2%。2016 年，浙江全省完成固定资产投资为 29571 亿元，比上年增长 10.9%。2017 年，浙江省固定资产投资为 31126 亿元，比上年增长 8.6%。2018 年，浙江省固定资产投资为 33336 亿元，比上年增长 7.1%。实践证明，浙商回归有力地助推了浙江经济的有效投资。浙商回归，既是在外浙商的乡情所致，也是企业投资的理性选择。浙江本身的区位优势、相对成熟的市场机制、较为完善的产业配套，对浙商回归创业也具有较强的吸引力。对于浙江而言，做好支持浙商回归工作是浙江经济转型升级的重要一环。实施浙商回归工程的最重要意义就体现在对浙江经济结构调整及经济增长方式转变的有力促进上。从 2012 年至今，在浙商回归三次产业项目到位资金中，第二、三产业的资金比重超过 99%，重大项目到位资金超过全部到位资金的 74%，回归项目普遍带有技术含量和附加值高、投入大、外向度高等特点，符合浙江产业转型升级需要。支持浙商创业创新，有助于推进浙江经济转型升级、加快发展现代农业、战略性新兴产业和现代服务业，抢占新一轮产业竞争制高点。

"合"——立足浙江发展浙江。"跳出浙江发展浙江"与"回归浙江发展浙江"一脉相承。当年，受制于要素约束，浙江开拓思路，以人为本，提出浙江人经济也是浙江经济，要顺应经济发展规律，跳出浙江发展浙江。"跳出浙江"基于浙江本身的经济状况，充分利用了浙江发达专业市场的发展优势。首先，按照流通现代化的要求，对传统市场进行改造，创新专业市场交易方式与功能；其次，由商品输出延伸到资金、企业的"走出去"；再次，不断完善招商引资工作，吸纳优质要素，提升竞争能力；最后，积极实施品牌战略，增强品牌效应和抗风险能力。"跳出浙江"为缓解浙江资源要素压力，拓宽市场空间立下汗马功劳。现在，应浙江转型升级、增强内功的发展需要，引导优质浙商回归，以便将浙江人经济更好地吸纳进浙江经济。这些举措都是立足浙江经济社会发展实际情况做出的发展策略，最终都服务于浙江的发展大局和浙江人的幸福生活。

（三）内外联动：全面提升对外开放水平

在 2008 年国际金融危机席卷全球的背景下，浙江加快转变经济发展方式，推动开放型经济发展进入深化期和全面提高期。一是外贸保持较快增长，根据浙江省统计信息网显示，从2003年到2018年，浙江省进出口额从614.2亿美元提高到4000亿美元，占全国进出口总额的比例升至9.3%。从商品结构来看，2018年，纺织品、服装、箱包、鞋类、玩具、家具、塑料制品7大类传统劳动密集型产品占出口总额的比例下降到35.6%；机电产品出口总值为9214.1亿元，比上年增长9.6%，占出口总值的43.5%，提升0.3个百分点。其中，机械设备类和电器电子类产品出口比例分别增长10.5%和8.0%。高新技术产品出口总值为1408.4亿元，比上年增长11.5%，占出口总值的6.6%，提升0.2个百分点。二是引进外资取得新进展，从2003年到2018年，合同外资从120.5亿美元增加到430.6亿美元。2018年全省新批外商直接投资项目3529个，比上年增加499个；合同外资430.6亿美元，实际利用外资186.4亿美元，分别增长24.1%和4.1%。第二产业中，制造业实际利用外资59.7亿美元，增长9.2%。第三产业投资项目2940个，比上年增加502个，占外商直接投资项目总数的83.3%，合同外资307.8亿美元，实际利用外资120.0亿美元，分别增长28.7%和2.6%，占外资总额的比例分别为71.5%和64.4%。三是对外经济合作“走出去”步伐不断加快。2018年，对外承包工程完成营业额506.9亿元，增长8.6%；共派出各类劳务人员22589人次，外派劳务人员实际收入为12.0亿元。

浙江开放型经济建设，始终坚持以企业为主体，重点围绕经贸体制改革、优化外资外贸结构、创新外资外贸方式，全面提升开放型经济水平。

1. 切实增加对外开放主体数量

“十一五”期间，浙江省经核准的境外投资企业和机构共有2377家，总投资额为73.35亿美元，中方投资额为63.92亿美元，是“十五”期间的11.4倍，年均增长73.5%，单个项目平均中方投资额为269万美元，是“十五”期间的8倍。境外企业和机构的数量连续多年居全国大陆省市区第一。2011年至2014年，浙江境外投资连续三年增幅超过20%，经核准的境外企业和机构超过6447家，连续十年全国第一。2018年，浙江对外投资合作增速强劲，全年完成对外直接投资备案额183.8亿美元，比上年增长90.6%。

浙江通过制度和政策改革，强化主体建设，发挥民营优势，一手抓进出口企业的数量，另一手抓企业内在活力和经营效率，有效地增加了进出口主体，壮大了“走出去”企业队伍。首先，放开外贸出口经营权，提高生产企业和外贸企业自营进出口比重。浙江出口快速增长的主要原因是大量民营企业出口的迅速崛起。2003 年 9 月 1 日，《浙江省进出口经营资格管理实施细则》正式出台，调整后的进出口经营资格审批标准正式实行，审批程序全部调整到位，浙江的一般贸易出口额快速增长。2018 年，浙江民营企业进出口总值为 2.04 万亿元，增长 12.7%，占浙江进出口总值的 71.7%，比 2017 年提升 0.8 个百分点。其中，出口总值为 1.65 万亿元，增长 10.6%，占出口总值 78%，继续保持第一大出口主体地位；进口总值为 3905.2 亿元，增长 22.6%。2018 年，浙江民营企业对外贸出口、进口的贡献度分别为 90.6%、61.4%。其次，促进投资主体多元化，增强公司的运营实力。浙江充分利用民间资本充裕和长三角资本集聚的优势，通过多种方式深化国有外经贸企业产权制度改革。浙江国有专业外贸公司的活力和经营效率大大提升，对浙江进出口贸易的持续稳定发展和进出口商品的结构优化起到了积极作用。最后，推动私营企业迈出国门，接轨国际市场。民营企业的境外投资已经占到了总量的 90%以上，成为“走出去”的主力军。在温州、金华、台州等民营经济发达地区，全部境外企业和机构均为私营企业投资成立。

2. 不断深化对外开放体制改革

对外开放体制的科学改革是对外贸易持续发展的基础。依靠外贸便利化改革、保税区和自由贸易区建设，浙江的对外开放体制不断趋向完善。

外贸便利化改革是推动外贸出口的重要举措。短短 32 年，义乌从一个落后的农业贫困小县茁壮成长为全国最大的综合性日用商品贸易市场，其国际贸易体制机制改革历程反映了浙江在外贸便利化改革方面的不懈探索。2006 年，义乌市被国务院批准为全国首批外事审批权试点县级市。2011 年，义乌市国际贸易综合配套改革试点获国务院批准。2011 年至 2014 年，义乌进行了第一个三年改革计划，探索建立“市场采购”新型贸易方式，在贸易主体准入、市场监管、检验检疫、通关查验和外汇管理等领域进行改革创新。2014 年，第二个三年改革计划启动，以“贸易便利化”为核心，推动市场监管、行政审批、社会治理、要素配置和金融服务等全方位改革，建立完善国际陆港、跨境电子商务、保税物流中心、国际邮件互换站和交换站以及陆港、航空和铁路口岸等国际贸易平台。2015年，市场采购贸易出口额为1766亿元，比上年增长42.6％，占全省出口的10.3％，拉动全省出口增长3.1个百分点，市场采购贸易出口成为外贸增长新亮点。

保税区享有一系列税收优惠政策，具有国际中转、国际配送、国际采购、转口贸易、出口加工、商品展示等多种功能。保税区与自由贸易区建设是浙江对外开放的重要平台。2008年，国务院正式批准设立宁波梅山保税港区；2012年，国务院批复设立舟山港综合保税区，这是国内层次最高、优惠政策最多、功能最齐全、手续最简化的海关特殊监管区域。2015年，杭州跨境电子商务综合试验区获国务院批复正式设立，拥有下城、下沙、空港、临安、江干、萧山、余杭、邮政速递8个产业园区，2015年累计入驻各类跨境电商企业近500家，初步形成电子商务生态圈。2015年，全省跨境电子商务进出口额约占全国的16％，居全国第2位。2017年，全省实现跨境电商零售进出口总额603.9亿元，增长49.6％，其中跨境电商零售出口额为438.1亿元，增长37.2％，跨境电商零售进口额为165.8亿元，增长96.6％。

除此之外，针对浙江企业遭遇国际贸易壁垒日益增多的形势，浙江加强了预警机制建设，通过设立进出口公平贸易局，加强对涉案企业的应诉指导，完善贸易摩擦应对机制，对国际市场规则的把握能力不断增强；针对金融危机爆发后的严峻形势，浙江修订了《浙江省实施“走出去”战略专项资金使用管理办法》，对境外投资、境外工程承包、对外援助、境外劳务合作、对外公共服务、对外投资企业回归投资等项目提供资助和奖励。

3. 有力推动对外开放结构优化

（1）将外贸、引资与产业结构升级相结合。外贸方面，改变低价走量的出口模式，深入实施“科技”“品牌”战略，提高档次，以质取胜，从浙江“制造”走向浙江“智造”，提高经济效益。浙江一方面鼓励企业加大产品研发投入，建立健全出口品牌培育、发展和保护机制，提高技术含量、高附加值、高效益出口产品的比重；另一方面将出口基地品牌建设从企业品牌向区域品牌延伸，提升块状经济的品牌效应。引资方面，确立引资的重点领域，鼓励外资投向高新技术产业、高端制造业、现代服务业、新能源和节能环保产业；鼓励跨国公司来浙设立功能性机构，如地区总部、研发中心、采购中心、财务管理中心、结算中心及成本和利润核算中心等；创新引资方式，依托中国投资贸易洽谈会、浙江投资贸易洽谈会等平台，开展产业对接、企业对接和项目对接；以知名企业为重点对象，引进对全省产业升级有重要影响的大项目。

（2）积极参与“一带一路”建设。“丝绸之路经济带”和“21 世纪海上丝绸之路”国家战略的提出有力推动了浙江外资外贸的结构优化进程。历史上，浙江就是海上丝绸之路的重要组成部分，宁波港、舟山港都是始发港之一，浙江的丝绸、茶叶、瓷器通过丝绸之路远销海外。看今朝，宁波、舟山、温州均处于海上丝绸之路的支点上，“义乌—宁波北仑”海铁联运专列的开通使得义乌也连接上了海上丝绸之路，大大加强了浙江与东南亚、西亚、非洲、欧洲的经贸往来。另外，尽管浙江本来并不位于陆上丝绸之路经济带，但浙江通过“长江经济带”连接“丝绸之路经济带”，辐射中西部。浙江还积极推动“义新欧”“甬新欧”2 条丝路专线，通过铁路国际集装箱运输，与中亚、中东欧等地区建立紧密的经贸合作机制，强化了浙江与路上丝绸之路经济带沿线国家和地区的贸易往来。

4. 有效促进对外开放方式创新

（1）国际贸易对象的多元化。贸易对象多元化的推进有利于分散市场风险，促进贸易稳定持续发展。浙江利用民营中小企业灵活经营的优势，多年来持续推进出口市场的多元化，在保持欧、美、日等发达经济体传统市场的同时，一方面积极开拓东南亚、中东、拉美等新兴市场；另一方面利用浙江的地缘优势，加强对台湾地区和韩国的开拓，贸易市场结构大为改善。

（2）市场拓展渠道的多元化。一是积极举办各种有针对性的国际展会，在境内举办“消博会”“义博会”，在境外搭建浙江出口贸易大阪交易会、迪拜交易会、美国展、印度展等重点展会平台，帮助企业抱团参展；二是推广 B2B、B2C、C2C、O2O 网络贸易交易，推进杭州网上自由贸易区申报；三是引导企业打造海外营销网络，建立整体性的自主营销体系。

2011年，浙江在美、欧、日、东盟、中东、南美等地设立营销网络机构约1300多个。

（3）竞争方式的转型升级。贸易方式上，既根据海外市场需求的变化强化一般贸易的优势，又促进加工贸易向产业链高端、高附加值环节延伸；引资方式上，改善投资软环境，发挥民营经济、外贸大省和外资密集区的优势，定向招商、按需设计；对外投资方式上，从设立贸易代表处、专业市场的传统形式逐步过渡至在境外建立生产基地、研发中心，进行海外并购、上市等新形式，以此获取技术、品牌、资源、销售网络，进而快速扩大市场份额。

随着经济进入新常态，浙江需要进一步提高开放经济水平，保持对内开放和对外开放的全面发展，出口贸易和进口贸易的平衡发展，引进外资与对外投资的协调发展，促进浙江经济稳步发展。

三、浙江开放型经济建设的方法论及其启示

道路决定命运。习近平同志关于浙江经济开放的深邃思考和丰富实践，是科学运用马克思主义世界观方法论破解中国问题的典范。在务实开放精神的引领下，浙江人民率先进行市场取向改革，培育充满生机与活力的市场主体，抓住了改革开放的历史机遇，赢得了发展先机，形成了以公有制为主体、多种所有制经济共同发展，对内对外开放相统一的格局，极大地解放和发展了生产力、拓宽了发展空间。从2003年到2007年，浙江进出口贸易总额和合同利用外资分别从614.2亿美元和120.5亿美元提高到1768.4亿美元和204亿美元。尽管2008年后遭遇国际金融危机的冲击，还是保持了稳定态势。

（一）浙江开放型经济建设的总体方法论特征

总体性是马克思主义的根本特征。首先，马克思主义研究的对象具有总体性。马克思主义要解决的终极问题只有一个——人类如何获得解放。对该问题的回答，不能像黑格尔那样重新辨认逻辑概念，也不能像鲍威尔等人那样在头脑中完成回路，而要把握特有对象的现实逻辑。马克思主义深刻认识到，现代社会同资本的关系是内在同构的。生产力与生产关系的矛盾运动是社会发展的动力所在，也是解开人类发展奥秘的归根结底意义

上的钥匙。其次，马克思主义研究问题的方法具有总体性。马克思主义把人们对存在问题的关注导向现实的生活世界，却又不仅仅浮在社会现象的表面。马克思主义认为，社会结构建立在人的实践活动上，因此既要强调人的主观能动性，也要求人们在实践过程中把握主客体相统一的原则。马克思主义视域中的社会形态演进是合规律性与合目的性相统一的过程，也是必然性与选择性相融合的过程。

习近平同志关于浙江经济开放的思想正是运用了马克思主义的总体方法论。开放既是一种手段，也是一种状态，更是一种观念。作为手段的开放，是指通过内外资源的交换拓展发展的空间；作为状态的开放，是指与外界保持常态的全方位交流；作为观念的开放，是指将开放理念作为存在和发展的大布局。经济开放问题看起来只是经济发展的一个举措，却涉及经济转型发展、人民共享福祉的重大战略方针。对于资源要素紧缺的浙江而言，经济开放不仅是顺应全球经济、中国经济大局之下的顺水推舟，更是突破浙江自身经济发展瓶颈的神来一笔。习近平同志指出，要让开放成为推动浙江经济发展的新驱动，要让开放成为浙江经济的新特征，要让浙江的对内对外区位优势更突出。开放战略是在把握浙江发展现实逻辑的基础上做出的管全面、管长远的大手笔。具体而言，可从以下几个方面理解。

其一，以人为本，将省域发展与人的发展相统一。GDP 是衡量浙江省域经济的重要指标，GNP 是侧重浙江人发展状况的经济数据，习近平同志提出将浙江经济与浙江人经济相结合，将人民富裕与开放大省相结合[①]，这是以人为本思想在经济开放维度的生动展现，也表明了浙江的经济发展模式能够为全国乃至世界经济做出重要贡献。人的发展既是目的，也是动力。开放思路下的浙江经济与浙江人经济有三个结合点：一是以创业创新打基础，二是以民营经济作主体，三是以产业集聚建平台。充分调动老百姓经济的活力，充分发挥民营经济的体制机制优势，大力提高浙江产品的对外竞争力。

其二，顺应发展规律，将走出去与反哺相统一。封闭导致落后，开放

---

① 习近平：《之江新语》，浙江人民出版社 2007 年版，第 233 页。

拥抱未来。习近平同志对开放浙江的判断，始终基于如何推动浙江长远发展的考虑之上，他的战略定力也是来源于对发展规律的深刻洞悉。习近平同志肯定了浙江内源发展的优势，指出本土经济是浙江强省与富民的重要法宝，但并不能以此排斥开放发展。内生机制和外生机制是不可分割的整体。一方面，浙江是一个独立的经济系统，有自身的发展规律；另一方面，系统的生命力来自系统内外能量的交换，如果始终把眼光集中于系统内部，难免故步自封。习近平同志用“地瓜理论”的辩证法和发展思维统一思想，强调“腾笼”才能换鸟，壮大可以反哺。实践证明，在“走出去”过程中日益壮大的浙商成为浙江发展的最坚强后盾，为反哺浙江、促进浙江经济加速的度过转型升级阵痛期铸就了可靠基石。

其三，抓主要矛盾，在关键环节上下功夫。“力争在一些重要领域和关键环节取得新的突破”是习近平同志治理实践的一贯思路。从方法论上看，打通重要领域和关键环节的桎梏，就是要集中力量解决主要矛盾。习近平同志提出，“跳出浙江发展浙江”是浙江经济发展的必然要求，也是浙江在高起点上实现更大发展的战略选择，要以“战略的思维、开阔的视野、务实的态度”去引领浙江的开放发展。针对要素跨区域流动、企业跨区域发展、市场跨区域扩张的新趋势，要跳出行政区域，在更大的空间内加快自身发展；针对引进外资是否过度的风险，要着重提升引资质量、优化产业结构，从“招商”转为“选商”；针对浙江地处长三角的天然区位优势，要强化与长三角省市的合作交流，尤其要看到上海在长三角经济圈中的龙头作用，以彼之长补己所短；针对浙江长期以来的粗放型发展模式，加快产业结构调整，推动劳动密集型和资源密集型产业有序转移。总之，浙江经济处于全球竞争的框架之内，必须扩大开放领域，优化开放结构，把促进产业结构升级、经济持续健康发展作为开放目标。

其四，系统布局，做好开放工作的顶层设计。扩大开放不是一时之计，而是长远之谋，需要全盘考虑。习近平同志提出，要将对外和对内开放相结合，加快内外开放协调推进；要将扩大开放与深化改革相结合，以开放促改革促发展；要将利用外资与结构调整相结合，提升浙江经济结构和布局；要把引进国外的资金、技术和管理经验与浙江企业走出去开拓国际市场相结合，积极参与国际竞争合作。“接轨上海，积极参与长三角经济合作”的方针也充分体现出习近平同志的系统思维。习近平同志始终将浙江的开放发展与长三角的区域发展紧密相连，认为“互利共赢”是浙江开放的内在动力。他强调，浙江融入长三角是一个庞大的社会系统工程，必须确立相互融合的联动发展理念，构筑新型的合作体制机制，即，以思想观念的融合为先导，遵循市场经济规律，努力实现全方位、多层次、宽领域的合作。

（二）浙江开放型经济建设的基本经验

时任浙江省委书记的习近平看到了浙江提升经济开放水平的可能性和紧迫性，也确立了浙江经济在新时期“腾笼换鸟、凤凰涅槃”的关键领域和重点环节，根据浙江自身的发展需要和发展水平，制定了全面的工作思路。

1. 做好经济开放工作必须走政府推动与市场主导相结合的路子

市场是天然的指挥家，商品是天生的平等派。市场在优化资源配置、推动企业优胜劣汰方面具有无可比拟的优势。实际上，在政府做出开放部署之前，企业受到自身发展需要的刺激，早已走上了开放的路子，但是由于缺乏政府的推动，早期的经济交往停留在比较低的层次上，开放领域较窄，开放水平不高。如引资方面的一个主要问题就是缺乏产业引导，外商投资集中于低技术层次的劳动密集型产业，技术产业项目和服务业引资数量很少。

面对开放经济的机遇和挑战，浙江省委、省政府一方面尊重市场发展规律，因势利导，积极推动，让企业成为经济开放的排头兵。随着经济全球化趋势深入发展，大量外资和外来人员为浙江带来了资金、技术和人才，大批浙江人和浙江商品走出浙江，不断扩展了浙江经济的发展空间；另一方面积极发挥政府的引导作用，有效规避市场本身的趋利性和盲目性，防止经济大幅波动。习近平同志强调，要把扩大开放放到全局的战略高度，增强政府工作的紧迫感和责任感。在引进外资方面，一是要从根本上扭转民营经济和利用外资不平衡的局面，推动利用外资和发展其他所有制经济相互促进，如推动民营经济的新飞跃、推动国有经济的改组改造等；二是要提高利用外资的水平，引进更多的先进技术，引导外资投向浙江经济亟须的高新产业、新型服务业和基础产业。在外贸方面，要弘扬创新精神，大胆创新体制机制，一是强化外贸平台建设，扶持和培育出口优势企业；二是重视和发展服务贸易；三是完善扶持政策，加大公共产品和公共服务的政策供给，做好企业贸易的服务保障。在“走出去”方面，以境外资源开发和跨国并购为重点，在国外建立研发中心、营销网络、生产加工和资源基地，提高浙江企业的国际化经营水平。在省委、省政府的支持下，浙江企业的组织化程度不断提升，越来越多的企业成功向境外拓展，快速成长为具有较强国际竞争力的跨国公司，发挥出良好的示范效应和带头作用。

2. 破解经济开放复杂局面必须掌握全面推进与突出重点相结合的方法

经济合作交流涉及方方面面，“广交朋友，但也突出重点”是浙江在实际工作中形成的指导思想，体现了浙江的包容与务实。一方面，立足大局，充分利用政策优势，积极开展全方位、宽领域、多层次的合作。加强与西部省市区、东三省的合作交流既是重大政治责任，也是实现浙江更大发展的战略选择。对于对口支援地区，浙江采取“输血＋造血”双管齐下的帮扶模式，集中力量解决对口地区的大问题和根本性问题。正确把握支援与合作的辩证关系，充分利用西部、中部和东北地区丰富的自然资源，在参与投资开发的基础上建立资源合作的长期战略合作关系，有效实现优势互补，推进共同发展。另一方面，循序渐进，紧紧围绕经济建设的中心，从浙江发展的实际需求出发确定合作思路。习近平同志一直关注、重视区域的一体化，并且身体力行地推进这项工作。他在主政浙江时，提出了浙江接轨上海、参与长三角地区的经济合作与发展的战略规划，使浙江的对内开放有了新支点。自2003年以来，“接轨上海，融入长三角”的战略决策已经成为发展浙江、提升浙江的重要引擎。浙江的综合承载能力和高端服务功能大幅提升，高新技术产业的地区竞争优势正在形成，日益成为长三角资本集聚扩散的枢纽及市场化改革先行区。除了加强与浙江周边地区的合作交流之外，习近平同志还提出了市场导向和技术导向的思路，即，从市场出发，加强与人口密集、市场辐射力强的地区的合作，建立商品交易市场、物流基地，拓展浙江的市场空间；从技术出发，加强与人才、科技实力雄厚地区的合作，通过建立研发基地、人才柔性流动、引进大院大所等方式，为浙江经济的创新发展提供智力保障。

3. 保持开放经济的持续优势必须贯穿经济合作与文化弘扬相结合的方针

历史文化、革命文化与现代文化的交相辉映，孕育出浙江特有的文化精神和人文优势。主政浙江期间，习近平同志对浙江文化软实力进行了系统阐述，他将文化的力量比作经济发展的“助推器”、政治文明的“导航灯”和社会和谐的“黏合剂”，认为浙江深厚的文化底蕴和文化传统与时代精神的有机结合是改革开放以来浙江经济社会持续快速健康发展的深层原因，在对外经济交流中也充分体现出了这种奋发向上的浙江精神。

改革开放以来，浙江人外出务工经商的传统已经成为浙江经济开放发展的一块招牌。从20世纪80年代做“别人不愿做的事”到20世纪90年代做“别人不敢做的事”，再到21世纪以来做“别人没有能力做的事”，浙江人走遍千山万水，说尽千言万语，想尽千方百计，吃尽千辛万苦，把“自强不息、坚韧不拔、勇于创新、讲求实效”的浙江精神带到了祖国的大江南北。“浙商文化”传承于浙江深厚的文化底蕴，形成于广大浙商的创造性实践，是支撑浙商开拓进取的精神动力。随着浙江民营经济的不断发展壮大，“浙商文化”成为发展先进生产力的重要力量，成为民营经济实现新飞跃的重要支撑。① 习近平同志深刻指出，合作交流的最牢固基础就是来自价值观和文化上的认同。高效、务实的浙江文化随着浙江经济的对外开放历程逐渐形成、巩固、播散，反过来，浙江人经济能在各地扎根也正是依靠了这种价值观的深层次认同。浙江精神是浙江对外开放的无形资产，必须珍惜、保持和发扬。在新时期新阶段，要坚持和发展“自强不息、坚韧不拔、勇于创新、讲求实效”的浙江精神，与时俱进地培育和弘扬“求真务实，诚信和谐，开放图强”的精神，以此激励全省人民“干在实处、走在前列”。②

（三）从省域到全国——新常态下的开放型经济建设

“进一步发挥浙江的区位优势，主动接轨上海、积极参与长江三角洲地区交流与合作，不断提高对内对外开放水平”是科学发展观之中关于区

① 习近平：《之江新语》，浙江人民出版社2007年版，第209页。

② 习近平：《与时俱进的浙江精神》，《哲学研究》2006年第4期。

域统筹、区域开放发展的“浙江版”。浙江以发挥区位优势为基，以“接轨上海”“融入长三角”为两翼，以提高对内对外开放水平为线，推动浙江的区域发展不断与周边区域相融合，从而拓展发展空间、优化资源配置，更好地服务于浙江自身的经济转型升级需要。

习近平同志主政浙江期间，对浙江实行开放型经济有一系列的判断和论述，推动浙江在经济转型升级时期不断换挡提速。作为习近平同志主政浙江时留下的宝贵战略思想和精神财富，“开放”理念是对浙江改革发展生动具体实践的高度凝练，是引领浙江经济改革发展向更高更新目标迈进的战略指向。十多年来，浙江省委以“八八战略”为总纲，一任接着一任干，不断续写开放发展的大篇章。尤其党的十八大以来，内引外联、网上网下的转型升级组合拳打出了双向开放新天地。但是，浙江的开放水平从总体来说还不够高，高新技术产品占出口总量严重偏低，出口产品缺乏核心竞争力。“十三五”时期，浙江要进一步发挥开放优势，提升国际竞争力，赢得发展主动权。首先，谋划新战略，完善开放型经济布局。贯彻开放型经济与区域经济协调发展的总体思路，建设宁波舟山海港高地、金华义乌陆港高地及杭州网上开放高地。其次，打造新体制，构建更具活力的开放型经济体系。扩大双向投资，大力引进境外资金和先进技术。加快外贸优化升级，通过供给侧结构性改革，一方面引导“跨境消费”回流，另一方面推动外贸由“大进大出”向“优进优出”转变。最后，推进新工程，实施高水平、高起点的全球化开放合作。把握“一带一路”新丝绸之路经济带的战略大部署，在双边贸易、双向投资和跨境电子商务等方面进行互联互通，推进互利共赢的务实合作。

“开放”理念不仅对浙江发展行之有效，也对其他地区的探索提供了宝贵经验。习近平同志主政全国后，多次强调区域统筹发展战略，并亲自提出和推动一系列区域开放发展的新理论、新实践。2014 年 2 月，习近平同志强调京津冀协同发展要自觉打破自家“一亩三分地”思维定式；2014 年 3 月，习近平同志指出建设上海自由贸易试验区是一项国家战略，要尽快形成一批可复制、可推广的新制度；2014 年 4 月，习近平同志主持召开中共中央政治局会议，会议指出要继续支持西部大开发、东北地区等老工业基地全面振兴，推动京津冀协同发展和长江经济带发展，抓紧落实国家新型城镇化规划；2017 年 4 月 1 日，中共中央、国务院印发通知，决定设立河北雄安新区。从上海自由贸易试验区、长江经济带到京津冀协同发展，由点到线及面，海陆联动，纵横交错，齐头并进，打破了以行政区划为界的分割式治理体系，按照优势互补、互利共赢的原则，推动生产要素在更大的空间内进行流动组合，加快走出一条科学持续、协同发展的路子。

站在更宏观的视野上，作为世界版图的一部分，中国也是世界经济的一个区域。当前，世界经济复苏仍面临诸多不稳定不确定因素，如何破解区域经济合作碎片化风险？如何在后国际金融危机时期谋求新的增长动力？习近平同志以“大进大出”的理念进行破题，绘就出“跳出中国发展中国、跳出局部发展全局”的区域发展总体蓝图。2013 年 9 月，习近平主席在出访中亚四国时提出构建“丝绸之路经济带”的倡议，同年 10 月访问印度尼西亚时提出共同建设“21 世纪海上丝绸之路”，在世界引起了广泛关注和积极回应。2014 年，习近平主席在亚太经合组织第二十二次领导人非正式会议上致辞，强调亚太经合组织应加强引领协调作用，打破亚太内部的封闭之门，敞开面向世界的开放之门，迎来亚太地区更大范围、更高水平、更深层次的新一轮大开放、大交流、大融合。2015 年，习近平主席在会见基辛格等美方代表时表示，中国将继续全面深化改革，坚持开放发展，顺应中国经济深度融入世界经济的趋势，奉行互利共赢的开放战略，发展更高层次的开放型经济。2016 年，“人类命运共同体”成为习近平主席外交的关键词，他站在人类社会发展潮流的前端，倡导合作发展理念，在国际关系中践行正确义利观。2017 年，“金砖国家”领导人第九次会晤在厦门国际会议中心举行。在“金砖国家”合作平台上，习近平主席系统阐释“开放、包容、合作、共赢”的金砖精神，合力推动金砖国家开辟出一条平等互利、合作共赢的新路子。2018 年，在会见联合国秘书长古特雷斯时，习近平主席指出，中国正在统筹推进经济、政治、文化、社会、生态文明建设五位一体总体布局，这五方面也是构建人类命运共同体的主要内容。中国倡导并推进“一带一路”，目的也是谋求各国发展战略对接，形成共同发展势头，增强对美好未来的信心。

“十三五”时期是全面深化改革、实现全面小康的关键时期。面对复杂多变的国内外经济形势，党的十八届三中全会提出了“加快完善开放型经济体系”“以开放促改革”的新要求。党的十八届五中全会进一步提出，完善对外开放战略布局，推进双向开放，支持沿海地区全面参与全球经济合作与竞争，培育有全球影响力的先进制造基地和经济区。在新的历史起点上，习近平总书记把开放作为引领我国未来长期发展的新发展理念之一，强调要“更好把国内发展与对外开放统一起来，把中国发展与世界发展联系起来”。开放发展理念既建立在过去开放的经验上，也更加凸显了破解当下发展难题的问题意识，是在经济新常态下，以新思路、新举措推动的更高水平、更高层次的升级版开放。开放发展以公平竞争为基础，通过完善开放举措、丰富开放内容、拓展开放空间，统筹国际国内两个市场、两种资源、两类规则，协同推进战略互信、经贸合作、人文交流，努力形成深度融合的互利合作格局。开放发展理念引领着我国外向型经济的深刻变革。贯彻落实开放发展理念，必将推动我国对外开放实现新的飞跃。

第四章　秉承浙江精神，加快先进制造业基地建设

浙江精神充分调动和激发了浙江人民建设社会主义现代化的积极性、主动性和创造性，为推动浙江发展提供了不竭动力和精神源泉，鼓舞着一代又一代浙江人投身改革开放和创业创新。在新的历史起点上，浙江人民以块状特色产业优势为基础，大力弘扬与时俱进的浙江精神，精准发力，补齐传统产业的转型升级和新兴产业的创新发展的科技短板，加快先进制造业基地建设。加快先进制造业基地建设，这是“八八战略”关于把潜在产业优势转化为现实物质基础的战略思维，是马克思生产力理论的客观要求。先进制造业基地建设和弘扬浙江精神在逻辑和内核上互促共进，不断激发浙江人民的无穷智慧和伟大创造。从实践来看，从工业创新创强到块状经济落后产能整治，大批知名企业和“浙江制造”品牌的崭露头角，无不展现坚持浙江精神引领的实践意义，这为当前推进供给侧结构性改革提供了一个实践起点。

一、以“干在实处”的务实精神发挥浙江块状特色产业优势

浙江省委十一届四次全会作出进一步发挥“八个优势”、推进“八项举措”的战略决策和部署，其中之一就是要进一步发挥浙江的块状特色产业优势，加快先进制造业基地建设，走新型工业化道路。浙江以“干在实处”的务实精神，大力推进工业化的重大战略部署，是加快浙江全面建设小康社会，提前基本实现现代化的重要保证。

（一）先进制造业基地建设坚持走新型工业化道路

习近平同志指出，工业化一般是指传统的农业社会向现代化工业社会转变的过程。工业化是现代化的基础和前提，高度发达的工业社会是现代化的重要标志。我国要实现工业化的任务，是在新中国成立以后的第一个

五年计划期间提出来的。从“一五”计划时期算起，我国为实现工业化已经奋斗了半个世纪，把一个落后的农业大国建设成为拥有独立的、比较完整的，并有一部分现代化水平的工业体系和国民经济体系的国家。但是，我国的工业化任务还没有完成，总体上看现在还处于工业化中期阶段。突出表现在：农业现代化和农村城镇化水平较低，农业劳动力和农村人口在全社会劳动力和总人口中分别占了50%和62%左右；产业结构层次低，竞争力不强，工业特别是制造业的技术水平还不高，服务业的比重和水平同已经实现工业化的发达国家相比还有相当大的差距。工业化的任务不完成，就难以实现现代化。因此，继续完成工业化，仍然是我国现代化进程中重要而艰巨的历史性任务。

走什么样的工业化道路，是我们面临的重大课题。党的十六大报告明确提出：“坚持以信息化带动工业化，以工业化促进信息化，走出一条科技含量高、经济效益好，资源消耗低、环境污染少、人力资源优势得到充分发挥的新型工业化路子。”党中央提出的新型工业化道路，内涵极其丰富。科技含量高，就是要加快科技进步以及先进科技成果的推广应用，把经济发展建立在科技进步的基础上，提高科学技术在经济增长中的贡献率，特别要大力推进国民经济和社会信息化，并通过信息技术的广泛应用，带动工业化在高起点上迅速发展；经济效益好，就是要注重产品质量和适应市场变化，提高资金投入产出率，优化资源配置，降低生产成本；资源消耗低，就是要大力提高能源、原材料利用效率，减少资源占用与消耗；环境污染少，就是要广泛推行清洁生产、文明生产方式，发展绿色产业、环保产业，加强环境和生态保护，使经济建设与生态环境建设相协调；人力资源丰富优势得到充分发挥，就是要提高劳动者素质和利用我国劳动力成本低廉的条件，提高经济竞争力，并妥善处理好工业化过程中提高生产率与扩大就业的关系，不断增加就业。总之，党中央提出的新型工业化道路，就是要充分运用最新科学技术和依靠科技进步的工业化，是提高经济效益和市场竞争力的工业化，是走可持续发展道路的工业化，是能够发挥我国人力资源优势的工业化。这是在新的历史条件和时代背景下，加快实现我国工业化、现代化的重大战略部署，是走经济建设新路子的根本指导方针。

第一，这是全面总结国内外工业化经验教训作出的正确决策。发达国家都是在工业化之后发展信息化的。传统的工业化模式虽然使社会生产力获得了极大的发展，但同时也是以资源的过量消耗和环境生态的破坏为代价的。在过去的几十年中，我们一直在探索走符合我国国情的工业化道路，积累了丰富的经验。但是，由于受历史条件、经济技术发展水平和经济体制的制约，推进工业化、保持经济快速发展，仍同保护资源、环境和生态之间产生了越来越尖锐的矛盾。传统的工业化道路已经走不通。我国今后实现工业化，决不能重复发达国家已经走过的传统工业化道路，要认真总结和汲取我国以往工业化进程中的经验教训，坚持走一条有时代发展特点、符合客观规律和我国国情的新型工业化道路。

第二，这是顺应世界科技经济发展大趋势的必然选择。20 世纪 90 年代以来，世界经济科技发展出现了巨大变化。主要表现在两个方面：一是新的科技革命突飞猛进，高新技术特别是信息技术的广泛应用，不但成为经济社会发展的强大推动力，而且使人类生产活动和社会生活开始进入信息化和智能自动化时代。二是经济全球化深入发展，世界范围经济贸易发展和资金技术流动加快，各国经济和市场进一步相互开放、相互依存。特别是信息化以世界为舞台，导致了信息、技术、资本、人才等生产要素更为激烈的国际竞争。党中央顺应世界科技经济发展的新趋势，作出走新型工业化道路的决策，充分说明我们党始终坚持与时俱进，始终站在时代前列。

第三，这是我国基本国情所决定的必由之路。人口数量大、人均资源不足、劳动力供给大于需求的矛盾突出，是我国的基本国情。实践证明，在一个人均资源相对不足的国家，以资源的过量消耗和环境生态破坏为代价推进工业化，不仅资源难以支撑，工业化和经济发展难以为继，而且破坏生态，污染环境，妨碍人民生活质量的提高。必须高度重视科技进步的重要作用，着力提高经济效益，节约和合理利用资源，保护生态环境，走可持续发展之路。同时，为了充分发挥我国劳动力资源丰富的优势，缓解巨大的就业压力，维护社会公平和政治稳定，必须在加快工业化、现代化进程中，十分注意广辟就业岗位，努力扩大就业。走新型工业化道路，有利于资源的永续利用和生态环境保护，有利于就业和劳动者福祉的增加，符合最广大人民的根本利益和长远利益。

按照走新型工业化道路的要求，最为重要的是必须正确处理工业化与信息化的关系。工业化是一个历史范畴，在不同国家和不同时期，工业化的内涵和道路有所不同。当今世界，信息技术飞速发展，广泛渗透到经济和社会发展的各个领域，信息产业蓬勃兴起。信息化是一个在农业、工业、服务业和科学技术等社会生产和社会生活各个方面应用现代信息技术，深入开发、广泛利用信息资源，加速现代化的过程。信息技术在国民经济各个领域的普遍应用，极大地提高了劳动生产率，降低了资源消耗和生产成本，减少了环境污染。信息技术已经成为社会生产力和人类文明进步的新的强大动力。当前信息化正在引起世界经济和社会的巨大变革，许多发达国家都正在通过积极发展信息技术及其产业，抢占世界经济竞争的制高点。信息化也极大地拓展和丰富了传统工业化的内涵，信息化为我国高起点加速推进工业化提供了可能。大力推进信息化，以信息化带动工业化，是我国完成工业化任务，发挥后发优势，实现生产力跨越式发展的新机遇。纵观世界发展史，任何一个国家工业化进程都与时代紧密相关，成功的工业化都是吸收和应用当时最先进的技术的结果。在人类社会已进入信息时代的今天，我们必须十分重视信息化在工业化发展中产生的倍增作用和催化作用，积极推进信息化。但是还要看到，信息化是工业化发展到一定阶段的产物。信息基础设施的建设、信息技术的研究和开发、信息产业的发展，部是以工业化的成果为基础。工业化为信息化提供着物质基础，对信息化发展提出了应用需求，信息化通过工业化发展而不断深化和加速。因此，离开了信息化的工业化，不是现代化的工业化，先工业化后信息化的道路行不通；忽视工业化，离开了工业化的信息化，将缺乏必要的物质基础，片面发展信息化的道路也走不通。只有坚持以信息化带动工业化，以工业化促进信息化，使信息化与工业化融为一体，才能真正加快我国工业化、现代化的进程。[①]

（二）先进制造业基地建设发挥块状特色产业优势

在新的历史阶段，国际制造业向中国的转移进一步加快，沿海地区特

① 魏礼群：《坚持走新型工业化道路》，《求是》2002 年第 23 期。

别是长三角地区日益成为吸纳外资和承接国际产业转移的重要基地，为浙江制造业在更大范围、更广领域和更高层次上参与国际竞争和合作提供了机遇。日新月异的科学技术，尤其是信息技术，已经成为制造业发展最大的推动力量，加快培育高技术产业，运用高新技术改造传统产业，提高制造业的信息化水平，已成为浙江制造业发展的必然选择。随着制造业专业化分工协作的加强，产业集群化已成为国际制造业发展的一大趋势，进一步发挥浙江区域特色优势，发展一批具有竞争优势的产业集群，已成为浙江制造业发展的重要途径。随着全球环境保护意识的增强和国内资源的日益稀缺，推行绿色制造，实现制造业发展与生态环境的和谐统一，提高可持续发展能力，已成为浙江制造业发展的迫切需要。

2003 年初，习近平同志专门撰文详述，要发挥优势突出重点加快建设先进制造业基地。[①] 改革开放以来，浙江制造业快速增长，在国民经济中的地位不断上升，成为推动经济发展的主要力量。1978—2002 年，浙江制造业增加值年均增长 17.3％，比同期国内生产总值的年均增长率高出 4.2 个百分点。2002 年，全省制造业增加值超过 3200 亿元，约占全省国内生产总值的 42％；规模以上制造业销售收入 8900 多亿元，约占全国的 9.5％，实现利润 560 多亿元，约占全国的 15％；工业制成品出口总额为 273.6 亿美元，占全省出口总额的 93％。浙江制造业 20 多年的发展积累和形成了一些比较优势，其中最主要的是产业集群与专业市场互为依托、低成本劳动力与先进适用技术有效结合的区域特色经济。

第一，形成了一批在全国具有较强竞争优势的产业。浙江是资源小省，制造业基础最初比较薄弱。改革开放以后，浙江从实际出发，扬长避短，发挥优势，大力发展轻加工业，并在一些产业领域形成了明显的竞争优势。2002 年，在规模以上制造业的 30 个行业中，浙江销售收入占全国同行业 10％以上的行业有 1.4 个，合计销售收入 5544 亿元，占全省 62％；实现利润占全国 15％以上的行业有 16 个，合计利润 461.3 亿元，占全省的 65％。其中，皮革、化纤、纺织、服装 4 个行业销售收入占全国的比例

① 习近平：《发挥优势　突出重点　加快建设先进制造业基地》，《今日浙江》2003 年第 8 期。

超过20%，利润占全国的比重超过30%。2001年，纺织、服装产品出口总量居全国第2位，达到87.2亿美元，占全国同类产品出口的17.5%。可以说，纺织、服装等轻型加工业已成为浙江最具竞争力的产业，在国内外市场都有很大的竞争优势。

第二，形成了一批在全国具有重要影响的块状经济。以中小企业为主体的块状经济是浙江制造业发展的特色和优势。近年来，浙江积极推进各类工业园区建设，引导中小企业集聚发展，块状经济得到了进一步的提升，竞争力不断提高。2001年，全省产值超亿元的块状经济有519个，工业总产值6000亿元，企业23.7万家；其中产值在10亿～50亿元的有118个，50亿～100亿元的有26个，100亿元以上的有3个。绍兴化纤、乐清低压电器、海宁皮革、温州打火机、永康五金等区块的全国市场占有率都在30%以上。一些块状经济已跨出国门走向国际市场。如绍兴的化纤面料年出口额在10亿美元以上；温州鹿城区年产金属外壳打火机3亿只，产值为12亿元，其中80%出口。

第三，形成了一批机制灵活、创新能力较强的骨干企业。浙江积极推进市场取向改革，大力发展多种所有制经济，形成了具有鲜明浙江特色的先发性体制优势和所有制结构优势，国有、集体、个体私营等多种所有制经济共同发展、相得益彰。一大批国有企业通过产权制度和劳动用工制度改革焕发出新的生机和活力，镇海炼化、东方通信、娃哈哈等国有大中型企业成为行业排头兵；一大批民营企业在竞争中迅速发展壮大，海亮、万丰奥特、龙盛、远东、吉利、飞跃、恒逸、万向、杉杉、雅戈尔、德力西、正泰等企业，年销售收入均在10亿元以上，年销售收入上亿元的民营企业数以百计。与此同时，企业技术改造投入不断增加，技术创新能力逐步提高，一大批企业在全国同行业中赢得了一定的技术优势。总体上看，浙江企业的体制优势和技术优势已逐步转化为市场竞争优势，加快建设先进制造业基地，具有良好的企业基础。

第四，形成了一批市场占有率高的优势名牌产品。产品市场占有率是制造业竞争力的具体体现。据国家统计局对全国规模以上企业532种最终产品的调查，浙江有56种产品产量名列全国第一，42种产品产量占全国总产量比重超过30%。中间产品中浙江名列全国第一的比例更高。在这些产品中，有相当一批是名牌产品。如饮料制造业中的娃哈哈，服装制造业中杉杉、雅戈尔，制鞋业中的康奈，制袜业中的浪莎，机械行业中的飞跃、钱江等。据统计，浙江拥有中国驰名商标28个、中国名牌18个，分别占全国的9.6%和10.7%，均居全国第3位；拥有浙江省著名商标616个、浙江名牌588个。培育品牌、发展品牌、依托品牌已成为浙江制造业发展提高的重要途径。

（三）先进制造业基地建设让“两只鸟”在浙江起飞

回顾浙江制造业在20多年所积累和形成的比较优势，习近平同志指出，这些优势最主要的是产业集群与专业市场互为依托、低成本劳动力与先进适用技术有效结合的区域特色经济。但是，我们应当清醒地看到，浙江企业技术创新能力较弱、总体规模偏小，特别是在重化工业、装备制造业、高新技术产业等资本及技术密集型产业方面相对薄弱，有这些先天不足就必然导致成长中的烦恼。为此，省委提出要加快建设先进制造业基地，并在后续推动实施了一系列重大决策，诸如加快推进“腾笼换鸟”，强调要以“凤凰涅槃，浴火重生”的胆略和勇气加快传统产业的转型升级和新兴产业的创新发展，始终坚定向先进制造业基地迈进。

第一，产业高度化不足，工业增加值率偏低。从国际看，发达国家工业增加值率一般可达50%以上，2001年全国工业增加值率平均为29.7%，而浙江只有2.38%。浙江传统制造产业规模大，但产业水准低，面临国内外竞争的巨大压力。从国内看，相当部分传统产业进入壁垒较低，大多数企业处于投资不大、技术简单、产品易于模仿的行业，普遍不具备非价格竞争的优势；从国际看，作为出口主体的传统产业，基本上处于国际垂直分工的末端，大量低层次的出口产品处于较为不利的国际贸易地位，不仅容易受到贸易摩擦的干扰，而且受到劳动力成本更低国家的产业挤压。处于起步阶段的高新技术产业尚未发挥主导作用，规模偏小，对经济增长的贡献还不大，与先进省市相比，还有很大距离。以电子通信设备制造业为例，2001年浙江规模以上企业的电子通信设备制造业增加值仅为广东、江苏和上海的10.6%、27.4%和32.4%。

第二，产业技术水平较低，新产品开发和技术创新不足。虽然近年来浙江省纺织、机械等传统产业进行了大规模技术改造，能耗、污染强度明显下降，产业技术基础大幅提高，但总体水平仍然偏低。浙江传统产业与国际先进水平上相比主要就输在产品的开发设计和创新能力上，表现为产品档次不高，竞争力不强；缺乏品牌效应，低附加值产品对市场承受能力弱；对用高新技术改造传统产业的投入和能力不足等。由于以模仿别人为主，浙江省传统产业多数产品款式趋同，缺乏自己的独特风格。另外，目前浙江省传统产业的许多产品并不缺一流的品质，但缺乏世界知名品牌和进入国外中高端市场的自有渠道。因为缺乏知名品牌和自有渠道，浙江多数传统产业的产品通常只能通过“价格战”走出去，在国外通常被看作低档货。从数据上看，浙江制造业的劳动生产率只有国际平均水平的1/3、发达国家的1/10。全省块状经济中规模以上制造业企业的科学研究与实验发展（R&D）支出占销售收入的比重仅为0.45%，不仅低于全省制造业规模以上企业0.52%的平均水平，更比全国制造业规模以上企业的平均水平0.61%低0.16个百分点，而发达国家制造业企业中研发费用平均可达销售收入的3%以上。839个集群中，只有225个集群的该指标高于0.45%的集群平均水平，其中最高的两个集群是平湖市的印刷业和记录媒介的复制产业集群（13.5%）和秀城区的通信设备计算机及其他电子设备制造业集群（10.2%）。全省块状经济企业就业人员中，研究生及以上学历人员占0.04%，大学本科学历人员占1.85%，大专学历人员占6.39%，高中学历人员占23.21%，分别比全国制造业平均水平低0.26个、1.35个、1.01个和9.59个百分点，而初中及以下学历人员比例达到68.51%，比全国高出12.21个百分点。多数企业没有自主开发能力，没有成为创新主体，只能称作“加工厂”或“组装厂”；技术开发投入不足研究开发费用占销售收入的比重不仅明显低于发达国家水平，也低于全国平均水平。

第三，产业组织化程度不高，组织结构水平较低。存在的主要问题是企业规模偏小，对制造业的整体竞争力带来影响。全省产业集群的企业户均工业总产值为989.0万元，不仅低于全省所有制造业企业1069.4万元的户均水平，更是大大低于全国制造业企业1541.1万元的户均水平。全省所有产业集群中，户均产值大于989.0万元的平均水平的集群只有257个，只占全部集群数的1/3。这与浙江以量大面广的中小企业为主体的现状是对应的。中小企业的快速成长的确曾为浙江工业经济的发展奠定了基础，对推进浙江工业化进程起到了极其重要的作用，但经济发展到现阶段，较小的企业规模使经济增长难以形成集聚效应，已成为浙江提升产业层次、实现由量的扩张向质的提高的转变的重要制约因素。大中小企业在专业化基础上的分工协作体系不完善，大企业与中小企业的配合程度不高。全部集群龙头企业创造的工业总产值占集群全部工业总产值的比重仅为18.9%，从总体上看，浙江产业集群的集中度不高，缺乏领军式的龙头企业。而且大部分集群的中小企业与大型企业一样都是自成一套系统，从产品的原材料采购到产品生产和销售都由自身完成，只有少数中小企业是向大型企业定向供货，比较优势难以发挥，导致产业链难以实现最优化，还容易产生无序竞争。

第四，增长的资源和环境代价较大。浙江工业在保持平稳较快增长的同时，资源和环境方面也因此付出了较大的代价，主要表现在以下几方面：一是土地紧缺与土地闲置和浪费并存。一方面，工业用地短缺已经成为制约浙江传统产业发展的主要障碍。另一方面，现有土地闲置和圈占等浪费严重。据温州市统计局数据，从2001年到2003年，温州全市建设用地总量增长了1.2倍，而GDP仅仅增长48%。全市园区的工业集中度只有18%，每亩产值只有147万元，仅为全市规模以上工业平均水平的52.1%，每亩税收8万元，仅为全市平均值的2/3。二是水资源利用问题突出。一方面随着经济发展，城市用水、工业用水、服务业用水、生态用水快速增长，浙江水资源供需矛盾日益突出，区域性、水质性缺水情况进一步加剧，但水资源重复利用率不高。2004年全省174188个企业工业取水总量为69.5362亿立方米，而重复用水企业仅有3096个，重复用水量为27.5589亿立方米，重复用水率仅为39.63%。另一方面，水资源污染严重，绝大多数环境功能区未能达到水质保护目标要求，污染程度位于全国沿海省市前列。三是给环境污染整治带来很大压力。由于浙江传统产业以民营中小企业为主，多数企业实力相对较弱，对于环境污染治理的重视程度和投入力度难以达到相应的要求，还有许多污染性企业分布较为集中，在经济快速增长的同时对环境造成的污染也令人担忧。

第五，传统产业的“低端锁定”。国外发达国家企业在经营上大多为“哑铃型”，两头大中间小：技术研发力强、产品技术特别是核心技术世界领先；品牌知名度高，美誉度高，市场销售网络健全、畅通，但劳动力成本高、自身生产量小。而浙江的情况则正好相反，产业被锁定在加工制造这一价值链的低端，呈中间大两头小的“橄榄型”：研发力量、产品技术特别是核心技术弱，缺乏海外市场销售网络和知名品牌，但中间制造业这一块颇为强大。浙江传统产业多数企业产品附加值低，产业链条短，高附加值产品所带来的经济效益不够。这样的产业结构往往易受国家宏观调控和上游能源与原材料价格上涨的影响。但是由于巨大的国内外市场需求，浙江传统加工制造业还有一定的利润空间和发展空间。因此，除非国际采购商的订单大规模转移或有机会进入利润更为丰厚的环节，否则浙江企业很难有足够大的动力去作向附加值更高的价值链高端环节升级的努力。

二、以“走在前列”的拼搏精神明确浙江实体经济发展方向

基于对浙江制造业现状的深刻认识，面临经济全球化和国际制造业发展的大趋势，处于全省加快工业化、信息化、城市化、市场化、国际化进而基本实现现代化的大背景下，浙江以“走在前列”的拼搏精神明确浙江实体经济发展方向，提出加快先进制造业基地建设，走新型工业化道路。

（一）“六个坚持”是先进制造业基地建设的战略目标

习近平同志指出，加快建设先进制造业基地，是浙江紧紧抓住国际产业分工格局变化带来的战略机遇，加快提升和发展制造业的客观要求。今后一个时期，浙江加快先进制造业基地建设的指导思想是：以邓小平理论和“三个代表”重要思想为指导，全面贯彻落实党的十六大精神，围绕省第十一次党代会和省委十一届二次全会提出的目标任务，大力发展高新技术产业和高附加值加工制造业，进一步提高制造业的国际化水平，走出一条有浙江特色的新型工业化路子。

第一，坚持改造提升传统产业和发展高新技术产业并重。加快先进制造业基地建设，既要立足现实，努力提升传统产业的“先进”程度，不断强化比较优势，又要放眼未来，大力发展高新技术产业，积极拓展临港重化工产业，培育发展装备制造业，努力构筑新的竞争优势。目前，浙江传统产业具有良好的发展基础和比较优势，今后仍然有广阔的市场和发展空间，在较长时期内仍将是支撑制造业增长的主体。但是，浙江传统产业的

发展水平还比较低，产品技术含量和附加值低等问题也非常突出。如果不加快改造提升，在日趋激烈的竞争中，原有优势可能弱化，生存空间可能越来越窄，甚至陷入困境。因此，必须加快运用高新技术和先进适用技术改造提升传统产业，鼓励企业加大技术改造力度，加强基础装备创新、工艺创新和产品创新，充分发挥人力资源优势，在保持成本优势、速度优势的同时，不断强化技术优势和产业链整体优势，提高产品附加值和市场竞争力。要进一步明确高新技术产业的主攻方向，培育一批具有重大带动作用的先导性、战略性产业。按照重点突破、有所为有所不为的原则，在电子信息、新医药、仪器仪表等产业中，有重点、有选择地实施一批高新技术产业化项目，发展一批高新技术产品，培育一批国家级高新技术企业，不断提高浙江高新技术产业的比重。

第二，坚持以信息化带动工业化。加快建设先进制造业基地，必须将信息化和工业化结合起来，发挥信息化的倍增作用和催化作用。以信息化带动工业化，主要体现在优先发展信息产业特别是信息产品制造业上，体现在应用信息技术改造提升传统产业上。浙江在信息产业发展中，已经形成了一些在全国具有一定影响的产业，如通信设备制造业、应用软件产业等，要进一步加大扶持力度，尽快扩大规模，形成特色，强化优势。以信息化带动工业化，基础在企业，结合点也在企业，必须花大力气做好企业信息化这篇文章。要积极引导企业广泛应用信息技术，加快提高制造过程、企业管理和市场营销的信息化水平，鼓励企业大力开发信息技术产品，加强传统产品信息化改造，把信息化带动工业化落到实处。

第三，坚持制度创新和科技创新。制度创新和科技创新是推进浙江经济增长的两个根本动力。建设先进制造业基地，要在继续发挥浙江体制先发优势的基础上，坚持两个“毫不动摇”，实现制度创新的新突破；在继续发挥吸纳、整合科技资源能力强的优势基础上，加快完善区域科技创新体系，实现科技创新的新突破。继续深化国有、集体企业改革，按照2005年率先完成国有经济战略性调整和国有企业战略性改组的目标，以省属国有企业改革为重点，加快现代企业制度建设，推动国有资产流动和重组，该保留的继续发展壮大，该退出的做到有序退出。要发展壮大一批主业突出、核心能力强的国有企业，成为先进制造业基地的中坚力量。大力发展壮大个体私营等非公有制经济，实行更加开放的市场准入政策，最大限度地放宽投资领域，进一步创新投资方式，积极推行新型融资方式，鼓励民营企业进入一些关系国计民生的制造业特殊领域，鼓励民营企业参与重化工业、装备制造业重大工业项目的投资、建设和经营，鼓励有条件的私营企业加快现代企业制度建设，促进个体私营等非公有制经济大发展、大提高。对来浙江发展的民营企业，各级党政领导要主动为其牵线搭桥，为企业创造一个好的发展条件。大力推进产学研结合，加强区域特色产业共性技术、关键技术的联合攻关，不断提升特色产业的技术层次，形成先进制造业基地有效的技术支持。加强对引进技术的消化吸收和二次创新，在消化、吸收的基础上，形成具有自主知识产权的创新成果，实现制造业从引进技术、模仿加工向自主创新转变。

第四，坚持个私经济和外资经济推动。个私经济发达，企业机制灵活，发展欲望强烈，是浙江的一大优势。但是必须看到，广东、江苏、上海等省市的个私经济发展迅猛，大有后来居上之势。同时，这些省市外资经济总量远远大于浙江，利用外资引进先进技术、发展新兴产业的水平也比浙江高。从亚洲新兴工业化国家和地区以及我国上海、广东、江苏等省市的经验看，外资经济在推动产业升级、发展先进制造业方面，具有十分重要的作用，包括嫁接改造本土产业，“无中生有”产生新生增量等直接效应，以及通过技术扩散、产业延伸所引致的内外资企业融合互动带来的间接效应。加快建设先进制造业基地，必须走内外并举的道路，在充分发挥个私经济优势的同时，加大引进外资力度，推动本土经济和外资经济互促共进。要抓住发达国家制造业向以上海为龙头的长三角地区加快转移的有利时机，发挥浙江区位条件、经济基础、体制机制、人力资源、发展环境等方面的优势，千方百计改善招商引资环境，积极构筑对外开放大平台，大规模承接国际制造业转移，重点引进一批跨国公司、研发机构，在内外资企业的融合互动和共同发展中，做大做强一批技术装备先进、研究开发能力强、附加值高、在国际上有影响的产业群。

第五，坚持重点突破、整体推进。浙江各地经济基础、发展水平不一，承接国际制造业转移的区位条件也各有优劣。从区域分布来看，建设先进制造业基地不可能齐头并进，必须率先在若干发展基础厚实、区位条件优越的区域获得突破，并带动欠发达地区工业发展。杭州湾地区是浙江加快对外开放，培育新兴产业的主要阵地。要把环杭州湾大产业带建设作为加快浙江先进制造业基地建设的重中之重，在大力改造提升传统优势产业的同时，突出抓好高新技术产业和临港重化工业发展，引进、建设一批大项目，发展形成一批高成长性重化工业，在宁波、舟山、嘉兴等地打造若干重化工业基地；加快杭州、宁波、绍兴、嘉兴等高新技术开发区建设，形成全国重要的电子信息等高新技术产业基地。温州、台州和金华等个私经济比较发达，块状经济相对集中，要突出传统优势产业改造，从建设重点工业园区、推进专业化分工、整合中小企业群和培育龙头企业、完善服务体系、创新市场组织等方面着力，进一步提升轻工、机械等特色产业，巩固提高在全国的优势地位。要十分重视欠发达地区的制造业发展，积极推进工业化进程，使之成为全省新的经济增长点。坚持从实际出发，因地制宜，注重产业选择，重点培育和发展一批低污染、低消耗、高产出的特色产业群；加快建设开发区和各类工业园区，优化投资环境，积极主动接受发达地区的产业转移，大力引进龙头企业，带动当地配套产业，努力实现跨越式发展。

第六，坚持可持续发展。加强生态环境保护，促进可持续发展，是建设先进制造业基地题中应有之义。浙江自然资源短缺、生态环境脆弱，建设先进制造业基地，尤其要重视处理好制造业发展和资源、环境、生态的关系，牢固树立全面的发展观，决不能以浪费资源、牺牲环境、破坏生态为代价，决不能以当前的、局部的利益去损害未来的、全面的发展。要把建设先进制造业基地和生态省建设有机结合起来，根据建设生态省的规划要求，大力推动节能降耗、清洁生产、绿色制造等手段，发展“资源—产品—再生资源”的循环经济。积极推动制造业发展模式从末端治理向全程控制转变，推动增长方式从“高消耗、高污染、低效益”向“低消耗、低污染、高效益”转变，努力形成资源节约型、生态环保型的制造业发展新格局。

（二）六项工作是先进制造业基地建设的战略举措

建设先进制造业基地的主要目标是：到2007年，规模以上制造业销售收入占全国的比重以及工业制成品出口占全国的比重均达到10%以上；继续保持和不断强化纺织、服装、机械等产业的竞争优势，加快发展电子、医药、环保等产业，努力在重化工业领域取得重大突破，初步建立起以高新技术产业为先导，高附加值特色产业为支柱，高度国际化的先进制造业基地。

习近平同志指出，上述目标只是浙江先进制造业基地建设的一个基础性、阶段性目标。这个目标的完成，表明浙江形成了先进制造业基地的基本框架，但建成先进制造业基地还需要进一步努力。争取2015年前后，规模以上制造业销售收入占全国的比重以及工业制成品出口占全国的比例均达到15%以上，高技术及高附加值产业合计销售收入占全省规模以上制造业的比重超过50%，形成一批世界级的知名企业和国际著名品牌，在相关产业中成为全国重要的研发中心、设计中心、知识产权控制中心和品牌推广中心。今后一个时期，浙江先进制造业基地建设要围绕三项主要任务，重点做好六项工作，争取有突破、见成效。

第一，做大做强骨干企业。建设先进制造业基地，不能没有自己的大企业、大公司。要继续培育“五个一批”企业，到2007年，形成10家以上年销售收入超100亿元的大企业大集团，形成100家以上年销售收入超10亿元的“小型巨人”企业。在工作中，要加强政策引导和扶持，尊重客观规律，着眼于增强企业核心竞争力，支持大企业以兼并、联合、上市等多种方式不断增强综合实力，积极开展全球化经营，在国际竞争中不断发展壮大，成为浙江的跨国公司。同时十分重视中小企业的发展，进一步完善中小企业的服务体系，引导中小企业向“专精特新”发展，再培育1000家以上年销售收入超亿元的企业。

第二，做好做精重点产品。产品竞争力是先进制造业基地建设的一个核心问题。要围绕提高产品的科技含量、附加值、市场占有率等重点，加快产品结构调整，提升一批传统优势产品，壮大一批具有良好市场前景的产品，培植一批高技术、高附加值产品。争取到2007年，形成100个左右市场占有率全国第一的拳头产品，100个左右具有自主知识产权和国际竞争力的高新技术产品。浙江省计委、省经贸委、省科技厅、省外经贸厅、省信息产业厅、省财政厅等部门，要对现有的各项扶持政策进行整合，按照WTO的规则，集中力量支持企业加强技术创新和产品开发，确保“两个 100”的目标如期实现。

第三，实施一批重大工业项目。上一批大项目是发展重化工业、调整产业结构的有效手段。要抓住当前的有利时机，创造条件抓好大乙烯、PTA、汽车等一批重化工项目，发展临港工业，进一步拉长产业链，带动产业升级和企业发展。建设大项目要两条腿走路，一是进一步改善投资环境，加大招商引资力度，紧紧抓住国际产业转移的机遇，吸引一批大项目落户临港工业区；二是充分发挥浙江民营企业众多、民间资本丰裕的优势，积极鼓励以个私经济、中小企业联合入股等形式新上一批大项目。建设大项目要切实加强领导，制定切实可行的工作方案，建立责任制，围绕项目紧盯不放，一抓到底，力争建设一个，成功一个。

第四，整合提升各类园区。整合提升工业园区是先进制造业基地建设的重要内容。浙江各类园区发展速度快，但数量多、规模小、功能不全的问题十分突出。下一步，要按照高起点定位、高标准建设的要求，大力提升各类园区，进一步提高园区的整体竞争力。要加快研究制定各类园区的管理协调办法，对省计委、省经贸委、省科技厅、省外经贸厅目前各自在抓的工业园区、开发区、基地等，实行统筹规划，集中管理，确保各类园区有序健康发展。争取到 2007 年，在全省形成 100 个布局合理、功能完善、主业突出、产业配套、管理规范、环境优美、产值上百亿元的重点工业园区和开发区。

第五，进一步加强科技创新和技术改造。创新改造是产业升级的基础和企业竞争力的源泉。要继续推进大规模的技术改造，着重抓好一批省级重点技改项目，尤其是特色优势产业改造、高新技术产业化、重大装备制造、清洁生产等项目建设；继续抓好国债项目和“双高一优”专项等国家重点技改项目申报，加强在建项目的实施和监管，确保按期投产达产；进一步改善政策环境，吸引更多的企业和民间资金投入先进制造业基地建设。要进一步加强企业技术创新，引导企业、科研机构、高等院校，以产学研联合、国际合作等多种形式，集中力量开发一批共性技术、关键技术。要进一步深化科技体制改革，加快企业技术中心和块状经济技术服务中心建设，完善科技服务体系，办好网上技术市场，积极推进区域性创新体系建设。

第六，大力实施可持续发展战略。加强生态环境保护，促进可持续发展，是建设先进制造业基地的应有之义。当前，要围绕生态省建设，进一步做好节水节能工作，重点加强工业用水定额管理和能源利用监测管理，提高资源节约综合利用水平；全面贯彻实施《清洁生产法》，制定重点行业清洁生产评价标准，抓好清洁生产基地和工业园区试点工作，积极推行清洁生产；建立健全环保产业标准和产品认证体系，大力培育环保产业；进一步完善资源综合利用鼓励政策，努力形成自然资源—产品—再生资源的循环经济。

（三）八大工程是建设先进制造业基地的战略重点

2003 年 8 月，浙江省政府正式发布《浙江省先进制造业基地建设规划纲要》（以下简称《纲要》），对各项政策举措进行了全面部署，包括宏观背景和现实基础、指导思想和基本原则、战略目标、基本架构和发展重点、建设途径、保障措施六大部分。《纲要》明确到 2010 年，基本建成国内领先、具有较强国际竞争力的先进制造业基地，成为我国走新型工业化道路的先行地区。在若干行业和区域形成一批产业规模、创新能力、出口规模居全国前列的全国性制造中心和国内重要的产业基地。建设先进制造业基地，着重围绕技术支撑、扩大开放、加大投入、集聚发展、品牌战略等重点，实施“八大工程”。

第一，企业信息化工程大力推进信息技术在制造业中广泛应用。加快推进以产品信息化、制造过程信息化、管理信息化、电子商务为主要内容的企业信息化建设。力争 1/3 以上企业推行以企业资源计划管理系统为主的综合管理信息系统。加快在全国性制造中心中建立有影响力的专业网站，构筑区域信息共享平台。

第二，技术创新工程着力抓好技术创新体系建设，积极推进产、学、研结合，形成先进制造业基地有效的技术支持。鼓励大中型企业建立技术中心和研发机构，争取建立一批国家级企业技术中心和工程研究中心。鼓励有条件的企业到国外设立研发机构。争取更多的跨国公司和国内科研院所到浙江设立研发机构。加大研发投入，制造业研发投入（R&D）占销售收入的比重力争达到 2%左右，其中高技术产业达到 5%以上。扶持建立若干个面向产业集群的生产力促进中心和技术创新服务中心，构筑中小企业技术支撑体系。加强工业设计，大力推广应用先进制造技术。积极采用国内外先进技术标准，主动接轨国际制造业的生产标准体系，推进产品的国际标准认证。鼓励优势行业和企业制定或参与制定国际标准。

第三，投资推进工程继续保持工业高强度投入，加大技术改造力度。完善投资增长机制，全方位、多渠道筹集资金，着力引导民间资金投入主导产业，参与大项目建设。大力推进传统优势产业的改造，加快高新技术产业化，建设一批市场前景好、产业关联度大、带动作用强的大项目，集中力量推动乙烯、PTA、优特钢、船舶修造等一批大项目的建设。到2007年争取制造业累计新增投资达到7000亿元左右。

第四，外向带动工程积极探索招商引资工作新机制，加大招商引资力度，以结构优化和产业升级为目标，注重产业链配套，有针对性地开展对国内外知名企业的招商引资活动，重视技术、资金密集型重大项目的引进，力争引进国内外知名企业尤其是世界500强企业数明显增加。增强生产企业自营出口能力，提高出口产品的附加值，引导企业建立国际营销网络，进入跨国公司的供应链，开辟出口新渠道，实现工业制成品出口持续快速增长。主动接轨上海，积极参与长三角地区制造业的专业化分工与合作，进一步加强与国内其他地区大企业、大集团的协作，实现共同发展与提高。

第五，工业园区整合提升工程充分发挥制造业产业集聚的优势，按照产业链配套的要求，集中力量整合提升各类工业园区，提高园区的投资密度和产出水平，建立多元化投入、市场化运作、政府扶持、滚动开发的新型园区开发机制。重点建设100个左右布局合理、功能完善、主业突出、产业配套、管理规范、环境优美的工业园区和开发区。通过高起点、高标准统筹规划，创新区域协调机制，重点建设若干个大型集聚新区，成为承接国内外大企业投资的新平台。同时，大力促进中小企业按照垂直整合、水平分工的原则，加强企业联盟，实现集聚发展，提高中小企业的竞争力。

第六，大企业培育工程进一步深化企业改革，加快实施现代企业制度，鼓励更多的企业通过收购、兼并、控股、联合等多种方式做大做强，把建设大项目作为发展大企业的重要途径，加快形成一批主业突出、核心竞争力强、带动作用大的大企业、大集团。到2007年，力争保证30家左右企业的年销售收入超过100亿元。同时努力培育100家左右技术创新能力和产品市场占有率在全国同行业领先的“小型巨人”企业。

第七，品牌发展工程重点抓好知名品牌的培育，加强名牌产品的推介，进一步做大已经拥有中国驰名商标和中国名牌产品荣誉称号的企业和产品；推动更多的企业和产品进入全国驰名商标和名牌产品行列。支持有条件的企业和产品争创国际知名品牌。力争形成100个左右具有较高国内外市场知名度的名牌产品。依托产业集群优势，大力推进区域品牌建设。

第八，可持续发展工程贯彻实施清洁生产促进法和节约能源法，通过清洁生产、资源节约、污染治理、绿色营销和淘汰落后等手段，发展循环经济，推动制造业发展模式从末端治理向全过程控制转变，推动制造业增长方式从高消耗高污染型向资源节约和生态环保型转变。力争50%以上重点控制污染企业实施清洁生产，工业园区全面推行清洁生产；制造业能源综合利用效率达到40%左右。初步形成以资源节约型、清洁生产型和生态环保型为特征的制造业新格局。着力推进欠发达地区资源的合理开发和深度加工，培育特色产业，优化投资环境，积极承接发达地区制造业产业梯度转移，加快工业化进程。

三、以“勇立潮头”的奋斗精神深入推进先进制造业基地建设

习近平同志主政浙江时期，围绕先进制造业基地做了深入的研究和论述，为浙江的实践探索引领了前进的方向，指明了发展的路径，注入了强大的动力。浙江按照习近平同志的先进制造业基地建设思想以及中央的战略决策部署，牢牢把握所处的历史方位，深入实施“八八战略”，一张蓝图绘到底，一以贯之谋发展，以“勇立潮头”的奋斗精神推进先进制造业基地建设。

（一）浙江先进制造业基地建设取得阶段性成效

浙江省委、省政府提出打造先进制造业基地的目标后，“先进”就成为制造业升级换代的方向。紧接着《浙江省先进制造业基地建设规划纲要》出台，汽车及零部件、仪器仪表、化学原料、药等11个先进制造业基地的重点行业发展规划陆续发布，全省性规划与各市、县乃至龙头企业的

规划全面对接。发布了《浙江省先进制造业基地建设重点领域、关键技术及产品导向目录》，又进一步明确了政府引导的重要方向。

各县市区在产业结构调整中，纷纷以提升块状经济，使之建成未来的先进制造业基地和县域经济的重要产业支撑，作为重要抓手。如产业集中的诸暨市大唐镇着力于“前延后伸”、强化产业链优势，店口镇着力提升科技含量、增强市场竞争力，使得袜业、五金这两个传统产业的优势再度提升。温州曾经相互竞争的8家龙头制锁企业通过联合组成“强强集团”以后，进一步强化了研发工作，形成了“拳头”，比以前更壮实，更有竞争力。这些依托特色产业而形成的经济强县（市、区）和强镇，使浙江无论在全国百强县还是全国千强镇排序中，所占份额均居全国第一。

从2003年到2007年，在政府引导、企业主导、全社会联动推进和努力下，全省制造业呈现出总量规模快速成长、结构调整步伐加快、质量效益有所提高、综合竞争力进一步增强的良好发展格局。从工业总量来看，“十五”期间，制造业成为浙江工业的主体产业，几乎占到整个工业总量的90%以上。浙江省规模以上企业工业增加值、利税总额累计分别达1.64万亿元、0.699万亿元，分别是“九五”时期的2.82倍和3.1倍，年均增长25.8%和22.3%。从产业结构来看，“十五”期间，全社会技术改造投资累计超过7400亿元，比“九五”时期累计增加了2.1倍多。2005年规模以上重轻工业增加值之比已由2000年的49.1∶50.9上升为56.4∶43.6。浙江重轻工业增加值高低首次发生改变，对于传统以轻工业为主的制造业格局而言是个历史性的变化。从企业活力来看，2005年，浙江规模以上民营企业的数量和销售收入占全省企业总数和全部销售收入的比例已由2000年的45%和47%增加到80%和71.5%；“十五”期间，规模以上企业数量增加了两倍。培育大企业、大集团一直是先进制造业倡导的方向，它们对整个浙江经济的影响正越来越大。从要素构成来看，“十五”期间规模以上工业企业固定资产净值年均增长13.3%，高于全国1.1个百分点；单位土地的投资强度大幅度增加，原材料消耗不断下降，劳动生产率不断提高，装备的自动化和数字化水平不断提升。要素构成逐步向资本和技术密集型转变，提高产品附加值和劳动生产率，不仅是先进制造业的需要，也是目前生产要素紧缩局势下的大势所趋。

从块状经济的发展来看，首先是产业规模迅速扩大。2005 年，块状经济工业总产值 18405 亿元，占全部工业总产值 30212.4 亿元的 60.9%。与 2003 年的 10215.6 亿元相比，块状经济工业总产值年均增长 34.23%；块状经济占全部工业总产值的比重，上升了 8.1 个百分点。也就是说，浙江省工业经济总量中，高达六成的份额以块状经济的形态显现，这在全国首屈一指，区域特色经济优势十分突出。另外，提升块状经济与建设工业园区紧密结合起来，取得了丰硕的成果。2003 年至 2005 年，浙江省各类工业园区累计投入高达 2962.6 亿元，占同期制造业总投资的 50.4%。大规模的工业园区建设，特别是特色工业园区建设，有力地促进了块状经济，推动了企业的集聚发展和技术改造，形成了一大批新的产业基地，较大程度上改变了“低小散”的面貌。同时，产业结构变化明显，块状经济的产业涵盖面甚广，渗透到绝大部分制造业。在 31 个统计大类的制造业中，除石油加工、炼焦及核燃料加工业，烟草制品业和武器弹药制造业三个统计大类外，均有块状经济存在。2005 年，按工业总产值统计，块状经济所占比例超过 10%的 2 个产业，分别是纺织业（占 12.41%）和纺织服装、鞋、帽制造业（占 11.08%），轻纺和机械两大产业是块状经济的最主要部分。近两年的块状经济的产业结构发生了较大变化。在块状经济所在的 28 个制造业中，产业比例上升的有 16 个，多数属资金及技术密集程度较高的产业；产业比例下降的有 12 个，多数属劳动密集型产业。这一变化，顺应了产业升级的一般规律，也体现了推进产业结构调整的积极效应。

（二）浙江经济从制造大省向智造强省提升

党的十六届五中全会把增强自主创新能力作为国家战略放在经济社会发展的突出位置，具有中国特色的自主创新之路已经开辟。省委、省政府结合浙江实际，提出了 15 年建成创新型省份的目标，要求以科学发展观为统领，全力推进工业创新，推动浙江由制造大省向创造强省跨越，加快转变经济发展方式，不断提升工业经济综合实力、国际竞争力和可持续发展能力，努力把浙江建设成为全球先进制造基地，走出一条具有中国特色浙江特点的新型工业化道路。

浙江企业通过自主技术开发创新，不断提高企业核心竞争力。2006 年浙江省各种专利授权量 3.1 万件，同比增长 62.5%，高于全国平均 37.3

个百分点。在中国社会科学院公布的“2006 年全国民营企业自主创新 50 强”中，浙江共有正泰、横店集团、德力西集团、万向、吉利、苏泊尔、超人等 18 家企业入围，占 36.0%，居全国首位。一大批企业如万向集团、华立集团、正泰集团、德力西集团、飞跃集团等大型民营企业，不仅建立了高水平的研发机构，还设立了博士后工作站，并与各个高校研究机构联姻，引进院士，开展国际化合作等，产学研一体，形成了一个个富有特色的企业自主创新研发体系。浙江著名的民营企业吉利集团，在各地都有自己的汽车研发中心和试验中心，在上海、宁波、临海、路桥等地建立了新能源研发机构、经典车型研发机构、发动机研究所、电子电气研究所等，以及博士后工作站。吉利大力开发符合本地资源要素禀赋和需要的技术和产品，同时引导企业向技术创新与开发转变，走出了一条成功之路。与此同时，还依托产业集群、块状经济特色优势，做大做强传统行业龙头企业，加强品牌建设，提升企业核心竞争力。如雅戈尔曾经与皮尔·卡丹公司旗下具有百年历史的世界顶级男装品牌马克西姆合作，这给了雅戈尔一个认识世界级品牌并更快融入世界市场体系的机会。近几年，雅戈尔公司又进一步实施了企业标识革命，实施多品牌和多产品线的规模化品牌发展，在品牌的销售推广上，借助巴黎时尚工作室创始人、MID 理论创始人奥博马蒂之手，在品牌宣传、卖场设计、产品开发等各方面规划出完整的品牌国际发展路线，走出了一条有自己特色的创新之路，实现了从传统产业向现代产业的转变。

随着智能化工业装备成为全球制造业升级转型的基础，发达国家不约而同地将制造业升级作为新一轮工业革命的首要任务。在这一背景下，2012 年 4 月，浙江省政府正式颁发《浙江工业强省建设“十二五”规划》，提出要大力实施“工业转型升级 310 推进计划”，通过培育发展战略性新兴产业、改造提升传统优势产业、加快发展生产性服务业三大领域，实施培育跨省跨国企业集团、增强企业自主创新能力和推进工业强市强县强镇强区建设等 10 大重点任务来推动浙江省整体工业的转型升级，将浙江建设成为全国工业转型升级先行区、全球具有一定影响力的先进制造业和现代生产性服务业基地。

在浙江制造向浙江“智造”转变的过程中，“机器换人”“电商换市”

成为先进制造业基地建设的主要方式。其中，永康的五金产业是浙江制造业的一个典型代表。2014 年以来，作为凝聚永康五金产业的大平台，中国（永康）科技五金城贯彻落实永康市委、市政府“二次出发、改革创新，全面打造经济社会发展升级版”的工作部署，全力推动转型发展，市场经营呈现稳中有升的态势，继续保持全国同类市场的领先地位。2014 年，中国（永康）科技五金城被列入“浙江省电子商务百强（浙江省线上线下结合 10 强专业市场）”；五金城集团公司和市场经营户浙江宏伟供应链有限公司被列入“2014 年浙江省服务业重点企业”，成为永康市仅有的两家上榜企业。浙江许多劳动密集型产业为主的企业进行了“机器换人”改造。浙江步阳汽轮股份有限公司 2014 年开始尝试通过“机器换人”跳出生产“高成本留人、低效率产出”的怪圈，引进进口机械手，探索“高温不减产，降本又增效”的新出路。机器人的引进，大大降低了人工成本，同时也提高了产能。企业“机器换人”全面提速，为机器人装备制造产业发展带来了巨大的发展机遇。无论是传统产业改造提升还是新兴产业培育发展，都离不开装备制造业这个“工业之母”。在装备制造业方面，宁波一直高度重视发展装备制造业，并成为浙江省重要的装备制造业基地，在中高档数控机床、高端注塑机、光伏发电设备、电脑针织横机、高压输变电成套设备等细分领域达到国内领先水平。目前，宁波市装备制造业增加值居全省第一。2013 年 12 月，宁波智能装备研发园开园，标志着宁波市工业机器人及智能装备产业发展迈入一个新的快车道。

浙江省为深入贯彻落实“四个全面”战略布局，以“八八战略”为总纲，按照干在实处永无止境，走在前列要谋新篇的要求，抓住实施“中国制造 2025”战略的重大机遇，顺应“互联网+”发展趋势，2016 年 1 月浙江在正式公开发布的《中国制造 2025 浙江行动纲要》中提出，坚持走新型工业化道路，以促进制造业创新发展为主题，以提质增效为中心，以加快新一代信息技术与制造业深度融合为主线，以推进智能制造为主攻方向，深入实施“四换三名”工程，全面建设工业强县（市、区）建设，大力推进“两化”融合、产业融合、产城融合，加快提高企业集群化、绿色化和国际化发展水平，积极培育制造业创新文化，全面提升制造业核心竞争力，推动制造大省向制造强省迈进。《中国制造 2025 浙江行动纲要》起草始终坚持将国家战略部署与浙江实际有机结合，深入分析浙江制造业发展的阶段性特征和优劣势，从而结合自身特点确定切实可行的目标要求、重点领域、主要任务和保障条件，特别突出了特色小镇、“四换三名”、浙商回归、七大万亿产业培育等系列转型升级组合拳。

（三）产业载体从块状经济向产业集聚区深化

为进一步发挥块状特色产业优势，夯实先进制造业基地，2009 年 6 月浙江省政府出台《关于加快块状经济向现代产业集群转型升级的指导意见》，明确了以龙头企业培育、空间平台优化、重大项目带动、创新平台推动、政策要素支撑五大工程为主要内容的转型升级路径，先后从浙江省 312 个 10 亿元规模以上的块状经济中，确立了 42 个产业集群示范区开展试点。

浙江省产业集群示范区建设经过几年的试点推进，取得了不少成绩。最明显的变化是，规模和效益稳步提升。年销售收入超千亿元的产业集群示范区数量，从 2008 年的 3 个增至 2010 年的 5 个，分别为杭州装备制造、绍兴县纺织、萧山化纤纺织、永康（含武义、缙云）五金及宁波服装产业集群，另有 4 个示范区年销售收入介于 500 亿—1000 亿元。2010 年 42 个产业集群示范区共实现利润 1045.4 亿元，比 2008 年增长 30.6%。此外，42 个产业集群示范区创新能力日益提高，品牌影响力进一步显现，龙头企业引领作用不断增强，公共服务支撑体系逐步完善。

根据 2010 年 9 月出台的《浙江省产业集聚区发展总体规划》，浙江将建设 14 个省级产业集聚区，重点规划的面积将达 1000 平方千米。2011 年 3 月，14 个产业集聚区发展规划全部获省政府批复。统计数据显示，2014 年，14 个省级产业集聚区完成固定资产投资达 2718 亿元，引进签约了一批先进制造业、现代服务业、战略性新兴产业项目，第二、三产业增加值达 1759.6 亿元，工业新产品产值达 1988.9 亿元，工业战略性新兴产业产值达 2068.9 亿元。14 个产业集聚区的建设开展后已初步凸显了其资源、集聚优势。

如杭州大江东新城，整合了临江工业园区、江东工业园区、空港经济区、前进工业园区，总面积达 500 平方千米。整合以后，发展优势成倍放大，吉奥汽车、三一重工、东风裕隆、中国南车集团、ABB 等大企业集团均带着数十亿元资本相继落户。2014年，大江东产业集聚区第二、三产业增加值达87.4亿元，完成固定资产投资178.6亿元。绍兴滨海新城大平台不仅成为改造提升传统优势产业的主战场，还成为发展清洁能源、新材料、智能设备等高新产业的主阵地。湖州南太湖产业集聚区已在生物医药、新能源、先进设备、节能环保等领域形成一定的产业基础和比较优势。杭州城西科创产业集聚区，由浙江省科研创新基地（青山湖科技城）和浙江海外高层次人才创新园（未来科技城）两大平台构成，在14个产业集群中，这是唯一一个以科技创新为重点的集群，是一块全新的智能高地，是浙江产业转型升级的驱动器。集聚区还表现出了“大平台吸引大项目，大项目带动大产业”的特点。例如，2012年初，总投资117.59亿元的上海大众浙江（宁波）项目落户宁波杭州湾新区（14个产业集聚区之一），投资年产30万辆乘用车的大项目直接吸引了核心供应商入驻，预计将带动零部件供应商企业总投资超过100亿元。目前，第15个省级产业集聚区——温州浙南沿海先进装备产业集聚区的规划已筹备完成。按照2014年6月在温州市政府召开的常务会议上审议通过的《温州浙南沿海先进装备产业集聚区发展规划》，温州浙南沿海先进装备产业集聚区总体布局为“一心、两带、四区”。

浙江块状经济发展到产业集聚区，不仅将促使产业向集群化、高端化发展，而且将为工业经济转型升级注入强劲动力，为“浙江制造”转向“浙江创造”探索路径、提供样本，进而为浙江省深入实施“两创”总战略、推动科学发展再创新业绩，再续新辉煌。

（四）特色小镇集聚高端要素全面提升竞争力

为适应与引领经济新常态，浙江利用自身的信息经济、块状经济、山水资源、历史人文等独特优势，围绕着七大万亿级产业和十大历史经典产业，省委省政府提出要打造一批产业特色鲜明、人文气息浓厚、生态环境优美、兼具旅游与社区功能的特色小镇，这是贯彻落实习近平同志对浙江“干在实处永无止境、走在前列要谋新篇”指示精神的具体实践，是推进供给侧结构性改革和先进制造业基地建设的有效路径，有利于加快高端要素集聚、产业转型升级和历史文化传承，全面提升先进制造业竞争力。

2014年浙江开始进行“特色小镇”研究工作，2015年初浙江省政府工作报告提出，“加快规划建设一批特色小镇”，并被列入省政府当年重点工作。2015 年 4 月，浙江省政府公布《关于加快特色小镇规划建设的指导意见》，要求入围的特色小镇必须符合“7＋1”产业定位范围、四至及规划清晰、产业文化旅游社区功能叠加、投资主体明确、项目具体可行，投资额达到 50 亿元以上。随后，省政府按照申报的各特色小镇产业类别，分别组织了 5 个调研组，赴 50 个特色小镇进行实地考察调研，确定排序名单 2015 年 6 月 1 日，浙江公布第一批列入省级创建名单的 37 个特色小镇。按照计划，37 个特色小镇 3 年投资 2400 亿元左右，预计 2017 年可实现税收收入 190 亿元左右，3 年内共计划投资 5000 亿元建设 100 个特色小镇。

特色小镇不是行政区划单元上的“镇”，也不同于产业园区、风景区的“区”，而是按照创新、协调、绿色、开放、共享发展理念，结合自身特质，找准产业定位，科学进行规划，挖掘产业特色、人文底蕴和生态禀赋，形成“产、城、人、文”四位一体有机结合的重要功能平台。特色小镇是破解浙江高端要素聚合度不够的重要抓手，符合创业生态演化规律。浙江建设特色小镇，聚焦七大产业和历史经典产业打造产业生态，瞄准建成 3A 级以上景区打造自然生态，通过“创建制”“期权激励制”以及“追惩制”打造政务生态，强化社区功能打造社会生态，集聚创业者、风投资本、孵化器等高端要素，促进产业链、创新链、人才链等耦合，为特色小镇注入无穷生机。

从近一年实践看，浙江的效果初步显现。有传统产业转型升级的勃勃生机，如余杭区的“艺尚小镇”正在努力成为文脉传承与国际时尚的最佳范例。作为时尚产业特色小镇，艺尚小镇依托杭州“四季青”等周边成熟产业集群，聚焦时尚时装和珠宝配饰产业。三年内，将投资 60 亿元，建成时尚产业总部集群。当前，中国艺尚中心项目已开工建设；投资 10 亿元的香港万泰华东珠宝生产基地也已落户；中国服装协会、法国时尚学院、中法时尚合作委员会已签署入驻协议。除此之外，也有制造业的振兴，如海盐核电小镇就是打造高端装备制造的特色小镇之一。依托秦山核电基地，海盐成为核能新兴产业集聚的高地，吸引了法国阿海珐集团、法国施耐德电气集团以及中国核建集团等涉核企业进驻，核电培训、研发、检修和设备制造基地呼之欲出。逐渐成型的核电小镇，正在成为区域发展的强劲

“发电机”。据估算，到2017年，海盐核电小镇年产值将达190亿元，其中核电服务业产值100亿元，核电装备制造业产值90亿元。

同时，还有“互联网+”的创新创业新业态。2015年12月16日到18日，以“互联互通、共享共治，共建网络空间命运共同体”为主题的第二届世界互联网大会将在乌镇举行，习近平主席出席了开幕式并发表主旨演讲，当前越来越多怀揣梦想的年轻人到乌镇创业，秘诀就在于这些地方形成了富有吸引力的创业创新生态。杭州的梦想小镇启用仅半年，就吸引了400多个互联网创业团队、4400多名年轻创业者落户，300多亿元风投基金蜂拥而至，形成了完整的互联网创业生态圈，如今在全球互联网领域已声名鹊起，这就是创业生态的独特魅力。而杭州玉皇山南基金小镇，原本是一块2000亩的杂乱地块，旧厂房、旧仓库、旧民居凌乱布局，废弃的火车轨道横卧而过。然而，上城区将其变废为宝，在这里建起了国际金融产业园。旧厂房被“修旧如旧”，旧仓库变身为一幢幢中式小楼和中式庭院。素雅风格的屋舍，与玉皇山脚的流水交相辉映。目前，基金小镇已入驻中信证券、永安期货、浙江赛博乐、敦和资产、联创投资等行业龙头，总管理资产规模超1000亿元，吸引政府各类产业母基金500亿元以上。

目前，浙江省首批37个省级特色小镇，2015年新开工建设项目431个，完成固定资产投资额480亿元，新入驻企业3300家，引进1.3万多人才，并带来含金量较高的新增投资、新建项目和新增税收。2016年1月底，浙江省级特色小镇第二批创建名单正式出炉，42个小镇入围第二批名单。如今，形态上“小而美”、功能上“有机合”、产业上“专而强”、机制上“新而活”的特色小镇，正逐步成为浙江稳增长、调结构、强创新的重要载体。

四、弘扬浙江精神与先进制造业基地建设的经验和启示

习近平同志关于先进制造业基地建设的思想是在不断地实践和思考中逐渐形成的，是对浙江区域经济和工业发展走向的客观、科学判断，也是对新型工业化道路的科学解读。先进制造业基地建设是浙江经济社会全面发展的物质基础，就是要在块状特色产业优势基础上，精准发力，补齐传统产业的转型升级和新兴产业的创新发展的科技短板，不断增强内生发展

活力和自主创新能力。加快先进制造业基地建设，是“八八战略”关于把潜在产业优势转化为现实物质基础的战略思维，是马克思生产力理论的客观要求。先进制造业基地建设在逻辑和精神上和“四个全面”是完全契合的，经济社会发展既要注重精神文化建设，也要注重经济发展的物质内容。从实践来看，从工业创新创强到块状经济落后产能整治，大批知名企业和“浙江制造”品牌的崭露头角，无不展现浙江敢为人先的奋斗精神，这为当前推进供给侧结构性改革提供了一个实践起点。弘扬浙江精神，对于贯彻落实“中国制造 2025”“互联网＋”“培育有全球影响力的先进制造基地和经济区”等国家新战略具有重要的现实价值和指导意义。

（一）加快建设先进制造业基地要与时俱进

世界在变化，时代在进步，形势在发展。与时俱进是马克思主义的理论品质，也是浙江精神的内在要求。习近平同志指出，我们现在要走一条新型工业化道路，从浙江来讲重点就是打造先进制造业基地。这一思想的意义在于强调，走新型工业化道路要突出“新型”二字，不是像过去资本主义国家发展工业化那样先污染，后治理，虽然实现了工业化，但回过头来又要花巨大的代价来解决环境问题。

加快建设先进制造业基地，首先要从思想观念上启动，以思想的不断解放深入建设新型工业化道路。着力破除强调资源节约、生态保护必然限制经济发展的观念，树立经济发展与生态资源环境相协调是实现又好又快发展必然选择的思想；着力破除靠高投入、高消耗推动发展的陈旧观念，树立靠科技进步、管理创新和劳动者素质提高带动发展的思想。当然，这并不是排斥其他的产业类型，我国的农业和服务业也要走出一条新的道路。因为我国的农业和服务业也面临着科技含量低、消耗大、效益低、竞争力不强等粗放增长问题。新型工业化道路的“新”要体现在改变以前的工业孤立发展而农业和服务业发展相对滞后的局面，甚至出现以牺牲农业和抑制服务业发展为代价的片面工业化道路，而是要通过新型工业化带动农业、推动服务业发展，走出一条新型的农业化和新型服务业现代化之路。

（二）加快建设先进制造业基地要总体谋略

习近平同志提出，建设先进制造业基地，尤其要重视处理好制造业发展和资源、环境、生态的关系，牢固树立全面的发展观。这一思想的意义在于强调，建设先进制造业基地要按照全面可持续的发展理念，绝不能简单地理解为仅仅限于工业本身，应该有马克思主义总体性的发展观。

先进制造业基地建设理论是在全面总结浙江的产业特色，科学地提出“八八战略”中的一项重要内容，其本身也是一个总体性的发展理论，要求正确处理工业发展和资源、环境、生态的关系，正确处理区域产业优势和核心竞争力的关系，正确处理传统产业改造升级和大力发展高新技术产业的关系，正确处理传统产业改造升级和大力发展高新技术产业的关系，正确处理个私经济和外资经济的关系，正确处理重点突破和整体推进的关系，正确处理制度创新和科技创新的关系，正确处理信息化带动工业化的关系。先进制造业基地建设还是一个历史的过程，习近平同志指出，5 年的目标只是浙江先进制造业基地建设的一个基础性、阶段性目标。这个目标的完成，只表明浙江形成了先进制造业基地的基本框架，但建成先进制造业基地还需要进一步努力。概言之，先进制造业基地建设理论浙江实践不仅有力地推动了浙江的科学发展，而且为当前“中国制造 2025”等新战略提供了鲜活的（省域）地方性经验，其指导思想上的总体性特征，极大地丰富了科学发展观的内涵，具有宏观层面广泛的普适性。

（三）加快建设先进制造业基地要求真务实

习近平同志提出，“求真”就是追求真理、遵循规律、崇尚科学；“务实”，就是要尊重实际、注重实干、讲求实效。尊重实际，就是要始终坚持从世情、国情、省情出发，从我们面临的形势任务的实际出发，从全省人民的愿望要求的实际出发。要清醒认识浙江加快建设先进制造业的优势基础以及遇到的新挑战、新问题，不囿于以往的经验，不照搬别人的做法，作出符合浙江实际的战略抉择。

在我国区域经济发展过程中，不少地区陷入了一种认识误区，即不论实际条件如何，都提出加快实现工业化的任务和目标。各个地区都热衷于填补所谓的空白，搞大而全和小而全。东部与西部、沿海和内地、大城市和小城镇、城市和农村等缺乏合理的区域和产业分工。实际上，关于浙江打造先进制造业基地，习近平同志指出，从浙江来讲，走新型工业化道路，重点就是要抓制造业，根据国际产业的转移与发展趋势，打造先进制造业基地。当然，这并不是排斥其他的工业类型，还是要什么能发展起来就抓什么，但是我们的主体是制造业，我们的制造业肯定是一个大发展的趋势。从全国来看，提出走新型工业化道路，并不意味着每一个地区都要工业化，不同条件的地区要走出不同的道路。有的地区如沿海发达地区或有一定工业基础的地区，如广东、福建、浙江以及内地一些老工业基地面临的任务是产业升级和结构转换。有的地区如农业发达，土地相对较多，要走出一条新型农业化道路，延长农业产业链条，围绕农业带动相关工业的发展；有的地区旅游资源丰富，如我国的海南，就要走出一条新型旅游业道路，大力发展旅游服务业，围绕旅游业带动建筑业以及其他旅游产品加工业的发展。

（四）加快建设先进制造业基地要和美与共

和美与共，努力实现人与自然的和谐相处，树立生态意识，深刻认识自然是人类生存的空间，是人类创造生活的舞台。习近平同志提出，发展制造业要讲究集聚优势，讲究功能定位。要把工业化和城市化结合起来，依托城市发展工业，通过工业化推动城市化。这一思想的意义在于强调，工业化和城市化之间的辩证关系，“一个没有产业的城市是‘空壳城市’。在工业化和城市化的结合上，我们这里的特点是工业园区，通过分功能、分区域的工业园区，充分优化整合工业资源和生产要素”。

工业园区作为工业的集聚区，未来的发展应该是工业化和城市化的共同载体，而不能顾此失彼。从工业化载体而言，需要进一步规划、整合，加强管理，提高水平，特别是要深入研究各地工业园区的分布和规模是否合理的问题，要充分发挥政策的导向作用，制定优惠政策，提供优良服务，工业园区的发展要和鼓励民营企业发展、发展高新技术产业、吸引外资结合起来，要吸引更多的民资和外资到园区投资创业。从城市化载体而言，要深入推进以人为本的新型城镇化战略，要按照生产空间集约高效、生活空间宜居适度、生态空间山清水秀的总体要求，形成生产、生活、生态空间的合理结构，构建以人为尺度的生产和生活社区，要体现尊重自然、顺应自然，天人合一的理念，让城市融入大自然，让居民望得见山、看得见水、记得住乡愁，保护和弘扬传统优秀文化，延续城市历史文脉，提高城市建设品质。总体而言，工业化是城市化的基础，城市化是工业化的必然结果，工业化是城市化的原动力，主导城市化的发展方向，城市化为工业化提供载体和平台，二者相互影响和制约。从产业集聚和人口集聚的角度可以更好地探析和正确处理好二者的辩证关系，一方面可以谋求城市化为工业化自觉服务，为工业化提供优质的生存和发展空间；另一方面，通过工业化的长足发展，为城市化提供强有力的财力支撑，进一步提高城市化水平。

第五章　以浙江精神为引领，坚持城乡统筹协调发展

在浙江精神的引领下，浙江坚持城乡经济社会统筹协调发展，加快推进城乡一体化，通过大力实施城市化战略，跳出“三农”抓“三农”，统筹城乡兴“三农”，推动城乡居民收入大幅度提高。2018年，浙江居民人均可支配收入为45840元，仅次于北京市、上海市，自进入21世纪以来一直排名全国第三位；全年城镇和农村居民人均可支配收入分别为55574元和27302元，城乡居民收入差距继续保持全国最低位。目前，浙江全面小康社会实现程度约98%，城镇化率为69%，高等教育毛入学率超60%，教育、卫生、文化、社会保障等各项事业都取得了长足进步，已实现全面建成小康社会的既定目标。

一、敢为人先：浙江率先推出城乡一体化发展战略

2002年10月，时任浙江省委书记的习近平同志通过全面广泛的深入调查研究，在对浙江城乡经济社会发展情况的准确把握和科学分析的基础上，于2003年7月在浙江省委十一届四次全会（扩大）会议上明确提出：“进一步发挥浙江的城乡协调发展优势，统筹城乡经济社会发展，加快推进城乡一体化。”2004年3月，习近平同志在嘉兴召开全省第一个“统筹城乡发展、推进城乡一体化”工作座谈会上阐明了工作目标：到2010年基本消除城乡二元结构，城乡差别明显缩小，形成城乡协调发展格局；2020年，与提前基本实现现代化同步，基本实现城乡一体化。2005年1月，在习近平同志的主持下，浙江制定并颁布实施了《浙江省统筹城乡发展　推进城乡一体化纲要》，成为全国首个省级层面的城乡一体化纲要。

浙江之所以在全国率先推出城乡一体化发展战略，是基于对浙江城乡经济社会发展现实基础的客观认识和准确把握，是“求真务实、勇于创

新、敢为人先”的精神体现，也是浙江经济社会进一步升级发展和根本解决“三农”问题的必然选择。

（一）浙江具备率先推进城乡一体化的基础和条件

习近平同志初到浙江时，经过二十多年的改革开放，浙江已经实现了由资源小省向经济大省、传统农业社会向工业社会、基本温饱向总体小康的跨越，综合实力显著增强。统计资料显示，2003年浙江的生产总值为9200亿元、人均生产总值为19730元、城镇居民人均可支配收入为13180元、农村居民人均纯收入为5431元、城市化水平达53%，主要经济社会指标居全国前列。按当年的汇率折算，2002—2005年，浙江人均GDP分别为2035美元、2434美元、2878美元、3304美元，四年间实现了从2000美元到3000美元的跨越，提前达到我国小康社会设定的经济目标，这为浙江在全国率先推进城乡一体化建设打下了基础。

浙江总体发展水平比全国平均发展领先一步。按当年的汇率计算，2002—2005年，全国人均GDP分别为1135美元、1274美元、1490美元、1732美元，处于从1000美元到2000美元的跨越阶段。以2002年美元水平测算，我国的发展进程已从工业化初期进入工业化中期阶段，处于工业化中期的前半段，而浙江的发展进程已从工业化中期进入工业化后期阶段，处于工业化后期的前半段①。这说明，我国进入了一个新的、不同的历史发展阶段。

理论与实践表明，一个国家和地区经济发展具有内在的规律和阶段性特征，一般都经历从农业经济到工业经济再到服务业经济的国情变化阶段。对于大国而言，伴随着工业化的推进，应该经历从农业经济大国到工业经济大国、从工业经济大国到工业经济强国、从工业经济强国到服务业经济大国的国情变化阶段，大致对应工业化初中期、工业化中后期和后工业化社会三个时期，也可以认为是经济现代化的三个阶段。而农业的现代化基本上依赖于工业发展，没有现代工业为农业提供现代技术装备，也就不会有现代化农业。因此，农业现代化过程是被包含在工业现代化进程的各个阶段之中。进入21世纪，经过20多年的快速工业化，我国的基本国

① 陈佳贵等：《中国地区工业化进程的综合评价和特征分析》，《经济研究》2006年第6期。

情发生了实质性变化，已经从农业大国转变为工业大国，这意味着中国现代化进程进入了由工业大国向工业强国转变的新阶段①。纵观世界工业化国家的发展历程，在工业化达到相当程度以后，工业反哺农业、城市支持农村，实现工业与农业、城市与农村协调发展，是带有普遍性的规律趋向。

基于浙江领先全国发展且已进入了工业化后期阶段的省情形势，浙江省委在习近平同志的领导下，与时俱进地作出了“进一步发挥浙江的城乡协调发展优势，统筹城乡经济社会发展，加快推进城乡一体化”的重大决策。这一重大决策的制定源于浙江城乡协调发展的领先优势和良好基础。进入21世纪，浙江经济发展先行一步进入了工业化后期，城乡微观经济主体市场化改革基本完成，多种所有制经济共同发展，资源要素配置的市场化程度日益提高；农业在国民经济中的比重不断下降，农村劳动力加速向第二、三产业转移，效益农业、先进制造业和现代服务业快速发展，产业结构不断优化；产业和人口开始向城镇集聚，通信、交通、邮政、供水等基础设施加快向农村延伸，城市的辐射力和带动力不断增强；城乡生活方式加快转变，科教文卫等社会事业快速发展，社会保障体系和社会救助体系不断健全，城乡环境建设进一步加强；支持农村和欠发达地区发展的政策力度不断加大，欠发达地区的自我发展能力进一步增强，区域协调发展态势良好。总体上看，浙江城乡经济融合加快、城乡要素流动加快、城乡体制改革加快的发展趋势已经形成，一些发达市县开始迈入城乡一体化发展阶段，因此，浙江完全有条件、有能力在统筹城乡发展、推进城乡一体化方面走在全国前列。

（二）浙江加快推进城乡一体化发展的主旨和要求

进入21世纪，浙江经济社会经过20多年的改革开放和持续快速的领先发展，人均生产总值、城镇居民人均可支配收入、农村居民人均纯收入、城乡社会发展水平综合评价指数等主要经济社会发展指标均居全国省区第一位，不仅工业和城市得到了很大发展，农业和农村也发生了很大变化，城乡协调发展水平不断提升。但是，农业基础比较薄弱、农村发展相对滞后、农民收入增长缓慢等三农问题还未完全解决，城乡差距、工农差

---

① 陈佳贵等：《工业发展、国情变化与经济现代化战略》，《中国社会科学》2005年第4期。

距、地区差距等扩大趋势尚未根本扭转，发展不平衡问题尤为突出。

浙江发展不平衡主要表现在经济与社会发展不平衡、地区发展不平衡、城乡发展不平衡以及城乡内部各自发展不平衡等方面，其中城乡发展不平衡问题表现得最为突出。统计数据显示，2003年，浙江农业人口占总人口的比重高达74.6%，但城市化率已经达到53%，比全国平均水平高出7个百分点；第一产业从业人口仅占28.3%，比全国平均水平低20个百分点；农村人均纯收入为5431元，已连续10多年列居全国各省区第一位；全省人均GDP已达到20149元，相当于人均2434美元，是全国平均水平的2倍。这些数据看起来似乎自相矛盾，但合乎我国国情。这里的农业人口是指属于农业户口的户籍人口，不是指从事农业活动或依靠农业生存的人口，而乡村人口则是指还在农村生活的常住人口。乡村人口比重显著低于农业人口比重，说明浙江农民自主市民化意识和能力很强，虽然已在城市定居生活并被统计为城市化人口，但在户籍上仍然属于农业户口。据测算，在浙江，已经进城但仍被户籍制度所区隔的人口多达1100多万人，加上1000多万人的外来人口，总计在2000多万人，接近浙江总人口的一半。由此可见，我国城乡二元体制下的户籍管理制度与浙江领先的发展水平严重脱节，已经远远不能适应浙江经济社会发展的现实需要。

与此同时，城乡二元体制下户籍制度不仅在城乡之间造成了一系列不平等问题，如教育、医疗、就业、社会保障、社会地位等，而且在城市和乡村内部、区域与区域之间也引发了诸多不平等、不平衡问题。在城市，数量庞大的进城农民，不能与城市居民享有同等的待遇，从而形成了两个享有不同体制待遇的城市社会群体，极有可能导致社会的分化和分裂。乡村方面，浙江的乡村发展虽然比全国其他地区要好许多，但与本地城市发展相比仍滞后不少，特别是在浙西南，乡村发展显著落后于城市。虽然比起全国城乡差别来，浙江的城乡差别还是比较小的，但同样存在着不断扩大的趋势。浙江城乡收入差距在改革开放最初几年呈缩小趋势，农村人均纯收入占城镇居民人均可支配收入的比例由1980年的44.9%上升到1984年的66.7%，但随着工业化、城市化的快速发展，城乡收入差距逐步扩大，到2003年农村人均纯收入只及城镇居民人均可支配收入的41.2%，是1978年以来的最低点。不断扩大的城乡差距将农村的能人、资金等资源进一步向城市集聚，而农村的公共服务、社会事业和基础设施等生产生活条件却得不到相应改善，反过来又加剧了农村资源向城市集中。这种状况如果不能得到扭转，不仅制约浙江经济可持续健康发展，也会影响到整个社会的和谐稳定和全面建成小康社会目标的最终实现。

浙江的所有不平衡发展都与城乡发展不平衡问题纠结在一起，无论是经济社会发展不平衡还是地区发展不平衡、城乡内部发展不平衡，其症结还是城乡发展不平衡①。进入21世纪，浙江正从工业化中期迈进工业化后期，工业化、城市化呈进一步加速发展态势，这既是一个有利于解决城乡发展不平衡、解决“三农”问题的战略机遇期，也是一个容易忽视“三农”利益、导致各种矛盾凸显的社会敏感期。在这个关键时期，如果发展战略和政策措施把握得当，工农关系和城乡关系处理得好，就能保持经济快速发展和社会长期稳定。反之，就会造成收入差距和社会矛盾的扩大，甚至会陷入经济停滞、社会动荡、有增长无发展的现代化“陷阱”。对此，浙江省委省政府深刻地认识到浙江经济社会发展正处于增长方式转变、经济体制转轨、社会结构转型的关键时期，如何加快推进工业化、城市化和市场化进程，解决好农业基础比较薄弱、农村发展相对滞后、农民增收压力加大的问题，扭转城乡差距、工农差距、地区差距扩大的趋势，是当前面临的重大课题。并要求全省各级各部门统一思想，提高认识，切实增强紧迫感、责任感，扎实做好统筹城乡发展各项工作，加快推进城乡一体化：统筹城乡发展、推进城乡一体化，就是要把城乡经济社会作为一个整体统一筹划，打破城乡二元结构，整合工业化、城市化和农业农村现代化建设的各项举措，着力解决好“三农”问题，缩小城乡差距，充分发挥城市对农村的辐射带动作用和农村对城市的支持促进作用，实现城乡互补、协调发展和共同繁荣。统筹城乡发展、推进城乡一体化是贯彻落实科学发展观的必然要求，是加快全面建设小康社会、提前基本实现现代化的重大举措，也是新时期新阶段解决“三农”问题的根本途径。②

---

① 中国社会科学院：《浙江经验与中国发展（社会卷）》，社会科学文献出版社2007年版，第52页。

② 中共浙江省委、浙江省人民政府：《浙江省统筹城乡发展　推进城乡一体化纲要》，浙委发〔2004〕93号。

二、勇于创新：浙江推进城乡一体化发展的生动实践

2003年浙江在全国率先作出“加快推进城乡一体化”发展战略，此后在浙江精神的引领下，全省始终坚持城乡经济社会统筹协调发展，从全域出发，科学谋划、开拓创新、大胆作为、讲求实效，在统筹城乡产业发展、统筹城乡社会事业发展、统筹城乡基础设施建设、统筹城乡劳动就业和社会保障、统筹城乡生态环境建设、统筹区域经济社会发展等方面取得了诸多被誉于“浙江经验”之一的显著成就，为全国城乡协调发展提供了有益的经验，并成为我国统筹城乡发展和城乡一体化建设的典范。

（一）科学构建城乡一体化发展的战略体系

习近平同志在谋划浙江统筹城乡发展工作中，广泛调查，深入研究，从全局的角度、战略的高度，系统地思考浙江城乡一体化发展方略，其具体思路在2004年2月省部级主要领导干部专题研究班上作了详细地阐述[①]。

一是整体推进城乡产业结构战略性调整，着力形成第一、二、三产业协调发展的新格局。充分发挥浙江的比较优势，把发展高效生态农业作为效益农业的主攻方向，着力培育一批有特色、有市场竞争力的农业主导产业。优化城乡产业布局，把城市产业结构优化升级与农村第二、三产业的发展紧密结合起来，充分发挥中心城市对农村的带动和辐射作用，促进农业增效、农民增收和农村发展。

二是整体推进城乡就业结构战略性调整，着力形成城乡一体化的就业新格局。加强对农民的技能培训，全面实施“千万农村劳动力素质培训工程”。取消针对农民进城务工的各种歧视性规定和不合理收费，加快建立城乡一体化的劳动就业体制、就业服务体系和劳动就业政策，创造有利于农民进城就业的环境，并切实维护进城务工农民的合法权益。

三是整体推进城乡规划建设和生态环境建设，着力形成城乡建设互动共进的新格局。大力推进城市化，使城市成为吸纳农村人口和生产要素的

---

① 习近平：《干在实处　走在前列——推进浙江新发展的思考与实践》，中共中央党校出版社2006年版，第157—159页。

重要载体，进一步发挥城市的集聚、辐射、带动作用。大力实施“千村示范、万村整治”工程，以中心村和示范村建设为重点，全面推进农村新社区建设。加大农村基础设施和生态环境建设投入，大力开展村庄环境整治，切实解决农村环境脏乱差的问题。

四是整体推进发达地区加快发展与欠发达地区跨越式发展，着力形成先富带后富、区域协调发展的新格局。继续大力实施山海协作、百亿帮扶致富和欠发达乡镇奔小康“三大工程”，加大对欠发达地区的扶持力度，积极推动发达地区与欠发达地区对口协作，引导鼓励发达地区产业向欠发达地区转移，欠发达地区人口向发达地区和区域内城市及中心镇转移。

五是整体推进城乡社会保障和公共服务体系建设，着力形成经济发展与社会进步相互促进的新格局。加快建立与浙江经济社会发展水平相适应、城乡一体、多层次、全覆盖的社会保障体系，依法推进社会保险扩面工作，整体推进医疗保险制度改革，完善覆盖城乡的最低生活保障制度，探索建立失地农民基本生活保障制度，加快建立新型农村合作医疗制度及医疗救助制度，积极构建新型社会救助体系。大力发展农村教育、文化、卫生、体育等社会事业，鼓励和引导城市公共服务部门向农村延伸服务。

六是整体推进城乡配套改革，着力形成统筹城乡发展的新体制。深化征地、户籍等城乡配套改革，给农民平等的发展机会。逐步扩大公共财政在农村的覆盖面，加大财政转移支付的力度，增加对农村的公共产品供给和农村公共服务。

按照习近平同志推进城乡一体化发展的战略思路，浙江省委省政府制定了《浙江省统筹城乡发展　推进城乡一体化纲要》（以下简称《纲要》），并于2005年1月正式颁布实施，这是全国第一个省级层面的城乡一体化发展纲要。《纲要》确立了统筹城乡发展的指导思想和总体目标，明确了统筹城乡发展的主要任务。为了使各项目标任务能落到实处，浙江省委省政府把《纲要》分解为53项工作，并具体落实到49个省级单位。同时，各市县也从当地实际出发，制定了适宜本地的统筹城乡发展纲要或规划。从而，在全省范围内，逐步构建起统筹城乡发展、推进城乡一体化的战略框架和工作体系。

《纲要》明确了浙江推进城乡一体化的指导思想和总体目标：坚持以

人为本、全面协调可持续的科学发展观，以完善城乡规划为先导，以深化城乡配套改革为动力，坚定不移地推进工业化、城市化和市场化，加快农业农村现代化，进一步优化生产力和人口空间布局，努力打破城乡二元体制结构，推动城乡资源要素合理流动，形成以城带乡、以乡促城的发展新格局，努力缩小城乡差别、工农差别和地区差别。力争到2010年，农村发展水平进一步提高，基本形成城乡统筹发展的体制，为进一步消除城乡二元结构，实现城乡一体化打下坚实的基础。

《纲要》确定了浙江推进城乡一体化的六项主要任务和具体目标要求：一是统筹城乡产业发展：顺应城乡经济不断融合和三次产业联动发展的趋势，统筹规划和整体推进城乡产业的发展，不断提高产业的国际竞争力。到2010年，努力形成高效生态农业、先进制造业和现代服务业互促共进、协调发展的格局。二是统筹城乡社会事业发展：按照经济社会协调发展的要求，大力发展教育、科技、文化、卫生、体育等社会事业，加快推进社会事业向农村延伸，使城乡居民共享现代文明。到2010年，全面普及15年教育，高等教育毛入学率达到35%以上，基本形成覆盖城乡的终身教育体系、基层文化网络体系和公共卫生服务体系。三是统筹城乡基础设施建设：按照优化生产力和人口布局的要求，加强对城乡基础设施的统筹规划和建设，着力改变农村基础设施建设滞后的状况。到2010年，形成以高速公路、电气化铁路、高等级航道为骨干，以乡村公路为基础、港口功能充分发挥、水陆空相互配套的立体化交通运输网络；形成以区域中心城市和县城为核心，以中心镇、中心村为基本联结点，覆盖城乡的电力、通信、公交、饮用水等公共服务设施网络体系。四是统筹城乡劳动就业和社会保障：以城乡劳动力充分就业和人人享有社会保障为目标，加快推进城乡劳动就业与社会保障一体化。到2010年，全省就业岗位比2003年增加350万个以上，企业职工基本养老保险、失业保险和医疗保险基本实现全覆盖，新型农村合作医疗覆盖率达到80%以上，基本实现人人老有所养、病有所医、困有所济。五是统筹城乡生态环境建设：按照生态省建设的要求，进一步加大生态建设和环境保护力度，加快建设生态城镇和生态村庄，大力发展生态经济，完善防灾减灾体系，促进人与自然和谐发展。到2010年，全省森林覆盖率达到60%以上，林相结构进一步优化、质量进一步提高；主要水系水质达到功能区标准比率在80%以上；城市生活垃圾无害化处理率达到95%，农村生活垃圾收集率达到70%以上，无害化处理率达到30%以上；规模化畜禽养殖场污染治理率和达标率达到90%以上。六是统筹区域经济社会发展：按照区域协调发展的要求，推进发达地区和欠发达地区的整体发展。到2010年，基本消除绝对贫困人口，确保30万人下山异地脱贫，欠发达乡镇实现总体小康，欠发达地区与发达地区发展水平差距扩大的趋势得到扭转。

《纲要》强调统筹城乡发展、推进城乡一体化是一个系统工程和一项长期的任务，必须坚持不懈、持之以恒，务求实效。要求各地各部门加强领导、有序推进，因地制宜、分类指导，营造氛围、形成合力，求真务实、注重实效。要创新工作机制，坚持政府主导，尊重群众意愿，发挥市场作用，并正确处理好当前与长远、局部和全局、继承和创新的关系，准确把握城乡一体化发展的内在规律，创造性地开展工作。从建立城乡一体化规划体系、深化城乡配套改革、加快推进产业升级、大力推进城市化、加快转移农村劳动力、加快农村新社区建设，加大统筹城乡发展投入等方面作了具体安排，为浙江全面系统地推进城乡一体化制定了工作路线和组织构架。

（二）大力推进城乡一体化的工作实践

按照统筹城乡发展、推进城乡一体化的发展理念和战略构架，浙江把解决“三农”问题作为推进城乡一体化工作的重中之重，以城市化引领城乡一体化，跳出“三农”抓“三农”。在具体实践中，以整体推进城乡体制改革为动力，把推进产业结构战略性调整与劳动力结构战略性调整结合起来，把推进新型城市化与建设新农村结合起来，把推进发达地区加快发展与欠发达地区跨越式发展结合起来，把推进农村经济发展与农村社会进步结合起来，努力探索出了一条城乡区域联动、经济社会协调的发展之路。

1. 以保障农民权益、增进农民利益为导向，统筹城乡配套改革，着力形成城乡一体的公平共享新体制

打破城乡二元体制结构是推进城乡一体化的关键。浙江按照统筹城乡配套改革的要求，大力推进户籍、土地、就业等管理制度改革，赋予农民

平等发展机会；推进财政体制改革，扩大公共财政对农村的覆盖面，加大财政转移支付力度，增加对农村公共产品和公共服务的供给；深化“省管县”行政管理体制改革，进一步扩大县级权限，增强县域经济发展活力；推进农村税费改革和农村综合改革，提高农民收入，增进农民利益。

逐步推进户籍管理制度改革，担当全国户籍制度改革的先行者。自2003年开始，浙江率先在全国实施户籍制度改革试点，在户口迁移制度、户口登记制度、居住证制度、人口信息管理制度和相关领域配套制度五项改革方面递次突破，至今已形成了初步样板和基本经验。2003年，在嘉兴海宁试点，取消农业、非农业、自理口粮等各类户口性质划分，建立城乡统一的户籍登记制度。2008年，在嘉兴全市试点，取消“农业”和“非农业”的身份分类，统一为“居民”身份，实施城乡居民社会一体化管理。2011年，在全省11个地市各选择1个县（市、区）开展试点，全面深化户籍制度改革及相关配套改革的试点工作。2015年底，浙江出台《关于进一步推进户籍制度改革的实施意见》，在全省范围内全面深化户籍制度改革，取消农业户口与非农业户口性质区分，统一城乡户口登记制度，完善居住证制度，加快建设和共享全省人口基础信息库，稳步推进义务教育、就业服务、社会保障、基本医疗和公共卫生、公共文化、环境保护等基本公共服务覆盖全部常住人口。

深化农村土地管理、征用和补偿制度改革，切实维护和保障农民的合法权益。坚持“依法、自愿、有偿”的原则，积极鼓励农民采取转包、租赁、反租倒包、股份合作等多种形式进行土地经营权流转，推进农村土地流转和规模经营。到2018年初，全省土地经营权流转面积累计达1050万亩，流转率为55.4%。推进农村宅基地管理制度改革，开展农村宅基地使用权和房屋所有权确权登记发证工作，推进全省农村不动产统一登记工作，在跨社置换、有偿退出、有偿使用等方面进行了积极探索，保护和增进农民合法财产权益。深化土地征用制度改革，严格区分公益性用地和经营性用地，明确界定政府土地征用权和征用范围，进一步完善征用程序，不断提高征地补偿标准，建立了土地征用补偿“片区综合价”制度、被征地农民基本生活保障制度、农村集体资产管理制度等，让农民分享土地增值收益，确保农村集体资产保值升值，切实维护和保障被征地农民的合法权益。

深化财政体制和行政管理体制改革，调整国民收入分配格局，增强农村经济发展活力。按照“多予、少取、放活”的要求，扩大公共财政覆盖面，在教育、卫生、文化、科技等领域加大向农村的倾斜力度，增加对农村公共产品的供给。在全国率先推进农村税费改革，全面停收农业特产税、农业税，取消面向农民征收的政府性收费和集资、取消农村积累工和义务工、取消屠宰税，大幅度削减农民负担，并在全国率先建立了涉农收费部门的农民负担专项考核制度，在全省范围内建立了农民负担监测网络，保证农民负担递减，防止农民负担反弹。各级政府按照省委、省政府的要求，建立健全面向城乡的公共财政体制，逐步加大对乡镇政府的转移支付，建立义务教育经费保障机制，提高基层组织公共服务财力。同时，在坚持“省管县”的财政体制下，按照“能放则放”的原则，深化“强县扩权”改革，进一步扩大县域农村经济的权利，将更多的属于地级市的经济管理权限下放给县（市、区），切实增强县域农村经济的发展活力。在此基础上，进一步推进“强镇扩权”改革，通过中心镇的培育，尝试将统筹城乡的节点从县城前移到乡镇，从而强化乡镇政府的社会管理和公共服务职能，逐步建立起高效率、高质量服务农村的基层行政体制。

深化农村金融体制改革，构建服务于“三农”的农村金融合作新体制。浙江紧紧围绕解决“三农”资金需求大、融资难，城乡差距大、普惠难的“两大两难”问题，通过强化农村金融机构服务功能、创新小额信贷管理模式、推进农业信用担保体系建设等，基本构建起以合作性金融为主、商业性金融和政策性金融为辅、新型农村金融为补充的多元化、多层次的农村金融服务体系，农业融资环境获得了显著优化。通过发放“丰收小额贷款卡”和“丰收创业卡”，启动实施“便农支付工程”、农信社“金融普惠工程”，基本消除了金融空白乡镇。通过创新农村信用体系建设，建立小额取款便民服务体系、“政银保”助农贷款体系、“三权”抵押融资体系，努力构建完整的农村产权融资框架体系，激活农民的“沉睡”资产，农民基本产权可抵押融资，推动农民财产资本化，实现农村金融服务均等化。针对浙江自然灾害频繁、农业种养大户投入增多、损失风险增大的实际，浙江首创政策性农业保险的共保经营模式，降低农户自缴保费，提高保障程度，政府灾后救灾变为灾前保险，有效化解“三农”自然风险，农业抗风险能力显著增强，较好地解决了“多年致富，一灾致贫”的问题，同时也有利于促进农业产业结构调整，促进农业的专业化、集约化发展。

2. 以发展高效生态农业为切入点，统筹城乡产业发展，着力形成第一、二、三产业协调发展的新格局

农业是安定天下的产业。浙江省委、省政府从全省农业资源紧缺和发挥比较优势的实际出发，把发展高效生态农业作为建设现代农业的主攻方向，即以绿色消费需求为导向，以农业工业化和经济生态化理念为指导，以提高农业市场竞争力和可持续发展能力为核心，深入推进农业结构的战略性调整，大力发展高效生态农业。并要求顺应三次产业联动发展的规律和趋势，进一步完善城乡产业布局、强化城乡产业内在联系、优化城乡产业结构，统筹规划和整体推进城乡产业的发展，努力形成高效生态农业、先进制造业和现代服务业互促共进、协调发展的格局。

深入推进农业结构的战略性调整，促进农业产业优化升级。从整个农业产业链的全面性和协调性出发，补齐畜牧业、种子种苗产业和农产品加工业等短板，抢占农业产业链的制高点；从有特色、有优势、有潜力的花卉苗木、茶叶、蚕桑、蔬菜瓜果、特色食用菌、特色畜禽等产业和产品抓起，把优势农业做大做强；统筹规划特色优势农产品生产区域，加强地方与全省区域布局的衔接，协同推进跨区域连片发展；实施品牌战略，改进生产方式，全力开发无公害农产品、绿色食品和有机食品，塑造品牌形象，增强市场竞争力。浙江围绕发展高效生态的现代农业，以现代农业园区和粮食生产功能区为载体，推进农业生产规模化、标准化和生态化建设，大力发展有比较优势的十大农业主导产业，积极培育十大农业高科技产业。

积极拓展农业功能，拓宽农民增收渠道。农业具有生产、生活和生态功能。在稳固农业生产功能、保护农业生活功能的基础上，顺应农业向生态型、观光型和文化型等方向发展的趋势，注重农业功能的多样化开发，充分发挥农业的自然属性，积极发展休闲、观光、旅游等农业门类，通过市场化运作，实现生态的经济化。同时，秉承浙江农业悠久的历史，把传

统农业精华与现代社会理念结合起来，大力挖掘和弘扬诸如农耕文化、品牌文化等，积极开发农业文化产品，提升农业品位。浙江拓展农业功能主要是依托自然优美的乡野风景、舒适怡人的清新气候、环保生态的绿色空间，引导农户和各类企业发展乡村休闲旅游业，突出野趣、乐趣、闲趣，提供科普教育、度假、休憩、游乐、就餐、住宿等服务，提供亲近自然、感受农村气息的休闲观光空间。休闲农业和乡村旅游现已成为推动浙江农村产业结构调整的有效途径，成为带动农民就业、增收致富的优势产业。

大力培育现代农业经营主体，促进农业劳动生产率和农业综合效益的提高。2004 年，浙江在全国率先出台《浙江省农民专业合作社条例》，以组织化、规模化为方向，积极培育龙头企业、专业合作经济组织、专业大户、批发市场等适应产业化要求的新型农业生产经营主体，鼓励工商企业投资农业和向农业领域延伸产业链，积极推进农民专业合作社发展，以提升现代农业发展的组织化程度。根据“自愿、有偿”的原则，依法合理引导土地经营权的有序流转，扩大农户经营规模；加强农业合作文化建设，扶持和帮助农民合作发展，以农田、园地、林地等资源优势和区域生产特点，在相对集中的区域内形成自我管理、自我服务、自我发展的组织形式；大力发展“企业＋农户”“合作社＋农户”“企业＋合作社＋农户”等形式，促进龙头企业壮大与农民增收相协调，避免企业与民争利，实现农企互动、优势互补、产销对接，促进农户增产增收。针对农业劳动者老龄化、农业生产兼业化、土地经营零碎化等难题，2012 年出台了《关于大力培育新型农业经营主体的意见》，进一步推进农业组织化、规模化、产业化生产。为贯彻乡村振兴战略和落实农业绿色发展新要求，2018 年颁布了《关于加快完善培育支持新型农业经营主体政策体系的实施意见》，综合运用多种政策工具，与农业产业政策结合、与脱贫消除薄弱村政策结合，加快培育具有一定经营规模、集约化程度较高、示范带动作用较强的生产经营组织和有文化、懂技术、会经营的新型职业农民，大力培育发展种养大户、家庭农场、农民合作社、农业龙头企业、农业服务组织、农村集体经济组织、农创客等新型农业经营主体，加速形成以农户家庭经营为基础、合作与联合为纽带、社会化服务为支撑的立体式复合型现代农业经营体系。

进一步完善城乡产业布局，在积极推进高效生态农业的专业化生产、集约化经营和区域化布局的同时，大力推进农村工业向城镇集聚，加快推进农村服务业网络化，着力形成城乡分工合理、区域特色鲜明、生产要素和自然资源禀赋优势得到充分发挥的产业空间布局。强化城乡产业内在联系，以工业化的理念推进农业产业化，以现代农业的发展促进第二、三产业升级，以现代服务业的发展推动产业融合，实现城乡产业的联动发展。按照农业现代化和新型工业化、城市化整体推进的思路，把工业和农业、城市与农村作为一个整体来谋划，健全工业反哺农业、城市带动农村的体制机制，发挥工业化、城市化、市场化对“三农”的带动作用和“三农”对“三化”的促进作用，让农民主动地参与到“三化”的进程中去，成为推动“三化”的主力军和“三化”成果的享有者，使高效生态农业建设成为整体推进的重要组成部分和农民群众享受经济发展成果的重要途径。

3. 以村庄整治和美丽乡村建设为抓手，统筹城乡规划建设和社会事业发展，着力形成经济发展与社会进步互动共进的新格局

按照推进城乡一体化的要求，浙江省以村庄整治和美丽乡村建设为抓手，整体推进城乡基础设施建设和社会事业发展，改善农村生产生活条件，缩小城乡差距，提高农村文明程度和农民生活质量。加快推进社会保障制度改革，积极探索建立农民养老保险制度，在不断提高城乡社会保险覆盖面的基础上，逐步缩小城乡社会保障水平差距，推动社会公共资源向农村倾斜、城市基础设施建设向农村延伸、城市公共服务向农村覆盖、城市文明向农村辐射。

深入实施“千村示范、万村整治”工程，全面推进农村新社区建设。为了改变农村建设缺乏科学规划、农村环境脏乱差、农村基础设施建设和公共服务发展滞后的状况，浙江从 2003 年开始实施“千村示范、万村整治”工程，对全省 10000 个村庄进行全面整治，并把其中 1000 个村建成全面小康示范村和文明和谐新社区。通过配套实施“绿化示范村”“万里绿色通道”“万里清水河道”“千万农民饮用水”“生态富民家园”“百万农户生活污水净化沼气”等一系列项目工程，大力改善农村基础设施环境，大力推进农村改水、改厕、改线、改厨，全面提升农民的生产和生活条件。同时，把村庄整治、农村基础设施建设和社会事业、公共服务有机结合起

来，用现代社区的理念指导农村新社区建设，坚持“硬件”建设和“软件”建设相结合，搞好社区规划，完善社区设施，强化社区服务，健全社区管理，发展社区教育繁荣社区文化，建设规划科学、环境优美、经济繁荣、生活富裕、设施健全、服务配套、管理民主、社会和谐的农村新社区。

为进一步提升发展，在“千村示范、万村整治”工程基础上，浙江从2010年开始实施“美丽乡村建设行动计划（2011—2015）”。以深化提升“千村示范、万村整治”工程建设为载体，以促进人与自然和谐相处、提升农民生活品质为核心，按照科学规划布局美、村容整洁环境美、创业增收生活美、乡风文明身心美的目标要求，推进农村生态人居、生态环境、生态经济、生态文化四大体系建设。即通过实施“生态人居建设行动”，推进中心村培育、农村土地综合整治和农村住房改造建设，改善农民居住条件，构建舒适的农村生态人居体系；通过实施“生态环境提升行动”，切实抓好改路、改水、改厕、垃圾处理、污水治理、村庄绿化等项目建设，扩大建设面，提升建设水平，构建优美的农村生态环境体系；通过实施“生态经济推进行动”，发展乡村生态农业、乡村生态旅游业、乡村低耗低排放工业和乡村新兴产业，推进产业集聚升级，构建高效的农村生态产业体系；通过实施“生态文化培育行动”，培育特色文化村，开展宣传教育，积极引导村民追求科学、健康、文明、低碳的生产生活和行为方式，构建和谐的农村生态文化体系。为不断提升美丽乡村建设的整体水平，《浙江省深化美丽乡村建设行动计划（2016—2020年）》颁布实施，旨在打造美丽乡村建设升级版，从“物的新农村”到“人的新农村”，坚持“物的美丽”与“人的美丽”并重，突出以人为本，围绕民生做文章，让物和人的相互依存更为和谐，进一步全面改善农村生态环境、人居环境和发展环境，不断提升农村的美丽度和广大农民群众的幸福感。

加强农村社会保障体系建设，促进农村社会事业和农民全面发展。针对农村养老难、就医难、就学难、城乡社会保障差距大的问题，按照“完善体系、扩大覆盖、提高水平”的要求，努力构建弱有所保、老有所养、病有所医、幼有所学的农村社会保障体系，推动农村社会事业加快发展。一是率先建立了城乡一体化的最低生活保障制度，把低收入农户纳入保障范围，确保城乡居民无饥寒，所需资金由各级政府列入年度财政预算。二是建立了失地农民基本生活保障制度，各地筹资建立专项保障资金，失地农民按月领取基本生活费，以保障土地征用后失地农民的基本生活。三是制定了《浙江省职工基本养老保险条例》，把农民工纳入基本养老保险范围，切实保护农民工的合法权益。四是建立城乡居民基本医疗保险制度和公共卫生服务体系，努力实现广大农民应保尽保，率先在全国完成城乡居民医保职能、制度、经办的并轨。五是建立了农村“五保”和城镇“三无”人员集中供养制度。六是率先实行城乡义务教育免收学杂费和课本费制度，同时还实施农村中小学“四项工程”，即“家庭经济困难学生资助扩面工程”“农村中小学食宿改造工程”“爱心营养餐工程”和“农村中小学教师素质提升工程”，促进了农村教育的明显改善。七是建立城乡统一的劳动力市场和就业失业登记制度，实现了就业政策、失业登记、劳动力市场、就业服务和劳动用工管理的城乡五统一。八是加强农民素质的培训和就业服务，实施“千万农村劳动力素质培训”工程，按照“面向社会、公平竞争，合理布局、方便农民”的原则，整合各类培训资源，逐步形成完善的农民培训网络。健全就业信息服务网络和职业中介服务机制，全面实行无“证卡”就业制度，使城乡居民享有同等劳动就业权利。

统筹城乡发展规划，联动推进城乡生态环境建设。加快推进城乡一体化建设，“规划先行”是关键。浙江从实际出发，因地制宜编制规划，科学把握各类规划的定位和深度，努力做到总体规划明方向、专项规划相协调、重点规划有深度、建设规划能落地，逐步建立城乡一体化的规划体系。按照优化生产力和人口布局的要求，村庄布局规划分批确定了200个省级中心镇、27个小城市培育试点镇、4000个中心村、971个历史文化村落和2万多个规划保留村，与城镇体系规划一起共同形成了以“中心城市—县城—中心镇—中心村”为骨架的城乡规划体系。注重衔接配套编制规划，确保县域村庄布局规划、村庄建设规划的有机统一，加强县域村庄布局规划与土地利用总体规划、城镇体系规划、基础设施建设规划等相互衔接，实现县域范围城乡规划全覆盖、要素全统筹、建设一盘棋。坚持一张蓝图绘到底、一年接着一年干、一届接着一届干，充分发挥规划对实践的规范指导作用，做到“符合规律不折腾、统筹推进不重复、长效使用不浪费”，充分保证规划的严肃性和长效性，始终坚持把规划实施作为工作推进的基本环节，真正实现规划、建设、管理、经营各个环节的有机衔接，联动推进区域性路网、管网、林网、河网、垃圾处理网和污水处理网等一体化建设，联动推进生态人居、生态环境、生态经济、生态文化建设，着力形成区域经济发展与社会文明进步互动共进的新格局。

4. 以新型城市化建设为路径，统筹城乡区域发展，着力形成城乡区域经济社会发展一体化的新格局

“三农”问题仅靠自身发展是不可能得到根本解决的，这是“三农”自然属性所决定的。必须跳出“三农”抓“三农”，把城市化建设与新农村建设结合起来，坚定不移地走新型城市化道路，坚持以人为本，顺应历史发展规律，按城乡一体化的发展要求推进城乡的统筹发展、集约发展、和谐发展、创新发展。

新型城市化的本质要求就是统筹城乡发展的城市化，是解决“三农”问题的重要途径。针对城市化进程中城市功能建设相对滞后，农民非农化进程相对缓慢，以城带乡、以工哺农体制机制不健全等突出问题，浙江于2006年召开了全省城市工作会议，在全国率先出台了《关于进一步加强城市工作走新型城市化道路的意见》，要求“走资源节约、环境友好、经济高效、社会和谐、大中小城市和小城镇协调发展、城乡互促共进的新型城市化道路”。新型城市化战略的提出，标志着浙江城市化工作开始了由以物为本向以人为本、由城乡分割向城乡统筹、由粗放经营向集约发展的历史性转变。在新型城市化发展战略指导下，浙江以省域城镇体系规划、县市域总体规划、城市功能提升完善、和谐社区、“数字城管”、大社保体系、“城中村”改造、农民工权益保障等民生热点难点问题为突破口，将城市发展与新农村建设相结合，统筹城乡规划建设，以环杭州湾、温台沿海、浙中城市群作为推进城市化的主体形态，努力实现以城带乡、以乡促城、城乡互促共进的新格局。

持续推进新型城市化建设，不断提升城乡一体化发展水平。2012年，浙江新型城市化工作会议要求，坚持以城乡统筹发展为主线，以推动大中小城市协调发展为重点，以体制机制创新为动力，着力增强城市高端要素的集聚能力，增强城市带动农村发展的辐射能力，构建以城带乡、以乡促

城、城乡互促共进的新型城市化发展机制，促进新型城市化与工业化、信息化、农业现代化同步发展，加快形成城乡一体化发展新格局。随后，浙江省政府制定出台了《浙江省新型城市化发展“十二五”规划》和《浙江省深入推进新型城市化纲要》，通过城乡规划先导机制、城乡产业互动机制、城乡设施共建机制、城乡生态共保机制、城乡民生共享机制、城乡协调管理机制、城乡人文共创机制、城乡要素配置机制，八大机制为城乡一体化发展提供制度保障。2014 年，浙江新型城市化工作会议要求，重点抓好“六个突出”：突出人的城市化，有序推进农业转移人口市民化；突出功能定位，进一步优化城市化布局和形态；突出创新功能，进一步增强城市可持续发展能力；突出生态建设，进一步改善城乡人居环境；突出文化传承，进一步提升城乡建设品位；突出深化改革，进一步健全城乡发展一体化机制。2017 年，浙江制定《加快推进新型城市化建设行动实施方案》，具体在推动基础设施和公共服务向农村延伸、激发农村资源资产要素活力、健全农村集体产权制度三个方面进行部署，加快推进城乡发展一体化。

进一步深入推进新型城市化建设，着力形成城乡区域经济社会发展一体化的新格局。当前，浙江已进入高水平高质量全面建成小康社会的关键时期。在这新的发展时期，浙江必须坚定不移地走新型城市化道路，按照创新、协调、绿色、开放、共享的发展理念，将新型城市化发展战略向纵深推进。一是坚持“以人为本”，推进农业转移人口市民化。城市化的本质是农村人口城市化。深入推进新型城市化，就是要推进农业转移人口市民化，提高户籍人口城市化率。因此，必须进一步加快户籍制度改革，促进农业转移人口在城镇落户；加强农业转移人口技能和文化培训，提高农业转移人口素质和融入城镇能力。二是深化配套改革，健全城乡发展一体化体制机制。深化“三权到人（户）、权跟人（户）走”改革，依法赋予抵押、担保、流转、转让等权能，支持引导进城落户农民依法有偿退出或转让“三权”。积极稳妥推进农村土地制度改革，加快集体经营性建设用地入市，创新和完善农村宅基地制度。建立城乡公用事业长效化运营、维护、管理机制，理顺市政公共产品和服务价格形成机制。进一步推进城市优质资源下沉，提高农村教育、卫生、养老、助残等公共服务水平。三是完善城镇规划体系，促进大中小城市（镇）和城乡协调发展。启动新一轮城镇体系规划修编工作，全面提升四大都市区核心区集聚辐射能力，进一步发展壮大省域中心城市，推进中心城区与周边县市协调发展、融合发展，大力推进县域经济向都市区经济转型。因地制宜实施“一城数镇”“小县大城”建设，积极培育新生中小城市和特色小城镇。科学编制村庄规划，积极推进中心村建设，合理引导农村居民点布局。四是彰显浙江特色，推动城乡建设转型升级。推进城市设计、村庄设计全覆盖，依托山水地貌优化城乡形态。加快推进城市有机更新，加强农房设计，全面提升城乡品质环境。加强历史文化名城、名镇和街区、村落保护利用，突出自然风貌和文化特色，打造具有浙江记忆、彰显江南特色的城乡风貌。

三、求真务实：推进城乡一体化发展的理论与现实意义

“统筹城乡发展，推进城乡一体化”在浙江精神的引领和激励下得以顺利而成功的实施，其根本经验就在于充分释放了浙江人民奋发图强、勇于创新、敢为人先的发展活力，也充分体现了浙江人民求真务实、讲求实效、和谐诚信的精神特质，走出了一条以人为本、立足民力、注重民富、实现民享的发展之路。

（一）城乡一体化是历史发展的规律使然

城乡一体化是在生产力发展到一定水平、城市化发展到一定阶段时，城乡之间由分离对立走向融合协调的持续发展过程，这是一个长期的、动态的演进过程。在城乡关系上，社会主义的理想和本质要求：城市与乡村平等发展、融合发展、协调发展，城乡差距逐步缩小，逐步形成平等互惠、优势互补、相互依存、互促互进的可持续发展格局。

城乡关系的产生是由于社会分工造成的，并沿着“城乡混沌→城乡分离→城乡对立→城乡融合”的历史脉络而演进。工业化以前的农业社会，生产力水平低下，社会分工不明确，城市从乡村中诞生，乡村是城市的摇篮，乡村在社会系统中占据主导地位。工业革命之后，社会分工不断深化，工业化的生产方式加速了城市发展，因聚集而产生的规模效应使城市占据了社会主导地位且不断自我强化，城市成为政治、经济、社会和文化的中心，而乡村发展相对滞后，城乡发展不平衡，城乡差异越来越大，城

乡分离并走向对立，从而形成二元结构的社会形态。随着城市规模的不断扩大，高密度集聚与空间有限性的矛盾渐渐突出，集聚不经济的压力迫使城市向周边乡村扩散，寻求在更广阔的区域范围内进行资源整合，城市和乡村逐步走向融合。这种融合让城市和乡村相互吸纳、互为补充，城乡差别不断缩小，最终实现城乡一体化。

城乡一体化是城市化发展到高级阶段的形态，是人类社会发展的必然归宿。马克思恩格斯的城乡关系理论认为，城市的工业化和现代化发展使城乡之间产生了尖锐对立，这种对立贯穿于人类现代文明的历史并将长期延续下去。城乡的分离对立也就是社会的不协调，是社会进一步发展的障碍，未来的社会不是固化城乡的分离，而是实现城乡融合。① 所谓城乡融合就是“将结合城市和乡村生活方式的优点而避免两者的偏颇和缺点”，并“通过消除旧的分工，进行生产教育、变换工种、共同享受大家创造出来的福利，使全体成员的才能得到全面发展”。② 马克思主义城乡融合理论是建立在总体方法论基础上的科学发展观，是指引我国城乡一体化发展的理论基石。

缩小并最终消除历史形成的城乡差距是社会主义理想和本质要求，也是全面建成小康社会和社会主义现代化建设所必须解决的现实问题。通过城乡一体化发展实现上述宏大目标是习近平同志治国理政过程中作出的一项重大战略选择。这一战略选择深刻地体现了马克思主义总体方法论在理想与实践、历史与现实、全局与局部辩证统一中前行的实践旨趣。

（二）城乡一体化本质要求“以人为本”

城市与乡村属于区域空间系统中两个互为关联的异质空间子系统。城市就是城市，乡村就是乡村。城市与乡村属性不同、功能不同，但承载着同等重要的价值，需要有机地结合在一起。所以，城乡一体化并不是城乡一元化，既不是乡村城市化，也不是城市乡村化，更不是城乡一样化、均质化，而是消除不平等的城乡二元结构体制，消除市民与农民在就业、社会保障、政治地位等方面的差别，改变城乡截然分开和对立的局面，实现

---

① 叶昌友、张量：《论马克思、恩格斯的城乡融合思想》，《求索》2009 年第 12 期。

② 《马克思恩格斯文集》第 2 卷，人民出版社 2009 年版，第 689 页。

城乡有机融合。城乡一体化的本质是“城乡融合”，这就要求“以人为本、权利平等”，无论是市民还是村民，在政治、经济、教育、社会活动中均享有平等机会、平等权利和平等地位，“使全体成员的才能得到全面发展”。

党的十六届三中全会确立了以人为本，全面、协调、可持续发展的科学发展观。科学发展观的核心是以人为本的理念和统筹兼顾的思想，按照“五个统筹”的要求，正确处理加快发展与改善民生的关系，以确保经济社会的全面协调可持续发展。在新中国成立后相当长一段时期的建设中，没有坚持以人为本和统筹兼顾，把“三农”问题只简单化为农业问题，只强调农业要为国民经济发展作贡献，农民要为国家建设作奉献，忽视增进农民利益和保护农民权益。改革开放以来，在工业化、城市化、市场化加速推进过程中，由于受到片面追求经济增长速度的思想认识影响和城乡分割的二元体制制约，出现了损害农民利益搞建设的一些倾向，致使农业增效难、农民增收难和农村发展难的三农问题未能得到根本解决。对此，习近平同志强调：务必以人为本谋“三农”，要明确“三农”问题的核心是农民问题，农民问题的核心是增进利益和保障权益问题；要把切实提高农民素质、实现人的全面发展，作为“三农”工作的根本出发点和落脚点，实现好、维护好、发展好农民的物质利益和民主权利，不断增强农民群众的自我发展能力。①

“以人为本”的城乡一体化必须统筹城乡发展，充分发挥城市与乡村各自优势，实现城乡经济共同繁荣，城乡居民共同富裕，逐步形成所有公民平等共享发展成果的、融合的、协调的社会结构。统筹城乡发展的最终目的在于改变长期以来形成的城乡二元结构，改变农民相对于市民的弱势面貌。因此，必须坚持以人为本，从农民的根本利益出发谋发展、促发展，不断满足农民日益增长的物质文化需要，切实保障农民的权益。正如《中共中央关于全面深化改革若干重大问题的决定》中所强调的，要赋予农民更多财产权利，保障农民集体经济组织成员权力和集体收益分配权，保障农户宅基地用益物权，依法维护农民土地承包经营权，维护农民生产要素权益，保障农民同工同酬。切实维护和保障农民自由迁移的权利。要

① 习近平：《之江新语》，浙江人民出版社 2007 年版，第 102 页。

通过富裕农民、提高农民、扶持农民，让农业经营有效益，让农业成为有奔头的产业，让农民成为体面的职业，让农村成为安居乐业的美丽家园。

（三）城乡一体化是解决“三农”问题的根本出路

“三农”问题是中国的根本问题。过去我们党依靠农民取得了中国革命的胜利；新中国成立后，我们在“一穷二白”的基础上，主要依靠农业为工业提供积累，农村支持城市发展，农民为推进国家工业化作出了重大贡献，同时也形成了城乡分割的二元结构，导致农村发展严重滞后；改革开放以来，工业化、城市化、市场化加速推进，在片面追求经济增长速度和城乡分割二元体制的制约下，致使农业增效难、农民增收难和农村发展难，城乡差距不断扩大。如果不能解决好“三农”问题，城乡差距扩大的趋势得不到遏制，大量的农民不能转为安居乐业的市民，全面建成小康社会的目标就不可能实现，甚至会陷入社会动荡、有增长无发展的现代化“陷阱”。对此，党中央高度重视，党的十六大以来，解决好“三农”问题一直作为全党工作的重中之重，要求统筹城乡经济社会发展，把建设现代农业、发展农村经济、增加农民收入作为全面建设小康社会的重大任务。

浙江改革开放以来能取得令人瞩目的成就，很重要的一条，就是始终重视“三农”问题，不脱离农业抓工业化，不脱离“三农”抓城市化，以农村经济和农民收入的快速增长推动全省经济持续快速发展。从一定意义上讲，浙江步子快主要是农村发展快，浙江经济活主要是农村搞得活，浙江人民富主要是农民率先富。浙江农民人均纯收入一直稳居全国省区第1位。一方面，浙江大力发展高效生态农业，进一步解放农村剩余劳动力，千方百计增加农民收入；另一方面，不失时机地加快城市化进程，进一步拓展第二、三产业的发展空间，把推进产业结构战略性调整与劳动力结构战略性调整结合起来，把推进城市化与新农村建设结合起来，把推进发达地区加快发展与欠发达地区跨越式发展结合起来，把推进农村经济发展与农村社会进步结合起来，努力探索城乡区域联动、经济社会协调的发展路子。正是基于对城乡发展规律的科学把握和对浙江发展历程的经验总结，习近平同志指出：城乡一体化是解决“三农”问题的根本出路，并信心满满地认为，浙江有条件、有必要、有责任抓好城乡统筹，逐步破除城乡二元结构，加快推进城乡一体化，率先在全国走出一条以城带乡、以工促农、城乡一体化发展的路子。①

“三农”问题仅靠自身发展是不可能得到根本解决的，这是“三农”自然属性所决定的。就“三农”论“三农”，已经难以从根本上解决“三农”问题，只有跳出“三农”抓“三农”，顺应历史发展规律，按城乡一体化的发展要求推进城乡的统筹发展、集约发展、和谐发展、创新发展，才能切实打破农业增效、农民增收、农村发展的体制性制约，从根本上破解“三农”难题。党的十八大报告明确指出：解决好农业农村农民问题是全党工作重中之重，城乡发展一体化是解决“三农”问题的根本途径。要加大统筹城乡发展力度，增强农村发展活力，逐步缩小城乡差距，促进城乡共同繁荣。坚持工业反哺农业、城市支持农村和多予少取放活方针，加大强农惠农富农政策力度，让广大农民平等参与现代化进程、共同分享现代化成果。

城乡一体化发展就是要把城市和农村的经济和社会发展作为整体统一规划、通盘考虑，把城市和农村存在的问题及相互关系综合起来研究、统筹加以解决。要从全局的高度统筹城乡发展，把“三农”问题放在整个国民经济运行中加以解决，农业现代化与工业化、信息化、城镇化同步发展、统筹推进。要坚定不移地推动信息化和工业化深度融合、工业化和城镇化良性互动、城镇化和农业现代化相互协调，促进城镇发展与产业支撑、就业转移和人口集聚相统一，促进城乡要素平等交换和公共资源均衡配置，推进城乡统一要素市场建设，推进城乡规划、基础设施和公共服务一体化，完善城乡发展一体化体制机制，逐步形成以工促农、以城带乡、工农互惠、城乡一体的新型工农、城乡关系。

（四）深化改革是推进城乡一体化的强大动力

改革开放是全面建设小康社会和社会主义现代化建设的根本动力，也是推动农村经济社会发展和城乡一体化发展的强大动力。从家庭联产承包责任制开始的农村改革，极大地解放和发展了农村生产力，激发了广大农民群众的积极性，也推动了整个经济体制改革。但随着社会主义市场经济

① 习近平：《干在实处　走在前列——推进浙江新发展的思考与实践》，中共中央党校出版社2006年版，第157页。

体制改革的深入发展，城乡改革不配套、不协调等问题日渐突出，城乡分割的二元结构和制度安排，特别是在户籍制度、劳动就业、社会保障、教育卫生等方面，严重制约着城乡一体化的推进，城乡区域发展差距和居民收入分配差距依然较大，社会矛盾明显增多。当前，我国最大的发展差距仍然是城乡差距，最大的结构性问题仍然是城乡二元结构。要从根本上解决这些问题，必须坚定不移地坚持改革开放，只有改革开放才能发展农村、发展中国。发展永无止境，改革也永无止境。只有不断深化改革，才能破解城乡壁垒，解决城乡矛盾，给农民以公平的国民待遇、完整的财产权利和平等的发展机会，才能为缩小城乡差距开辟道路。

浙江率先发展的成功经验表明，改革开放是推进发展的强大动力，也是推动城乡一体化发展的强大动力。改革开放以来，浙江通过积极推进市场化取向改革，形成了体制和机制优势。浙江率先推进农村工业化和市场化，率先推进乡镇企业股份化和城市化，率先推进城乡一体化和经济外向化。正是这些率先推进和不断深化的改革，使得浙江经济社会发展始终充满生机与活力。当然，城乡一体化发展的道路还很长，还面临着诸多难题和挑战，尤其是一些根本性的体制障碍严重阻碍了城乡一体化的深入推进，如户籍、土地、就业等管理制度。因此，必须坚定不移地以更大的政治勇气和智慧深化改革，按照统筹城乡配套改革的要求，加快推进户籍、土地、就业等管理制度改革，加快推进财政体制和行政管理体制改革，加快推进农村金融体制和农村综合改革，不断完善有利于促进城乡一体化发展的体制机制。

破除长期沉积下来的固化的城乡二元结构，是全面深化改革的难点和重点。党的十八届三中全会决定：“健全城乡发展一体化体制机制，形成以工促农、以城带乡、工农互惠、城乡一体的新型工农城乡关系，让广大农民平等参与现代化进程、共同分享现代化成果。”具体从“加快构建新型农业经营体系、赋予农民更多财产权利、推进城乡要素平等交换和公共资源均衡配置、完善城镇化健康发展体制机制”四个方面进行了全面部署。多年的实践和结果表明，“补贴农业、建设农村、帮助农民”并没有缩小城乡差距，市场机制的“城市偏好”会不断强化城乡二元结构。所以，发挥市场机制的决定性作用，首先必须从制度上进行彻底改革，解除人为设置的城乡二元体制，建立健全城乡发展一体化的体制机制，为实践、实现城乡一体化提供制度保障。一方面，必须赋予农民更多财产权利。如赋予农民对集体资产股份的占有、收益、有偿退出以及抵押、担保、继承权，赋予农民对承包地的占有、使用、收益、流转以及承包经营权的抵押、担保，赋予农民住房财产权的抵押、担保、转让，保障农民集体经济组织成员权利，保障农户宅基地用益物权，增加农民财产性收入。另一方面，必须建立城乡统一的产权制度和市场体系。如构建新型农业经营体系，推进多种经营共同发展的农业经营方式创新，发展农村合作经济，鼓励土地承包经营权在公开市场上流转，发展规模化、专业化、现代化经营，向农业输入现代生产要素和经营模式；推进城乡要素平等交换和公共资源均衡配置，维护农民生产要素权益，保障农民公平分享土地增值收益，统筹城乡基础设施建设和社区建设，推进城乡基本公共服务均等化；完善城镇化健康发展体制机制，推进以人为核心的城镇化，改革户籍管理制度，推进农业转移人口市民化。总之，只有将赋予农民更多财产权利与城乡统一的产权制度、市场体系等体制机制统筹共建，才能确保广大农民平等参与现代化进程、共同分享现代化成果。

第六章　弘扬人与自然“和谐”精神，引领创建“绿色浙江”生态省

浙江精神作为具有浙江地方特色的群体意识、精神状态、价值取向和思想境界，在浙江生态文明建设推进过程中得到充分运用和集中体现。浙江实施生态省战略以来从打造“绿色浙江”到建设“美丽浙江”、再到“诗画浙江”大花园，推进一系列环境污染治理行动，特别是坚持走“绿水青山就是金山银山”的绿色发展之路，体现了浙江人对世纪之交转型时期客观存在的环境污染问题能够做到“求真务实”，治理到底，对如何处理好人与自然关系能够做到“诚信和谐”、共生共进，对培育新时代绿色发展新优势能够做到“开放图强”、创新驱动。在“浙江精神”引领下总体性推进生态文明建设和绿色发展，谱写新时代高质量发展的浙江生态篇章。建设“绿色浙江”生态省战略既从浙江当时经济社会发展水平和生态环境实际状况出发，又着眼于与科学发展观这个重大纲领对齐，统筹人与自然和谐发展，为浙江生态文明建设工作全局提供正确指导和预见引领，体现与“四个全面”“五大发展理念”是精神契合、逻辑贯通、理论升华的关系。多年来浙江按照“绿水青山就是金山银山”的路子谋划浙江绿色发展格局，制定实施一系列重要生态文明建设保障制度并取得显著成效，特别是对安吉、桐庐、开化、海盐等地区，探究其生态保护、生态经济、生态评估等特色绿色发展和生态治理模式。党的十八大以来，中央制定了许多促进生态文明建设的制度和措施，党的十八届五中全会进一步提出的绿色发展理念，其中都蕴含着浙江生态文明建设试点示范的创新探索和长期积累的成功经验。理论和实践再次证明在“两山理论”的指导下，浙江的绿色发展已经走在全国前列、正在引领绿色发展潮流。

一、敢为人先的首创精神激励浙江率先提出打造“绿色浙江”

改革开放初期，浙江农村集体和农民在自己门口办起来一大批劳动密集型小作坊、小企业，为浙江经济发展和居民收入水平提高注入强大动力。然而，数量众多的高污染、高耗能企业产业层次低、经营规模小、空间分散等弊端，产生大量废水、废气、固体废物，给生态环境安全和人民身体健康带来严重威胁。习近平任浙江省委书记期间，不仅在“八八战略”中提出打造“绿色浙江”，建设生态省，也为浙江经济可持续发展提出了总体方略，为浙江如何建设生态省提出具体办法，即“绿色青山就是金山银山”的科学论断。因此，“两山理论”不仅着眼于当时浙江生态环境实际问题，而且从生态资源比较优势出发，为实现“绿色浙江”战略目标指明方向。

（一）浙江生态资源优势与环境污染压力并存的现实状况

经济在发展，环境却在污染。改革开放以来，浙江发展速度越来越快，但也随之带来资源能源消耗日益增加、生态环境压力日益加大等问题。21 世纪初，浙江城乡环境问题确实非常突出。从农村看，生态破坏日益严重，农业环境受到严重冲击，农民利益受到极大伤害。从城市看，环境承载力越来越不堪重负，“城市病”严重影响城市经济发展效率和城市居民的幸福感。城乡居民对环境污染的焦虑和不满越来越突出，生态环境问题确实已成为制约浙江实现建设小康社会的“短板”和“瓶颈”。2000 年至 2004 年东部地区中，浙江省环境污染与破坏事故发生次数一直高于其他省份（见表 1、表 2），2000 年和 2001 年环境污染破坏事故每年发生 179 次，2003 年环境污染破坏事故发生次数高达 229 次。从环境污染破坏事故类型上看，2000 年至 2004 年浙江省水污染和大气污染事故占比较大。其中，2003 年水污染事故发生 176 次，大气污染事故发生 49 次。可见，尽管浙江省生态资源比较丰富，这固然是浙江生态文明发展的比较优势，但同时也不可忽视 21 世纪初浙江的环境污染已经达到非常严重的程度。

表 1　2000 年至 2004 年东部部分地区环境污染与破坏事故发生次数（单位：次/年）

地区	2000 年	2001 年	2002 年	2003 年	2004 年
辽宁	94	59	26	17	19
上海	8	10	6	10	7
江苏	98	30	37	30	50
浙江	179	179	164	229	80
福建	32	50	18	22	7
山东	89	86	79	34	88
广东	127	49	59	49	42
海南	4	14	6	4	10

资料来源：《中国统计年鉴》（2001—2005 年）。

表 2　2000 年至 2004 年浙江省按类型分环境污染与破坏事故发生次数（单位：次/年）

年份	水污染	大气污染	固体废物污染	噪声与振动危害	其他
2000	118	51	4	3	3
2001	153	22	2	—	2
2002	134	27	3	—	—
2003	176	49	1	—	3
2004	50	27	2	—	1

资料来源：《中国统计年鉴》（2001—2005 年）。

浙江作为资源小省、经济大省，如何处理好经济发展与环境保护的关系，真正实现可持续发展？历届省委一直在思考这个关乎浙江子孙后代的重大问题。2002 年 6 月，省第十一次党代会提出建设“绿色浙江”。2002 年 12 月，来浙江工作不久的习近平同志，在主持省委十一届二次全会时就提出，要“积极实施可持续发展战略，以建设‘绿色浙江’为目标，以建设生态省为主要载体，努力保持人口、资源、环境与经济社会的协调发展。”在习近平同志的高度重视和大力推动下，浙江于 2003 年 1 月成为全国第 5 个生态省建设试点省。在 2003 年 7 月召开的省委十一届四次全会上，习近平同志把“进一步发挥浙江的生态优势，创建生态省，打造‘绿色浙江’”作为“八八战略”的重要内容，并成为指导浙江发展的总纲。

（二）“两山”理念是建设“生态省”和实现“绿色浙江”的理论指针

2005 年 8 月，习近平同志在浙江省安吉县天荒坪镇余村考察调研时指出，“我们既要绿水青山，也要金山银山。”“绿水青山就是金山银山。”我们把这一重要思想简称为“两山理论”。一山指绿水青山，代表良好的生态环境，另一山指金山银山，代表经济发展带来的物质财富。“两山理论”从坚持人与自然的总体性出发。一方面在理论上揭示了全面协调生态环境与生产力之间的辩证统一关系，在实践上丰富和发展了马克思主义关于人与自然关系的总体性理论。另一方面，鲜活地概括了有中国气派、中国风格和中国话语特色的绿色化战略内涵，折射出理论光辉映照美丽中国走上绿色发展道路。

二、求真务实的改革精神支撑全面创新探索建设“绿色浙江”

“两山理论”激活了浙江山水，指导“生态浙江”建设开工早、质量高、“美丽浙江”越来越好；激励了浙江人民，引领浙江建成高水平的全面小康社会山更青、水更绿、天更蓝、“美好生活”越来越富。浙江在2003年就在全国率先提出生态省建设发展目标，积极把生态资源比较优势转化为现代生态循环农业、生态工业、生态旅游等生态经济竞争优势，以发展特色生态经济为抓手推动生态文明建设战略创新，努力走出一条绿色引领、生态富民、美丽乡村的新路。浙江从创建“生态省”开始，“八八战略”既从浙江当时经济社会发展水平和生态环境实际状况出发，又着眼于与科学发展观这个重大纲领对齐，统筹人与自然和谐发展，提出打造“绿色浙江”战略目标。在建设“绿色浙江”“生态省”的过程中，浙江在“两山理论”指导下，积极探索区域绿色发展的体制创新与实践模式，形成示范、成效显著、积累宝贵经验。绿色浙江呈现新面貌，地表水和空气质量持续好转，美丽乡村建设深入推进，节能减排完成预定目标。

（一）建设“绿色浙江”的体制机制创新探索

浙江省第十三届委员会第五次全体会议通过建设美丽浙江创造美好生活的决定，这是建设美丽中国在浙江的具体实践，也是对历届省委提出的建设绿色浙江、生态省、全国生态文明示范区等战略目标的继承和提升。浙江始终注重生态资源与生产要素之间的良性互动，从“八八战略”的“绿色浙江”“生态浙江”到如今“五水共治”“三改一拆”“四换三名”“美丽经济”，循环经济发展提速，生态经济发力崛起，产业转型升级成效显著。通过创新生态扶贫方式、完善生态补偿机制、探索排污权有偿使用和交易规则、调整领导干部绩效考核办法、实施任期生态保护责任制、全省全面实施“河长制”等制度创新，一方面巩固生态治理成果，另一方面强化生态治理主体责任，增强各级政府生态治理能力。一张蓝图绘到底，一任接着一任干，当前浙江正处在生态省建设的提高阶段，在生态文明建设方面，浙江的先行探索与成功实践是新的历史发展阶段美丽中国建设的先声，是形成绿色发展理念的积淀。

1. 率先建立并不断完善生态补偿机制

浙江对于生态补偿的探索起步较早，如浙江省财政厅对钱江源头地区的补助办法出台、嘉兴的排污权交易中心挂牌。2005 年浙江省政府把生态补偿解释为资源环境的利用开发受益者，有责任向提供优良生态环境的地区和人们提供适当的经济利益补偿。因经济社会活动对生态环境造成破坏或污染的，责任主体不仅有责任修复生态环境，而且有责任为此对受损者作出适当的经济赔偿。2008 年浙江省政府全国首创提出全面实施生态补偿机制。

遵循“谁贡献大，谁多得益”原则，制定《浙江省人民政府关于进一步完善生态补偿机制的若干意见》。浙江省财政用于生态补偿的资金总量一年一定，并将逐年增加。2007 年浙江省财政决定拨出 6 亿元，依据《浙江省生态环保财力转移支付试行办法》，对各个地区进行生态环保财力转移支付。其中，1.8 亿元用于补偿省级以上公益林（30%），1.2 亿元用于补偿大中型水库面积（20%），分别有 1.8 亿元和 1.2 亿元用于水和大气环境质量的补偿。2007 年底，浙江在全国率先建成了最先进的环境质量自动监控网络，测算各地环境质量的状况，使得浙江省财政厅相应的生态补偿能够得到具体的量化。各地所获得生态补偿总额是公益林、大中型水库、水和大气环境质量四方面的总和。以淳安为例，淳安的生态补偿金在全省最多，有 5428 万元，很大一部分原因是淳安的公益林是全省最多的，有近 194 万亩，而全省 45 个源头市县总共才 2371 万亩。淳安仅公益林的补偿约为 1472.8 万元。

浙江省财政进行生态补助的是境内八大水系（钱塘江、曹娥江、甬江、苕溪江、椒江、鳌江、瓯江、运河）干流和流域面积 100 平方公里以上的一级支流源头及流域面积较大的市县，包括杭州、开化、安吉等45个市县。例如2007年淳安得到5428万元的生态补偿金，为全省得到补偿最多的地区。八大水系的源头地区，都是重要生态功能区，承担了十分重要的生态保护和建设任务，当地的经济社会发展也因此受到诸多制约，它们应该得到相应的经济回报。

生态公益林具有很重要的社会效益和生态效益，而公益林生态效益补偿金大幅提高，有利于进一步调动林农造林、护林的积极性，维护全市生态安全，良好的生态公益林对社会的环境支撑也越来越好，所发挥的生态效益也越来越强。从2013年起，临海公益林生态效益补偿金标准，由每亩15元提高到每亩17元，临海共有75万余亩生态公益林，[①] 获得1303.63万元的专项补偿金。全省林农正在从公益林生态效益补偿政策中普遍受惠。根据“两年调整一次，一次增加2元”的稳定增长机制，我省森林生态效益补偿标准由2004年每亩补助8元，提高到2011年的每亩补助19元，一直到现在的25元。省级以上公益林（不含宁波）的补偿面积从2004年2520万亩增扩到2013年的3794万亩。2004年以来全省各级财政（含中央财政）已累计投入省级以上公益林补偿资金54.5亿元，全省90多万户农户、1.5万余个村集体组织、231个国有管护单位和2.1万名护林员从中受益。

2015年浙江省将省级以上公益林最低补偿标准由每亩21元再提高到每亩25元，每亩增加4元，全部用于对林农的补偿性支出，增量资金1.48亿元由省财政全额承担。[②] 同时，继续按照“两年调整一次，一次增加2元”的稳定增长机制，对2014年以后的省级以上生态公益林逐步提高补偿标准。公益林生态效益补偿金从2004年开始的7.5元到2013年的17元，翻了近3番。这笔资金都是直接划拨到林权所有的集体和个人提供的

① 2013年临海森林覆盖率达63.3%，有林地面积225.59万亩，其中国家级公益林4.66万亩，省级公益林70.65万亩，公益林约占全市林地面积的33%，总生物量479.51万吨，年增长量40.31万吨。重点公益林调节水量1.28亿吨，减少土壤流失量177.62万吨，吸收二氧化碳76.16万吨，释放氧气47.97万吨，植被固碳17.92万吨。

② 调整后的每亩25元补偿标准位为全国省级最高补偿标准，只有森林面积较少、森林覆盖率较低的江苏达到了这个标准。

银行账户上，目前该笔资金已及时、足额划拨到位。省级公益林补偿标准提高到每亩25元，开化县林农按照最新补偿标准，699亩公益林，除去统筹的管护经费，可以领到14679元补偿资金，比去年整整多领4194元。而且自从山林被划为公益林，巡山、管护都有专职护林员，不用自己上山看管林木，获得的补贴还一年比一年多。

2. 全省实施“河长制”保障“五水共治”落实到位

2013年浙江省委、省政府提出治污水、防洪水、排涝水、保供水、抓节水的“五水共治”工作方案，启动了浙江省“五水共治”全面铺开。“五水共治、治污先行”，在水环境治理方面，强调要坚持长效导向、完善体制机制、抓好河长制等制度建设，在全省全面落实“河长制”，提出做到污染物排放明显下降，地表水质明显改善，确保饮用水源全面达标，黑水河道全面消除的治理目标。

第一，浙江全省实施“河长制”体现生态治理机制创新要坚持问题导向。党的十八大报告强调，要加强环境监管，健全生态环境保护责任追究制度。只有实行最严格的制度、最严密的法治，才能为生态文明建设提供可靠保障。“一分部署，九分落实”，全面深化改革要高度重视改革方案的制定和落实工作，确保改革改有所进、改有所成，对通过的方案要查哨查铺，确保落实到位。浙江在全省全面实施“河长制”就是扎扎实实抓生态环境保护责任落实的生动体现，就是认认真真抓“两美浙江”战略落实的具体实践。“河长制”的机制优势在于有利于调动行政和经济资源，及时、有力解决水环境突出问题，巩固河道综合整治成果。

第二，浙江全省实施“河长制”说明生态治理机制创新要严抓具体落实。通过条条河道设“河长”，创新水环境治理机制，浙江省成为全国首个在全省各级河道实施“河长制”管理模式的省份。跨设区市的6条水系干流河段，已分别由省领导担任“河长”，市、县、乡镇的主要负责人担任辖区内河道“河长”，各级河长负责包干河道水质和污染源现状调查、制定水环境治理实施方案、推动落实重点工程项目、确保完成水环境治理目标任务。到2013年底，省、市、县、镇（乡）各级河道都已经实施“河长制”，确定了各级“河长”人员名单。“河长制”工作实行分级考核采用定期考核、日常抽查和社会监督相结合的方式，考核结果纳入五水共治考核和各级生态建设考核体系。“河长制”实行信息公开和严格考核制度，定期发布省内设区市、市（区、县）治水的成效，依靠司法监督、公众监督和媒体监督“河长制”实施情况。根据河道的性质，由各级党委、人大、政府、政协负责人担任辖区内河长，负责牵头组织开展包干河道水质和污染源现状调查、制定水环境治理实施方案、推动落实重点工程项目、协调解决重点难点问题，做好督促检查，确保完成水环境治理目标任务的工作责任制。

第三，浙江全省实施“河长制”表明生态治理机制创新要坚持系统思维。“不谋万世者，不足谋一时”。2013 年底，浙江全省、市、县、镇（乡）河道实现了“河长制”全覆盖，落实了治水责任，抓住了问题关键，使“五水共治”目标任务落到了实处。全面实施“河长制”本质上是对水污染防治责任制的机制改革与制度创新，敢于直面并破解区域可持续发展面临的突出矛盾和难题，具有真正的“问题意识”并坚持“敢于担当”精神，体现了经济发展与环境治理并行、转型升级与“美丽浙江”共存的新理念，为浙江打造经济发展的新常态、赢得全面深化改革的新红利提供了有力的制度保障。浙江还把“三改一拆”“四边三化”作为推进生态文明建设的重要举措，着力改造城中村、改造旧厂区、改造旧住宅区，拆除违法建筑；在公路边、铁路边、河边、山边等区域等“四边区域”开展洁化、绿化、美化行动。在深化“三改一拆”行动基础上，开展“无违建县（市、区）”创建活动，包括无既有违法建筑、无新增违法建筑、无规划盲区、无管理死角、无非法“一户多宅”等方面。

因此，浙江省全面实施“河长制”较好地处理了“河长制”与工业污水源头治理的关系，“河长制”与各级干部考核的关系，“河长制”与环境执法有力保障的关系。从依法行政和协同治理的视角看，“河长制”的优化方向是进一步走向规范化、程序化、专业化，把抓落实作为生命线、主旋律，更好发挥环境责任追究制度的约束力，为“两美浙江”战略落实提供更加完善的制度保障，为“五水共治”体制机制建设提供可靠的法律遵循。

2014 年浙江省全面实施“十百千万治水大行动”，建立健全五级“河长制”，消灭垃圾河 6496 公里，整治黑臭河 4660 公里，新建污水管网

3130公里，33家城镇生活污水处理厂完成一级A提标改造，没有污水处理设施的69个建制镇全面启动污水处理设施建设、完成61个。城市防洪排涝、城乡供水等水利设施建设全面推进。加强大气环境治理。全面实施大气污染防治行动计划，启动实施20台燃煤机组“近零排放”技术改造，淘汰改造燃煤小锅炉3353台，淘汰黄标车和老旧车38万辆，积极做好油品升级。全省雾霾天数比上年下降17%，PM2.5平均浓度下降13%，设区市空气质量优良率达到75.5%、提高7.1个百分点。加强城乡环境治理。深入推进“三改一拆”，健全依法治违长效机制，改造旧住宅区、旧厂区、城中村1.84亿平方米，拆除违法建筑1.66亿平方米。深入推进城市治堵，新增专用和公共停车位16.9万个，设区市城市公共交通分担率平均提高2个百分点。积极推进农村生活污水治理，6120个村完成治理、受益农户150万户。加强节能减排。强化能源消费总量和能耗强度控制，实施主要污染物总量指标量化管控制度，推进高耗能重污染行业整治，依法严厉打击破坏环境犯罪行为。全省单位生产总值能耗下降6%左右，化学需氧量、二氧化硫、氨氮和氮氧化物等减排指标全面完成国家下达的目标任务。

3. 改革26个县考核机制，推进绿色发展

浙江省根据不同区域的主体功能定位，实行发展要求、评价指标和权重不同的差异化考核。修订市、县、区党政领导班子和领导干部综合考核考评实施办法及其指标体系，进一步完善生态文明建设评价体系，建立差异化绩效考核评价体系。浙江省大力实施统筹城乡区域发展战略，不断加强帮扶开发，有力推动了淳安等26个欠发达县经济社会发展和城乡居民增收。① 浙江在市场化、工业化、城市化快速推进的形势下，大力实施统筹城乡区域发展战略，相继实施“欠发达乡镇奔小康工程”“山海协作工程”“低收入群众增收行动计划”“重点欠发达县特别扶持政策”“低收入农户收入倍增计划”等一系列政策举措，有力推动了26县经济社会加快发展，

---

① 26个原欠发达县（市、区）名单：淳安县、永嘉县、平阳县、苍南县、文成县、泰顺县、武义县、磐安县、柯城区、衢江区、江山市、常山县、开化县、龙游县、三门县、天台县、仙居县、莲都区、龙泉市、青田县、云和县、庆元县、缙云县、遂昌县、松阳县、景宁畲族自治县。《照着“绿水青山就是金山银山”的路子走下去》，《浙江日报》2015年2月28日。

全省 26 县人均生产总值已接近全国县级平均水平，26 县的经济总量、财政收入、城乡居民收入水平，大多已超过全国县域经济的平均水平，社会保障标准高于全国平均水平。为激励各县进一步绿色崛起、加快发展，省委、省政府拟出台《关于推进淳安等 26 县加快发展的若干意见》。推进 26 县加快发展，是浙江全面贯彻落实中央“四个全面”战略布局、深入推进“八八战略”、践行“绿水青山就是金山银山”重要论断的新行动，是推进转型升级“组合拳”的新举措，是生态文明建设条件下推进区域协调发展的新实践，是加快“两富”“两美”浙江建设的新战略。

推进绿色发展，实现生态富民，最核心就是要坚定不移地照着“绿水青山就是金山银山”这条路子走下去。摘掉“欠发达县”帽子、推进 26 县加快绿色发展，必须坚持绿色发展，大力发展生态产业，推广实行主要污染物排放财政收费制度，探索实施以单位 GDP 能耗为基础的节能量交易制度，走出一条绿色发展、生态富民、科学跨越的新路子。要坚持分类指导，对国家重点开发区域和省重点开发区域的县，要更加注重加快新型工业化和新型城市化进程；对省级重点生态功能区的县，要更加注重生态屏障建设与环境保护；对介于重点开发区域和重点生态功能区之间的县，要更加注重统筹发展与生态环境保护关系。要坚持政策创新，建立健全民生导向的一般性转移支付制度，建立健全发展导向的专项转移支付制度，建立健全环境导向的生态补偿制度，增强 26 县加快发展的动力。要围绕“两富”“两美”浙江建设总目标，以建设生态文明为导向，以转变发展方式为主线，进一步落实主体功能区规划，进一步优化发展定位、空间布局、产业结构，进一步支持培育生态产业、提升民生水平、增加居民收入、完善基础设施、加强生态建设，进一步增强生态经济“造血”功能和内生发展动力，进一步完善发展绩效评价机制。加快成为浙江乃至全国“绿富美”的标兵，为更快更好地实现全省区域协调发展，为浙江率先全面建成小康社会做出积极贡献。推进 26 县加快绿色发展，就是要切实保护好绿水青山，增强生态环境支撑力，充分发挥地处山区的环境资源优势，将生态优势转化为实实在在的发展优势，以舍我其谁的担当精神始终走在“绿水青山就是金山银山”这一创新实践的前列，让“绿水青山就是金山银山”的路子越走越宽广。

（二）建设“绿色浙江”的基层实践探索

为了落实浙江省生态文明建设的总体战略部署，各级政府发挥主观能动性和基层首创精神，积极探索多种符合当地生态优势的生态文明建设模式，取得丰硕成果，积累宝贵经验，形成很多特色鲜明的生态文明建设示范区和国家级生态县（见表3）。比如安吉按照标准化推进美丽乡村建设、桐庐建成城乡统筹发展的最美县城、开化打造国家公园守住生态红线、海盐编制绿色发展报告自我评估等试验做法，为浙江绿色发展带了好头、打好样板。

表3　浙江省国家生态县（市、区）名单

时间	地区	数量
2006年	安吉县	1
2011年	义乌市、临安市、桐庐县、磐安县、开化县	5
2014年	德清县、嘉善县、杭州市西湖区、宁波市镇海区、洞头县、天台县、长兴县、云和县、遂昌县、泰顺县	10
2016年	杭州市余杭区、淳安县、宁海县、仙居县、庆元县、杭州市江干区、象山县、新昌县、湖州市吴兴区	9
累计	浙江省	25

1. 杭州生态环境提升为G20峰会增添生机活力

2016年，杭州举办了G20峰会，杭州之所以能够成为峰会举办城市，与杭州城市生态环境不断提升息息相关。杭州在坚持实施“环境立市”、建设生态型城市、抓好全国生态文明试点建设、深入推进生态文明建设等各项工作的基础上，始终以“绿水青山就是金山银山”为指导，以“努力成为美丽中国建设的样本”为目标，以“美丽杭州”建设为主要载体，努力争当生态文明建设的实践者，美丽中国建设的先行者，更加扎实地推进生态文明建设各项工作“干在实处　走在前列”，在建设美丽浙江创造美好生活中发挥龙头领跑，示范带动作用。

杭州市全面部署加快建设美丽中国先行区工作。2013年7月，杭州市委十一届五次全会专题研究部署“美丽杭州”建设工作，会议认真贯彻习近平关于“努力成为美丽中国建设的样本”的重要指示精神，通过了《“美丽杭州”建设实施纲要（2013—2020年）》。提出要围绕建设山清水秀、天蓝地净、绿色低碳、宜居舒适、道法自然、幸福和谐的生态美、生产美、生活美的“美丽杭州”目标，深入贯彻“绿水青山就是金山银山”的战略思想，坚持环境立市，把生态文明建设深度融入经济、政治、文化、社会建设各方面和全过程，科学布局、有序开发，创新驱动、转型发展，形成节约资源和保护环境的空间格局、产业结构、生产方式、生活方式，全面提升经济社会发展质量和生态环境质量，加快建成美丽中国先行区，在迈向社会主义生态文明新时代的进程中走在前列。

突出重点、突破难点、培育亮点、夯实落脚点，把加快建设美丽中国先行区落到实处。突出重点，优化城乡空间格局，加快经济转型升级，加强自然生态保护和修复，保护和传承好杭州的一方山水。突破难点，切实解决群众关心的突出问题，扎实推进土地节约集约利用，着力推动资源利用方式转变，以实际成效增强全市人民建设“美丽杭州”的信心和自觉。培育亮点，把“三江两岸”建成最美风景线，打造一批美丽乡村“升级版”，彰显江南韵味、东方品质的文化特色；打响“一基地四中心”品牌，大力弘扬“最美精神”，实现在传承中创新、创新中发展。夯实落脚点，更加自觉地把“十个更好”的具体目标要求落到实处，营造包容公平和谐的社会环境，不断完善基本公共服务，促进生态文明行为养成，努力让全市人民过上更有品质的生活。

深化改革为加快建设美丽中国先行区提供制度保障。加快建设美丽中国先行区，根本在深化改革和制度创新。2013 年 12 月，杭州市委召开十一届六次全会，做出《关于学习贯彻党的十八届三中全会精神全面深化重点领域关键环节改革的决定》，明确了十个方面的改革任务，简称“杭改十条”。其中第八条专讲“围绕推进美丽杭州建设，健全生态文明建设体制机制”，内容包括：①完善重大环境公共事件应急处置工作机制。完善生态文明建设综合决策、统筹推进、考核评价、多元投入和科技支撑机制。健全空间、总量、项目“三位一体”环境准入制度，完善环境资源配置量化管理制度，探索建立排污权、碳排放交易市场化机制。完善生态补偿机制，健全生态环保财力转移支付制度。抓紧制定出台生态文明和美丽杭州建设的地方性法规。②建立优化空间格局开发机制，保护好“六条生态带”。继续推进“三江两岸”生态景观保护与开发工程，注意保留村庄原始风貌，打造美丽乡村升级版。③完善落后产能淘汰机制，强化环境审批和监管，严格执行环保、安全、能耗等市场准入标准。逐步建立覆盖所有重点企业环境行为信用评价制度，推进银行绿色评级制度。④探索建立城市“三治”环境综合治理机制，力争五年内治水、治气、治堵有显著进展。启动实施千岛湖配水工程。探索建立大气污染综合治理区域联动机制，力争到2015年主城区和萧山、余杭及五县（市）建成区基本建成“无燃煤区”。探索打造高效、绿色、低碳、可持续的城市综合交通系统。加快垃圾处置基础设施建设，推进垃圾处理无害化减量化资源化。⑤积极推进淳安县美丽杭州实验区建设。实施生态文明和美丽杭州建设细胞工程。继续深化国家生态市创建、生态文明建设试点、健康城市试点、低碳城市试点等工作。完善社会联动与全民行动机制，鼓励社会各界参与美丽杭州建设。

“十二五”期间，杭州先后淘汰落后产能企业1500余家，产业结构加速向低碳方向集聚，2015年第三产业增加值占生产总值比例达到58.2%。同时，杭州严格产业准入，产能严重过剩行业的扩张得到遏制。杭州优良的生态环境成为许多企业、人才来杭州发展的重要考量因素。“十二五”时期，杭州共吸引外资企业2308家，年均增长10.3%。累计引进世界500强企业112家，引进浙商回归项目到位资金1900亿元，全省占比23%。富阳区在对污染严重的造纸业大刀阔斧整治后，优化布局“新材料、新能源、装备制造”等产业逐步发力，成为新的增长点。2015年，富阳造纸业税收从2010年的18.73亿元降到7亿多元，但全区财政收入却突破90亿元，超过2010年近30亿元。千岛湖出境水质如今已常年保持Ⅰ类，2015年全年空气优良率达到94.5%。淳安以生态旅游、新兴技术产业为主的绿色经济发展迅速。2015年，淳安生产总值首次超过200亿元。在杭州七县市区中，城乡居民收入增幅均排名第一。①

2. 安吉创建标准体系推进美丽乡村建设

安吉县作为全国首批国家生态县，2001年确立“生态立县”发展战略和“生态经济强县”发展目标，是生态经济发展特色鲜明“中国竹乡”。2008年起围绕“一个标准、四个方面、三十六项指标”创新开展美丽乡村

① 《“腾笼换鸟”，经济生态同步好》，《人民日报》2016年4月8日。

创建工作，走出了一条三产联动、城乡融合、农民富裕、生态和谐的符合地方特色的科学发展道路。2010年，安吉县又率先提出将标准化作为指导新农村建设的重要手段。以研制标准、构建体系、实施标准为重点，充分发挥标准化在城乡统筹协调发展和新农村建设中的基础作用。安吉研制创造中国美丽乡村标准体系，使中国美丽乡村标准化有了明确方向。

中国美丽乡村标准体系以“一中心、四个面、三十六个点”为元素构成了一个有机整体，“一中心”是中国美丽乡村总目标，“四个面”是“村村优美、家家创业、处处和谐、人人幸福”，也是中国美丽乡村创建的四项子目标，“三十六个点”是三十六项考核指标。整个体系涵盖了各项法律法规及标准、规范近280项。从功能上分为农村基础设施建设标准体系、环境提升标准体系、服务保障标准体系、产业经营标准体系、公共服务标准体系。

在整个标准体系中，包括《中国美丽乡村建设规范》《中国美丽乡村农村社区公共服务设施设置及管理维护要求》《中国美丽乡村劳动和社会保障工作规范》《中国美丽乡村村落文化展示馆建设与服务通用要求》《安吉县中国美丽乡村长效管理标准》等20项“中国美丽乡村”建设相关标准，并作为安吉县地方标准规范发布实施，其中《户外拓展安全管理与服务规范》已成为市级地方标准规范，《生态村建设规范》《农村生活污水处理技术规范》已发布为省级地方标准。《美丽乡村建设规范》，成为全国首个美丽乡村省级地方标准。系列标准的出台，使美丽乡村各环节建设变的“有据可依”，使各环节创建工作变得简便、易行，创建内容与评价标准通过标准发布形式得以固化，方便了政府对美丽乡村建设的监督，有利于考核考评的公正、公平。

3. 桐庐建成城乡统筹发展的最美县城

桐庐县坚持“环境立县”战略，以美丽乡村建设、乡村环境连片整治和“三江两岸”生态景观保护与建设工作为抓手，以建设中国最美山水型现代化中等城镇为目标。桐庐县被环保部命名为“国家生态县”，荣获“中国城市品牌总评榜中国最美县城”称号，第三批国家生态文明试点地区，首批国家级生态保护与建设示范区，全国十佳生态文明城市。桐庐县把生态理念融入城乡统筹，致力于生态与经济的互促共赢，城镇与乡村的协调统筹、综合整治。县城迎春南路景观带等园林景观精品、沿江节点亲水功能区建设，高起点规划、高强度投入、高标准建设，城乡综合环境品质显著提升。

桐庐不断探索和完善乡村污水治理模式。2009年，桐庐县着力推进乡村生活污水治理，建立“县城污水处理厂—乡镇污水处理厂（站）—乡村生活污水处理工程”的城乡三级联动污水处理体系，对不能纳入城镇管网的污水则采用分散式生态处理模式进行处理。之前进行试点时采取的是“无动力厌氧＋人工湿地”模式，而现在的“无动力厌氧＋太阳能微动厌氧＋人工湿地”模式则让污水进、清水出的实效越来越显著。目前桐庐县建成乡村生态化污水处理工程2000余个，已率先实现对全县183个行政村的乡村生活污水治理全覆盖。从2011年桐庐开始全面推进美丽乡村建设工作，先后打造了一批各具特色的风情小镇和精品村，发展乡村旅游。桐庐县富春江镇芦茨村，为首个全国乡村慢生活体验区。浙江桐庐县特色乡村环境美化，通过充分利用山清水秀的自然条件和深入挖掘古村落的历史文化内涵，村民创新创业劲头足，桐庐真正将绿色青山变成了金山银山，走出了一条“绿富美”发展之路。

桐庐积极引导比较优势生态工业。包括针织服装、制笔、机械制造、医疗器械、箱包等“块状特色”经济，并拥有“中国制笔之乡”“中国针织名镇”“中国发电设备制造基地”“中国蜂产品之乡”等近10张金名片。开展“美丽入企”行动，在企业内掀起清洁企业和创建美丽企业的行动，并附以适当媒体曝光等举措，促使企业有效解决杂乱无序无组织排放给环境带来的污染，真正做到车间内部区间分布合理、堆放整洁有序，管理先进规范，车间外绿色嫣然，与最美县城相协调，使美丽桐庐真正内外兼修。

4. 开化打造国家公园守住生态红线

开化县抓住自己生态功能区的特色定位，坚持“生态立县”不动摇，开发绿色资源有先天优势，从2013年开始打造公园化城市，向生态经济转型，先行搞生态试点。开化全县已经有1个5A级景区、1个4A级景区和2个3A级景区，还有10个行政村启动了3A级景区村建设。2015年，开化县城空气优良率达到99.4%，流出开化的“出境水”中，Ⅰ类和Ⅱ类水的占比达到98.3%，全县森林覆盖率达到80.7%。PM2.5浓度每立方米26微克，比上年下降10.3%。在2015年全县旅游人次和旅游收入分别达到689.79万人次、42.67亿元。开化确立了生态经济化、全域景区化、景区公园化发展目标。要通过打造美丽环境，让美丽环境变成美丽产业，最后成为美丽经济。党的十八届三中全会提出建立国家公园体制，证明了开化建设国家公园的发展思路符合中央顶层设计。2015年6月，开化被环保部最终确定为国家公园试点县。

开化县作为全国28个“多规合一”试点市县之一，扎实推进“多规合一”改革，探索将国民经济和社会发展规划、城乡规划、土地利用规划、环境功能规划等融合到一张县域图上，解决规划自成体系、内容冲突、缺乏协调等问题，实现全县“一本规划、一张蓝图”，联动开展国家公园体制、国家主体功能区建设等5项国家级试点。新编制的发展总体规划，部门间规划从此不再“打架”，精减了以往60%的专项规划。“多规合一”改革也推动审批流程再造，审批时效提升70%左右。开化县多规合一由县域顶层规划“一本总归”，以发展总体规划为指引，推进县域城乡、土地利用和环境功能区三大空间规划的内容调整和衔接。通过“多规合一”试点，最终目标是规划体系、空间布局、基础数据、技术标准、信息平台和管理机制“六个统一”，立足发展一盘棋，共享绿色发展成果。

开化农民开发绿色资源致富，通过创新绿色产业链条，引导农民搞起农家乐等旅游产业，推动绿色消费，转型升级渐渐开花结果。2015年开化接纳游客588万人次，旅游经济收入和旅游人次的增幅都在30%以上，农民人均收入也翻倍增加，不少在外打工的农民陆续返乡创业。例如姚家源村、下淤村等地，只要有水的地方，都能看到岸边的汽船、竹筏等游乐设施排列整齐，正等着迎接夏天的亲水游客潮。在某些茶农聚集的村庄，为了提高开化传统的茶叶产业的附加值，延伸绿色产业，村民被送出去接受专门的茶艺茶道培训，以前只知道生产加工茶叶的开化，如今茶艺表演处处可见。开化县策划了浙江人反哺钱塘江源的活动，所有民宿和县里的星级酒店在这次活动的带动下全部爆满。

5. 海盐编制绿色发展报告自我评估

2015年海盐县政府和浙江省经济信息中心联合发布的《海盐绿色发展

报告（2013—2014 年）》是全国首份县级绿色发展报告，即绿色发展的“海盐账本”。对海盐多年来绿色发展取得的成效进行了回顾和评价，并对存在的问题进行分析和诊断。首次对绿色发展水平进行了划分，初步把绿色发展分为萌芽、发展、提升和全面推进四个阶段。按照科学性、完整性、可操作性和可比性的原则，根据海盐实际情况，建立了一套海盐县绿色发展指标体系，本套指标体系主要包括绿色经济发展、绿色生态环境、绿色建设和消费 3 个领域，共计 20 个指标，并创新性地对绿色发展指数进行了计算，最终得出海盐绿色发展的指数。海盐县绿色发展综合指数从 2013 年的 101.78，提高到 2014 年的 104.43，呈现逐年提升的良好态势。[①] 部分绿色发展指标已经达到全省平均水平以上，2013 年开始迈入绿色发展的提升阶段。《海盐绿色发展报告》的最终目的是找出海盐目前绿色发展的优势在哪，存在哪些问题，从而补齐短板，进而让报告指导海盐下一步的绿色发展。

海盐对绿色发展成效的自我评估科学全面、不怕揭短。根据《海盐绿色发展报告（2013—2014 年）》显示，海盐各领域的绿色发展水平存在差异，与全省平均发展水平相比，有的已超出，有的已达到，有的还略低。在指标体系中，有一个县级以上集中式饮用水源地水质达标率指标，海盐 2013 年和 2014 年这两年的数据都为零。海盐绿色生态环境还略低于浙江全省平均发展水平，2013 年、2014 年的指数分别为 91.93 和 92.43，主要原因就是集中式饮用水水源地水质达标率得分为零分，入境水水质基本都在劣Ⅴ类。而省级基准数据是 85%。2016 年海盐县将安排 11.7 亿元投资项目用于治水。

从整体来看，海盐县生态文明建设成果丰硕。近年来，海盐先后成为国家可再生能源建筑应用示范县、国家级分布式光伏发电示范区、国家园林县城、省清洁能源示范区等示范试点。海盐绿色发展水平不断提升，生态环境不断改善。2014 年城市空气优良天数为 307 天，优良率达到 84.1%，名列全市第一。截至 2014 年底，全县已建成“海河揽秀”“盐平访古”“武通赏桂”等大小绿道 7 条，总长为 25.71 公里。完成绮园文化广

① 《全国首份县级绿色发展报告在海盐诞生》，《嘉兴日报》2015 年 5 月 12 日。

场、白洋河湿地公园、海滨公园、百花园等各类公共绿地和生态公园的建设。建成滨海休闲带、水乡风情线两条精品线及4个市级美丽乡村先进镇、19个重点村，2014年被评为“浙江省美丽乡村创建先进县”。

三、坚韧不拔的拼搏精神引领新时代建成“诗画浙江”大花园

2003年浙江实施生态省战略提出打造“绿色浙江”“生态浙江”，党的十八大以来提出建设“美丽浙江”“诗画浙江”大花园，推进了一系列环境污染治理行动，特别是坚持走“绿水青山就是金山银山”的绿色发展与绿色转型之路，浙江人对世纪之交的浙江客观存在的环境污染问题能够做到求真务实、治理到底，对如何正确处理好人与自然关系能够做到和谐共生、和谐发展，对培育新时代绿色发展新优势、新动能、新平台能够做到勇于创新、开拓进取。在习近平生态文明思想的指导和引领下，浙江战略性提出“诗画浙江”大花园建设的总体思路，高标准推进生态文明建设，高水平创新绿色发展路径，谱写新时代高质量发展的浙江生态新篇章。

（一）大花园建设的提出与部署

“绿水逶迤去，青山相向开”。浙江拥有良好的生态景观和生态资源，经过多年来的有力保护和修复，绿水青山、蓝天白云已经成为浙江自然环境的显著标志，因此浙江建设大花园具备优良的生态基础。

1. 大花园建设的正式提出

2017年6月，浙江省第十四次党代会提出，按照把省域建成大景区的理念和目标，谋划实施大花园建设行动纲要，使山水与城乡融为一体、自然与文化相得益彰。到2035年，美丽浙江全面建成，生态环境面貌根本改观，人民对优美生态的需要得到有效满足。

2018年6月，在浙江全省生态环境保护大会暨中央环保督察整改工作推进会上，省委书记车俊强调，要深入学习贯彻习近平生态文明思想，抓好“大规划、大花园、大创建”。按照全域景区化、产业绿色化、生活品质化的要求，建设山水与人文融合、历史与现代交汇的诗画江南，扎实开展生态文明示范创建行动。高标准推进生态文明建设，高质量建设美丽浙江。

浙江作出建设大花园的决策部署，是学习贯彻落实习近平生态文明思想的战略举措、具体行动和生动典范。大花园作为现代化浙江的底色，高质量发展的底色、人民幸福生活的底色，必然成为美丽浙江的金名片。

2. 大花园建设的总体目标

大花园的本质是人与自然和谐共生，目的是不断满足人民日益增长的美好生活需要。大花园建设要结合自然禀赋、人文积淀和产业特色，到2022年，把全省打造成全国领先的绿色发展高地、全球知名的健康养生福地、国际有影响力的旅游目的地。高标准建设美丽乡村、美丽田园、美丽河湖、美丽园区、美丽城市，形成“一户一处景、一村一幅画、一镇一天地、一城一风光”的全域大美格局，建设现代版的富春山居图。到2035年，全省生产空间集约高效，生活空间宜居适度，生态空间山清水秀，生态文明高度发达，绿色发展的空间格局、产业结构、生产生活方式全面形成，建成绿色美丽和谐幸福的现代化大花园。浙江自然风光与人文景观交相辉映，杭州是“人间天堂”，义乌是“购物天堂”，舟山是“东方明珠”，国家级风景名胜区、中国优秀旅游城市数量均居全国首位，4A、5A级景区数量居全国第二位，完全有条件成为全国最佳旅游目的地。

3. 大花园建设的总体布局

精品布局、质量优先、串珠成链、共建共享是大花园建设的主要特点。建设范围为浙江全省，核心区是衢州市、丽水市。大花园建设实施十大标志性工程、百个重大项目，创建千个美丽示范，形成万亿有效投资，简称“十百千万”。

“十”——实施十大标志性工程。包括推进实施唐诗之路黄金旅游带、十大名山公园、万里骑行绿道、大运河（浙江段）文化带、美丽乡村、5A级景区创建、百河综治、静脉产业基地、幸福产业、珍贵彩色森林十大标志性工程，把标志性工程打造成为全省大花园的亮点和看点。

“百”——推进百个重大项目。谋划实施生态环境质量提升、全域旅游推进、绿色产业发展、基础设施提升、美丽城乡建设五大类百个重大建设项目。建立大花园建设重大项目库，2018年大花园重大项目计划投资2200亿元。

“千”——创建千个美丽示范。在美丽乡村、美丽田园、美丽河湖、美丽城市、美丽园区等领域创建千个示范并串珠成链，加快形成全域大美格局。

“万”——形成万亿有效投资。通过重大项目、标志性工程以及美丽载体的建设实施，带动万亿有效投资，为全省大花园建设提供强大动能。

4. 大花园建设的总体要求

大花园建设是浙江富民强省十大行动的重要组成部分，要把大花园建成自然生态与人文环境的结合体、现代都市与田园乡村的融合体、历史文化与现代文明的交汇体。

高质量建设“诗画浙江”。坚持保护为先，严守生态保护红线、永久基本农田保护红线、城镇开发边界控制线、环境质量底线、资源利用上线；坚持攻坚为重，全力打赢治气治水治土治废等污染防治攻坚战；坚持美丽为基，打造国家公园、美丽山水、美丽城乡、美丽河湖、美丽园区、美丽田园、美丽海岛；坚持文化为魂，树立大文化理念，守好乡愁古韵、树好文明新风，建设现代版“富春山居图”。

高水平发展绿色产业。打造一批生态产业平台，培育引进一批生态龙头企业，建设一批生态产业项目，创建一批优质生态产品品牌，推动自然资本和城市乡村大幅增值，变美丽风景成美丽经济。

高标准推进全域旅游。把名山大川、著名景点串珠成链，变盆景为风景，以水为纽带，打造浙东唐诗之路、钱塘江唐诗之路、瓯江山水诗之路、大运河（浙江段）文化带；以山为依托，打造十大名山公园；以浙皖闽赣边界为载体，打造生态旅游协作区。

高起点打造现代基础设施网络。加快建设大型国际客运枢纽、美丽经济交通走廊、骑行绿道网和水利、信息、能源网络。

高品质创造美好生活。让人民群众看见绿水青山、呼吸清新空气、吃得安全放心、在畅游山水意境中涤荡心灵，全力打造“养眼、养肺、养胃、养脑、养心”的大花园。

（二）大花园建设的重大意义

2003 年 7 月，时任浙江省委书记的习近平同志提出，要进一步发挥浙江的生态优势，建设生态省，打造“绿色浙江”，为“诗画浙江”大花园建设打下了坚实基础。因此，大花园建设是对“绿色浙江”的再深化，是浙江高水平推进生态文明建设的再出发，是全面践行习近平生态文明思想的浙江战略行动。

1. 深入践行“两山”理念，坚持把习近平生态文明思想作为“诗画浙江”大花园建设的根本遵循

2018 年 5 月 18 日，全国生态环境保护大会全面系统总结了习近平生态文明思想，深刻回答了为什么建设生态文明、建设什么样的生态文明、怎样建设生态文明的重大理论和实践问题，是新时代推进生态文明、建设美丽中国的强大思想武器。习近平同志主政浙江期间，提出绿水青山就是金山银山等一系列重大论断，对生态文明建设进行了全面探索，奠定了生态文明思想的理论和实践基础。2005 年 8 月 15 日，习近平同志在浙江安吉余村首次提出“绿水青山就是金山银山”理念。“诗画浙江”大花园建设是浙江继续照着“绿水青山就是金山银山”走下去的战略部署。浙江坚持把习近平生态文明思想作为根本遵循，通过“诗画浙江”大花园建设为浙江创造更具承载力的生态条件、打造更有竞争力的生态优势，努力走向社会主义生态文明新时代。

2. 继续深化美丽乡村建设，体现以绿色发展引领乡村振兴的时代特色

“良好生态环境是农村最大优势和宝贵财富。要守住生态保护红线，推动乡村自然资本加快增值，让良好生态成为乡村振兴的支撑点”。“实施乡村振兴战略，一个重要任务就是推行绿色发展方式和生活方式。”2013 年 10 月，习近平同志对浙江 2003 年以来在全省农村开展“千村示范万村整治”工程作出重要指示，强调要认真总结浙江省开展“千万工程”的经验并加以推广。浙江大花园建设是对“千万工程”、美丽乡村的继续深化。在严守生态底线的基础上，以基于良好生态的农村第一、二、三产业融合为重点，合理推动产业生态化、生态产业化，向农业投入品减量、产业价值链提升、农村新业态增长要效益，实现生产、生活、生态协调发展，对如何走好乡村绿色发展之路做出浙江探索。

3. 增强人民群众的绿色获得感，体现坚持以人民为中心的发展原则

建设生态文明，关系人民福祉，关乎民族未来。2015 年 5 月，习近平总书记到浙江视察时，充满深情地说，“这里秀美的山水，这里勤劳的人民，这里悠久的文化，给我留下了难以忘怀的印象”。2018 年 4 月，习近

平总书记作出重要指示强调，要结合实施农村人居环境整治三年行动计划和乡村振兴战略，进一步推广浙江好的经验做法，建设好生态宜居的美丽乡村，让广大农民有更多获得感、幸福感。党的十九大报告强调，我们要建设的现代化是人与自然和谐共生的现代化，既要创造更多物质财富和精神财富以满足人民日益增长的美好生活需要，也要提供更多优质生态产品以满足人民日益增长的优美生态环境需要。人民群众不仅是大花园的建设者，也是大花园的享受者。美丽大花园是美好生活的基础、人民群众的期盼。建设大花园是实现绿色发展方式、绿色生活方式、创造高品质生活的重要载体，目的是不断满足人民日益增长的美好生活需要，为人民创造良好的生产生活环境，为子孙后代留下天蓝、地绿、水清的生产生活环境，让浙江的绿水青山变成人民的金山银山，建成各有所长、百花齐放、各美其美、美美与共的大花园。

（三）大花园建设的创新探索之路

“保护生态环境就应该而且必须成为发展的题中应有之义”。“诗画浙江”大花园建设是实现高质量发展和高品质生活有机结合、推动形成绿色发展方式和生活方式的战略之举，在现代化浙江建设中具有独特地位和作用。浙江全省在大花园建设中正在探索如何走出一条生态优先、绿色发展的新路子。

1. 打造浙江唐诗之路，探索大花园建设的文化之路

浙江唐诗之路具有十分重要的时代价值和文化价值，能够生动地展示出浙江山水特色，彰显浙江历史文化内涵，为推进大花园建设提供新思路。同时，建设大花园战略举措为浙江唐诗之路深度开发带来难得的重要历史机遇，浙江唐诗之路切合并彰显“诗画浙江”的人文主题。

浙江唐诗之路能够丰富浙江全域旅游的文化内涵。全面建成“诗画浙江”中国最佳旅游目的地，是大力发展富有诗画江南韵味的全域旅游的重大战略举措。随着景点旅游模式向全域旅游模式和发展阶段转变，发展全域旅游已上升为国家战略。2017 年全域旅游被首次写入国务院政府工作报告，2018 年进一步提出“创建全域旅游示范区”。浙江开展国家全域旅游示范区多规融合试点，先行编制以旅游业为引领的“多规合一”全域旅游总体规划，建立健全浙江旅游交通、沿海旅游、房车自驾车露营地等旅游

新业态规划体系，实施万村景区行动，建设特色小镇推动全域旅游发展。浙江已经形成以城市全域辐射、全域景区发展、特色资源驱动、产业深度融合、旅游功能区支撑等为特色的市、县、乡镇多层级全域旅游推进新模式。因此，在浙江建设大花园战略举措和全域旅游试点省的背景下，深度开发浙江唐诗之路迎来了难得的历史发展机遇。

浙江唐诗之路为大花园建设和全域旅游布局提供既具有传统文化特色、又极富人文创意的新概念。全域旅游的“全域”不是一个单纯的地域概念，也不是一个平面概念、微观概念、战术概念、短期概念，而是一个立体的、综合的、全局的、宏观的、战略的、长远的理念。特别是对传统历史文化内涵的挖掘、展示和开发都提出了新的要求。浙江唐诗之路正是富有浙江特色的传统历史文化资源与大花园建设、全域旅游充分融合的交汇点，是浙江文化建设与生态文明建设、经济建设有机整合的牵引线。浙江唐诗之路将绘制出一幅人在画中游、景在心中留、足踏诗路走的“诗画浙江”山水诗歌画卷，成为浙江成功打造中国最佳旅游目的地的金名片，成为“诗画浙江”旅游品牌体系的诗意王牌。

浙江唐诗之路能够激活浙江乡村文化振兴的历史基因。唐诗之路丰富的诗作描绘了美丽山水，抒发了田园情怀，提供了历史元素，为“诗画浙江”建设与乡土文化振兴提供了取之不尽的素材。浙江唐诗之路的本土诗人诗作和游历诗人创作故事都是对乡愁文化的历史表达，能够展示增添乡愁文化的文脉更迭和诗歌魅力。“让居民望得见山、看得见水、记得住乡愁。”浙江历史文化传统村落保护、农村文化礼堂建设为浙江农村乡愁文化传承打下了坚实基础和浓郁氛围。

浙江唐诗之路为深耕新时代乡村振兴的文化内涵提供历史线索和文学元素，是高起点实施乡村振兴战略、高水平提升乡村文化建设和乡风文明建设的全新内涵，是加强保护农村传统历史文化遗存风貌和传承发展农村优秀历史文化的重要载体。同时，浙江唐诗之路也为推动历史经典产业发展增加“诗意的乡愁”文化意蕴，有利于把“诗意的乡愁”融入历史经典产品品牌中，由历史文化社会效益转化产生更大的经济效益，增强历史经典产业对乡村文化产业发展的示范效应，建成乡村振兴战略背景下的浙江版诗意乡村。

浙江唐诗之路将为打造浙江文化品牌提供全新内容。浙江唐诗之路是“诗画浙江”的诗意具象，“诗画浙江”是唐诗之路的品牌传承。浙江唐诗之路是串山水风景之“链”，串名山公园之“链”，串江南文化之“链”，把浙江的自然、历史、人文、艺术、宗教乃至神话传说等都串了起来，放到唐诗之路文化带与大运河文化带这样的古老叙事当中，诗画般地再现了浙江文化的艺术魅力和浙江山水的自然魅力。一系列知名的浙江文化品牌需要一个宏大主题贯穿、一条特色主线串联，并融入文化强省整体框架，进行有机整合、构成文化组合拳。2000 年浙江省委提出建设文化大省的目标并制定实施《浙江省建设文化大省纲要》，特别是 2005 年浙江省委决定加快推进文化大省建设以来，组织实施文化研究工程和文化建设“八项工程”。省第十四次党代会强调，未来五年，全面落实新发展理念要统筹推进文化浙江建设，深入实施中华优秀传统文化传承发展工程，加大文化与自然遗产、历史文化风貌保护力度，挖掘传承地方特色文化，进一步延续浙江文脉，着力提升文化软实力。因此，深度开发浙江唐诗之路是对第十四次党代会提出着力提升文化软实力要求的具体落实和谋篇布局。

浙江唐诗之路是“诗画浙江”文化品牌的诗意具象和点睛之笔，正是串联浙江文化品牌、诠释浙江精神的宏大主题和特色主线。浙江唐诗之路融合儒学、佛道、诗歌、书法、茶道、民俗、神话传说等内容的文化宝藏。深度开发唐诗之路能够让当代人和诗歌对话、和历史对话、和山水对话，让传统历史文化印记充分融入浙江文化品牌中，在文脉传承中让浙江文化软实力更加丰厚。深度开发浙江唐诗之路是从中华文明绵延发展的高度，向世界展示中国传统艺术文化和浙江特色历史文化的非凡魅力，在人类文明史上留下中国浙江的诗意故事。

2. 推动全域绿色现代化，探索大花园建设的转化之路

2006 年 7 月，习近平同志第七次到丽水调研时强调，“绿水青山就是金山银山，对丽水来说尤为如此。”丽水人民始终牢记习近平同志的重要嘱托，立志成为践行“两山”理论的实践样本，长期坚持探索打通“绿水青山”向“金山银山”的转化通道，生态文明建设走在了全省、全国前列。

2018 年 4 月，习近平总书记在深入推动长江经济带发展座谈会上发表

重要讲话，指出“浙江丽水市多年来坚持走绿色发展道路，坚定不移保护绿水青山这个‘金饭碗’，努力把绿水青山蕴含的生态产品价值转化为金山银山，生态环境质量、发展进程指数、农民收入增幅多年位居全省第一，实现了生态文明建设、脱贫攻坚、乡村振兴协同推进。”习近平总书记的“丽水之赞”，充分肯定了丽水在打通“绿水青山”与“金山银山”的通道上所取得的突破性成就，彰显了浙江践行“两山”理念的创新做法和坚强定力。

丽水建立基地直供、检测准入、全程追溯的农产品区域公用品牌运营标准，以生态农业全面升级推动农业供给侧结构性改革，让人民对生态农业发展有实实在在的获得感。丽水创立“丽水山耕”农产品区域公用品牌，以生态农产品及劳务品牌化提升市场价值，让人民对生态农业发展有实实在在的获得感。习近平同志第一次到丽水时，要求丽水进一步抓好特色农业与生态经济相联系，依托生态优势，大力发展无公害、绿色、有机农产品。产业兴旺是乡村振兴的重点。立地条件决定了丽水无法走规模化、机械化、设施化的农业发展之路，因此，推动农业方面经济增长点的培育、发展和壮大，做精做优新产业、新业态，让丽水的好山好水都能转化为农民增收致富的一个个聚宝盆，让山景带来“钱景”。丽水高度重视在农产品品牌培育与创新、在农产品区域特色品牌发展的基础上，成功创立“丽水山耕”农产品区域公用品牌，成为实现生态价值转换、促进农民增收的重要路径。

2013 年，丽水市通过实施《生态精品农产品区域公用品牌战略规划》，出台《“丽水山耕”品牌建设实施方案（2016—2020 年）》，成立农业投资发展有限公司。2014 年，丽水市以政府所有、协会注册、国资公司运营模式，创立全国地级市首个覆盖全区域、全产业、全品类农业品牌——“丽水山耕”区域农产品公用品牌。通过政府背书，建立全产业链一体化公共服务体系，通过建立统一的认证、追溯系统和标准化程序，为符合标准的农产品提供品牌认证，不断提升农产品价值，为生产主体进入市场创造条件。2017 年“丽水山耕”区域公用品牌四大标准向社会公布，促进丽水生态农产品生产标准化和营销品牌化发展。

经过四年运营，“丽水山耕”品牌效应明显，2018 年“丽水山耕”会员数量达到903家，拥有443个母子品牌商标，培育813个品牌背书农产品，建立1122个合作基地，建成21.51万亩海拔600米以上的绿色有机农林产品基地，销售额累计约为129亿元，产品溢价率超过30%，品牌评估价值为26.6亿元。丽水立足全面提高生态农产品质量和市场经营效益，从处州十珍、绿谷十佳畜产品、丽水十大特色蔬菜品牌等一系列评选活动助推农业品牌化发展。"丽水山耕"解决了农产品由于缺乏品牌支撑难以形成优质优价的机制、造成农业增效难增收慢的老难题，生产主体加盟使用品牌的积极性高涨。

丽水以智能化、科技化推动生态工业扩量转型，建立各地特色生态工业主导产业体系，加强对传统工业生态化治理，推进开发区生态化改造，让人民对生态工业发展有实实在在的获得感。无"农"不稳，无"工"不强。丽水作为生态优质地区，在"两山"理论的引领下，较早走出这种思想误区，超越了"要不要"发展工业的初级问题，而是在严守生态保护底线的前提下，致力于探索发展得"好不好"的问题，聚焦于发展什么样的工业以及怎样发展工业。丽水深入实施"工业强市"战略，坚守生态发展底线，推进工业绿色转型。党的十八大以来，丽水主动适应经济新常态，积极落实创新、协调、绿色、开放、共享的新发展理念，着力传统产业转型升级，实行生态工业发展负面清单，努力培育新兴产业，生态工业体系形成丽水特色。丽水坚持绿色生态引领工业发展，将发展"绿色环保、高效低耗、高端低碳"的生态工业作为生态产业的第一经济来抓，通过全力打造生态工业"丽水样板""丽水模式""丽水实践"，建立了较为完整的生态工业体系，全市生态工业发展实现了产业结构不断优化、总量规模不断壮大的良好态势，实现了速度、质量和效益的有机统一。

工业是现代产业体系的核心，能否实现工业发展的绿色化，是破解生态保护与工业发展难题的关键所在。对此，丽水采取了整治存量与培育增量双管齐下的战略。一方面，着眼修复和优化生态环境，大力整顿工业存量，坚决淘汰和清除不符合生态环境保护要求的低效、落后产能。另一方面，着眼于产业转型和经济高质量发展，立足生态资源优势，重点打造"丽水生态制造"品牌，发展壮大了生物医药、节能环保、新材料、新能源等一批战略性新兴产业。

生态工业发展可以与生态资源增量同步增强，铅笔竹木产业规模与活立木总蓄积量同步提升。铅笔制造是丽水庆元县重点发展的主导产业。“不砍一棵树，照样有出路。”全县活立木总蓄积量从2015年的1166.9万立方米上升到2017年的1321.6万立方米。铅笔制造不但没有给环境带来过多负担，还加快了传统产业改造提升。新产业、新业态培育，生态经济质量进一步提质增效，开启了庆元制造的“品质革命”。作为庆元工业强镇的竹口，大力发展铅笔产业，成为全国首个国家级出口铅笔质量安全示范区，创新发展眉笔、彩妆等高品质产品，畅销海内外。经过38年的发展，庆元目前有制笔产业企业38家，年产值18亿元，占全国总量的20％。其中规模以上企业12家，亿元企业4家。产品85％以上远销欧美、东南亚等国家和地区。庆元竹木产业体系完善，其中竹筷、竹砧板行业在国内市场占有率达到60％以上。

丽水从农旅融合、生态旅游向特色鲜明的全域旅游升级，把“绿水青山”变成“摇钱树”，让人民对生态旅游发展有实实在在的获得感。习近平同志主政浙江期间，曾八次深入丽水调研，首次到丽水就给予“秀山丽水、天生丽质”的盛赞。“良好生态环境是农村最大优势和宝贵财富。要守住生态保护红线，推动乡村自然资本加快增值，让良好生态成为乡村振兴的支撑点。”丽水通过农旅融合，打开“两山”通道，全面打响生态旅游品牌。生态旅游业被丽水定位为第一战略支柱产业。凭借得天独厚的生态环境优势，丽水充分挖掘最原始的江南山区生态、最古朴的江南文化遗存、最丰富的江南山地空间，全面打造“秀山丽水、养生福地、长寿之乡”，大力发展“生态旅游＋民宿经济”，促进了生态旅游业迅速崛起，丽水旅游产品更是因为生态优势而获得了极大的价值提升。2016年2月，丽水被正式列入首批国家全域旅游示范区创建单位，2017年6月，丽水以排名第一的佳绩成功入选“第二批国家级旅游业改革创新先行区”。目前全市9县（市、区）全部列入了省全域旅游示范县（市、区），生态旅游总收入连续11年保持25％以上高增长。

2017年，丽水立足生态优势，坚持以创建国家全域旅游示范区为总抓手，以培育千亿级第一战略支柱产业为目标追求。以现有景区品质提升为重点，以农旅融合为突破点，创新理念、扩充业态，初步形成高等级景区

(旅游度假区)、农旅融合集聚区、景区化村等多层次协同推进格局。2017年10月，首届中国休闲度假大会在丽水成功召开，大会授予丽水“中国休闲度假5U奖”，并发布了《2017休闲度假行业发展报告》，从而引领中国休闲度假产业发展迈上新台阶。

丽水建立文化引领、经济先行、民宿带动、乡村治理同步推进的民宿业态发展模式。目前，丽水全市面上有农家乐民宿经营户4181家，实现年营业总收入增长30%以上。2017年丽水旅游总收入644.37亿元，同比增长20.26%，其生态旅游总收入连续11年保持25%以上高增长，位居浙江省前列，旅游业增加值占GDP比例突破8%。全市旅游总收入已连续12年保持20%以上增长。2018年全市实现旅游总收入667.88亿元，同比增长16.58%。完成旅游投资206.24亿元，同比增长27.76%，旅游经济总体保持较高增长态势。

生态产品价值实现机制是践行“两山”理念的关键核心路径，是落实习近平生态文明思想、协同推进生态文明、扶贫攻坚和推进乡村振兴的结合点和转换点。丽水用生态经济产业化、生态农产品品牌化、生态营销多元化、生态文明体制改革系统化等组合拳打通“绿水青山”向“金山银山”转化的“两山”新通道，发展第一、二、三产业融合联动升级的“第六产业”，以特色鲜明的现代化生态经济体系创造生态经济价值，把良好生态环境优势向生态经济价值转化，走出了一条绿色发展的新路子，实现了山区脱贫、乡村振兴、生态保护三赢的结果，全市农民人均收入增幅连续九年名列浙江全省第一，让人们生活在生态丽水有幸福感和获得感。截至2018年，丽水生态环境状况指数连续15年位列全省第一，生态环境质量公众满意度连续11年位列全省第一，全市农民人均可支配收入增幅连续10年位居全省第一。2018年，丽水市GDP增长8.2%，位列全省第一；农业增加值增长3.1%，高于全省平均水平1.1%；规上工业增加值同比增长12.2%，高出全省平均水平4.9%，位居全省第一；限额以上消费品零售总额增长16.7%，城镇常住居民人均收入增长9.2%，均位居全省第一，其中农民人均收入增长9.9%。

浙江生态实践充分证明，生态环境保护和经济发展不是矛盾对立关系，而是辩证统一关系，二者是可以做到相得益彰、相互促进的。丽水通过创新探索把“绿水青山”转化为让人民有更多获得感的“金山银山”，既保留了后发制胜的实力，更激活了永续发展的潜力。在“诗画浙江”大花园建设的战略背景下，浙江已经走出一条生态为先、发展为要、民生为本的高质量绿色发展新路，成为美丽社会主义现代化国家的探路者和模范生。

四、与时俱进的奋斗精神推动深入学习贯彻习近平生态文明思想

党的十八届五中全会进一步提出绿色发展理念。从“两山理论”到绿色发展，我们的生态观和发展观发生了重大变化，对社会生产力总体发展方式产生了认识飞跃。从“绿色浙江”到“美丽浙江”的生态文明建设实践，使绿色发展理念包含较多浙江生态文明建设试点示范的创新探索和成功经验。再次表明在“两山理论”指导下，浙江的绿色发展已经走在全国前列、正在引领绿色发展潮流。在生态文明新时代，中国的绿色发展道路必将取得新的成果。

（一）绿色发展理念是对人与自然关系的认识飞跃

人类对人与自然关系的认识过程，可以分为三次浪潮：第一次浪潮是20世纪60年代至70年代，可持续发展思想萌芽，民间机构研究为主。以《寂静的春天》出版为标志，《增长的极限》预言人类需求增长与地球生态破坏的因果关系。

第二次浪潮是20世纪80年代至21世纪初，可持续发展理念的形成和发展以联合国和各国政府为主体。《我们共同的未来》提出可持续发展概念，成为可持续发展理论研究的起点，《21世纪议程》提出全球环境与发展合作框架和行动计划，《约翰内斯堡可持续发展承诺》中各国承诺将不遗余力地执行可持续发展战略，《人与地球的可持续发展》提出落实可持续发展并尽快纳入经济政策的建议，可持续发展理念已经成为世界各国最广泛的政治承诺。

第三次浪潮是2008年至今经济复苏以来，绿色发展聚焦摆脱金融危机、促进发展转型。《绿色经济的蓝图》提出绿色经济新名词，仅是借用绿色经济表达环境经济学理念。实行绿色新政和发展绿色经济被联合国和

多国政府作为应对多重危机（经济、生态、贫困）与促进绿色复苏的战略手段。党的十八届五中全会提出绿色发展理念是在绿色经济理论和实践基础上提出的具有中国特色的、原创性的发展观。

绿色发展是可持续发展思想与承诺的具体化，是实现可持续发展的新型发展模式和生态发展理念。发展绿色经济是现阶段促进可持续发展的重要途径和战略手段。绿色发展是生态文明建设的发展道路和时代特征，其重要特征是把资源和环境视为有价值、能增值的内在生产力发展要素。在广义上包括均衡发展、节约发展、低碳发展、清洁发展、循环发展和安全发展。绿色发展理念是马克思主义生态观和中国共产党科学发展观相统一、结合中国生态文明建设实践逐步演化发展而来的。特别是“绿水青山就是金山银山”的科学论断对指导生态文明实践，对正确处理改善生态环境和发展生产力的关系即绿色发展给出了科学阐释和道路指引。

（二）生态文明建设新进展为绿色发展提供实践基础和社会氛围

党的十八大以来，党中央从中国特色社会主义事业“五位一体”总布局的战略高度，从实现中华民族伟大复兴中国梦的历史维度，加强推进生态文明建设，提出新理念、新思想和新观点，引领绿色潮流，使得生态文明体制机制日趋完善。

1. 有关生态文明的新理念、新思想和新观点

党的十八大以来，习近平总书记就生态文明建设发表了一系列新理念、新思想和新观点。

像保护眼睛一样保护生态环境，像对待生命一样对待生态环境。2015年3月“两会”期间，习近平总书记在江西代表团上强调，要像保护眼睛一样保护生态环境，像对待生命一样对待生态环境。2016年3月10日，习近平总书记在参加十二届全国人大四次会议青海代表团审议时强调，一定要生态保护优先，扎扎实实推进生态环境保护，像保护眼睛一样保护生态环境，像对待生命一样对待生态环境，推动形成绿色发展方式和生活方式。

把修复长江生态环境摆在压倒性位置，共抓大保护，不搞大开发。2016年1月5日，习近平总书记在重庆召开的推动长江经济带发展座谈会上指出，当前和今后相当长一个时期，要把修复长江生态环境摆在压倒性位置，共抓大保护，不搞大开发。

让良好生态环境成为人民生活质量的增长点。2015 年 5 月 27 日，习近平总书记在浙江召开华东 7 省市党委主要负责同志座谈会时指出，协调发展、绿色发展既是理念又是举措，务必政策到位、落实到位。要科学布局生产空间、生活空间、生态空间，扎实推进生态环境保护，让良好生态环境成为人民生活质量的增长点，成为展现我国良好形象的发力点。

生态环境保护是长期任务，要久久为功。2015 年 1 月 20 日，习近平总书记在云南考察时，在洱海边和当地干部合影后说：“立此存照，过几年再来，希望水更干净清澈。”他语重心长地说，经济要发展，但不能以破坏生态环境为代价。生态环境保护是一个长期任务，要久久为功。一定要把洱海保护好，让“苍山不墨千秋画，洱海无弦万古琴”的自然美景永驻人间。

农村要留得住绿水青山，系得住乡愁。2015 年 1 月 20 日，习近平总书记在云南大理白族自治州大理市湾桥镇古生村调研时强调，新农村建设一定要走符合农村的建设路子，农村要留得住绿水青山，系得住乡愁。

宁要绿水青山，不要金山银山。2013 年 9 月 7 日，习近平总书记在纳扎尔巴耶夫大学谈到环境保护问题指出，“既要绿水青山，也要金山银山。宁要绿水青山，不要金山银山，而且绿水青山就是金山银山”。

2. 生态文明理念和思想达成社会共识引领绿色潮流

保护生态环境与经济社会发展可以“双赢”已经获得各级领导干部和广大人民群众认同，“生态”“环保”“绿色”已经成为老百姓关注的热词，生态文明的社会共识正在落地生根、开枝散叶，转化为实实在在的环保行动和集聚合力。超越和扬弃了旧的发展方式和发展模式，生态文明、绿色发展日益成为人们的共识，引领社会各界形成新的发展观、政绩观和新的生产生活方式，厚植绿色发展根基。“中央八项规定”“光盘行动”同时被评为 2013 年度十大新词语。干部戒奢尚俭，民间反对铺张浪费蔚然成风，低碳环保正成为新时尚。购买节能与新能源汽车、高能效家电，减少塑料购物袋等一次性用品使用，越来越多的社会成员践行绿色生活方式和消费理念，保护生态环境、建设美丽中国的共识度不断提升。

3. 生态文明体制机制日趋完善

加强生态文明制度建设，中央政府密集推出一系列顶层设计与战略部署。2012 年 11 月，党的十八大把生态文明建设纳入中国特色社会主义事业“五位一体”总体布局，首次把“美丽中国”作为生态文明建设的宏伟目标。党的十八大审议通过《中国共产党章程（修正案）》，将“中国共产党领导人民建设社会主义生态文明”写入党章，作为行动纲领；党的十八届三中全会提出加快建立系统完整的生态文明制度体系；党的十八届四中全会要求用严格的法律制度保护生态环境；党的十八届五中全会，提出“五大发展理念”，将绿色发展作为“十三五”乃至更长时期经济社会发展的一个重要理念，成为党关于生态文明建设、社会主义现代化建设规律性认识的最新成果。“五大发展理念”超越和扬弃旧的发展方式和发展模式，生态文明、绿色发展日益成为社会共识，引领全社会形成新的发展观、政绩观和新的生产生活方式。

政绩考核的“指挥棒”，越来越清晰地指向绿色低碳，去除“GDP 紧箍咒”，发展取向从追求“数量”变成注重“质量”。党的十八届三中全会明确要求“纠正单纯以经济增长速度评定政绩的偏向”。2013 年底，中组部印发《关于改进地方党政领导班子和领导干部政绩考核工作的通知》，规定各类考核考察不能仅仅把地区生产总值及增长率作为政绩评价的主要指标，要求加大资源消耗、环境保护等指标的权重。2015 年 8 月《党政领导干部生态环境损害责任追究办法（试行）》出台，强调显性责任即时惩戒，隐性责任终身追究，进一步强化让各级领导干部生态保护的责任担当和行为约束。

实行最严格的制度、更严厉的法治，为生态文明建设提供可靠保障。党的十八大以来，一系列法律、法规、政策、措施陆续发布实施，为绿色发展“保驾护航”。2015 年 5 月，中共中央、国务院发布《关于加快推进生态文明建设的意见》（以下简称《意见》），这是继党的十八大和党的十八届三中、四中全会对生态文明建设作出顶层设计后，中央对生态文明建设的一次全面部署。《意见》首次提出“绿色化”概念，并将其与新型工业化、城镇化、信息化、农业现代化并列，赋予了生态文明建设新的内涵，明确了建设美丽中国的实践路径。2015 年 9 月，《生态文明体制改革总体方案》印发，明确提出到 2020 年，构建起由自然资源资产产权制度等八项制度构成的生态文明制度体系，推进生态文明领域国家治理体系和治理能力现代化，努力走向社会主义生态文明新时代。

2015年元旦开始实施“史上最严”的新环保法。“公益诉讼”“按日计罚”“查封扣押”等撒手锏，成为沉重打击环境违法者的有力武器。据环保部统计，截至2015年11月底，全国实施按日连续处罚案件611件，实施查封、扣押案件3697件，实施限产、停产案件2511件；环保与司法部门通力合作，移送涉嫌环境污染犯罪案件1478件。《大气污染防治法》修订通过，并于今年元旦开始施行；立法机关正加快推进《水污染防治法》修订；制定《土壤污染防治法》的前期工作紧锣密鼓开展。中国生态环境法治体系在不断完善。

从“督企业”到“督政府”，督促地方推进环境保护。综合督查及环保约谈推动各地加强环境治理，严格环境执法，加大监管力度，一批突出的环境问题得到解决，一些地区的环境质量得以改善。以敦促地方政府落实环保责任为目的的综合督查及环保约谈，2015年1月环保部约谈内蒙古锡林郭勒草原等5个国家级自然保护区所在地的地方政府，要求坚决制止破坏自然保护区生态环境的违法违规行为。河北廊坊市、江西九江市、安徽铜陵市、云南昭通市等地的党委一把手，先后出现在当地的综合督查情况反馈会上。困扰河南焦作市民十余年的山阳区龙源湖公园养殖场污染彻底消除，呼和浩特市查封了沙尔营煤炭物流园区内56家无证照、无环保设施的煤场。

坚决向污染宣战，提升生态环境质量，治污攻坚初见成效。被称为“气十条”和“水十条”的《大气污染防治行动计划》和《水污染防治行动计划》，先后发布实施，各有十个方面35项具体措施，为打赢治污攻坚战提供了充沛“弹药”和真金白银。各地多措并举防治大气污染，提升了“气质”，减轻了公众的“心肺之患”。监测数据显示，2015年，全国338个城市可吸入颗粒物（PM10）年均浓度同比下降7.4%；细颗粒物（PM2.5）平均浓度为50微克/立方米，其中161个可比城市同比下降11.3%。《水污染防治行动计划》发布后，各地以水环境质量考核为抓手，突出重点流域、城市黑臭水体治理，一些地方被污染的河流水质得到改善。

空气、水、土壤、危险废弃物、工业污染源等百姓关注的污染问题，都被纳入“十三五”环境治理保护的重点工程。“十三五”规划纲要明确提出，到2020年地级及以上城市空气质量优良天数比率超过80%。我国将制定城市空气质量达标计划，严格落实约束性指标，地级及以上城市重污染天数减少25%。城市建成区内污染严重企业实施有序搬迁改造或依法关闭。“十三五”期间，我国地级及以上城市建成区黑臭水体将被控制在10%以内；开展1000万亩受污染耕地治理修复；还将加强生活垃圾焚烧飞灰、抗生素菌渣、高毒持久性废物等的综合整治。

（三）继续夯实绿色发展的制度保障

绿色发展理念、“五化协同”的现代化战略、美丽中国的发展目标与“两山理论”是渊源连绵、一脉相承、融会贯通的。建成山青水绿的美丽中国必须切实转换发展方式、坚持绿色发展，使绿色化有机融入新型工业化、城镇化、信息化、农业现代化，协同推进“新五化”必将开创社会主义生态文明新时代。习近平总书记的“两山理论”拥有坚实的实践基础，不仅展示了全新的发展观，为总体上正确处理好经济发展与生态环境保护关系提供正解，而且为具体落实绿色发展战略、扭转“GDP至上论”、推动绿色转型提供了方法论指导和具体路径对策。

第一，进一步深化绿色发展理念，创新绿色发展实现手段，挖掘生态优势，激活绿色发展潜力。绿色发展是根本性、全局性、长远性的发展战略，要把绿色发展理念贯穿于经济社会发展全过程，关键是落实到每一个工作环节，经济社会效益和生态效益“两笔账”都要算。良好生态环境是最公平的公共产品，是最普惠的民生福祉。提供优质的绿色产品和生态服务不仅是生态文明建设的战略需要，也是当前人民群众生活的实际需求，是提升人民生活质量的重要内容。因此，在经济新常态和优化结构的背景下，要把低碳、清洁、节约、高效理念自觉融入企业生产、居民消费和政府决策过程，自觉开发绿色经济增长的新动力、新市场和新环境，为全面建成小康社会提供扎实的绿色根基。浙江省各地政府的工作报告和“十三五”规划中，“生态文明”“绿色发展”成为高频词，这是地方政府部门循着绿色发展新思路的直接体现。

第二，进一步完善生态文明制度体系，不断提高生态治理能力现代化水平，增强引领绿色发展的统筹能力。最严格的制度和最严密的法治是生态文明建设的可靠保障，最实用的产业政策和最领先的创新机制是绿色发展的有力支撑。浙江要进一步加强推进减排交易试点，大力支持和鼓励自愿减排项目，对自愿减排项目的支持政策至少与配额管理并重，取消对核证自愿减排量交易的区域限制，支持核证自愿减排量实现市场全域流通。大力发展绿色金融，引导与激励全社会积极主动地自愿减排，才能真正推动经济社会向绿色、低碳可持续转型。加强总结和推广开化县和淳安县重点生态功能区建设经验，积极推进杭州市、湖州市、丽水市生态文明先行示范区建设以及国家绿色发展改革试点建设。

第三，进一步提升绿色发展水平，把绿色化融入新型工业化、城镇化、信息化、农业现代化布局中。深入推进“中国制造＋互联网”，建设制造业创新平台，实施一批智能制造示范项目，在这个过程中要突出绿色制造、绿色建筑、绿色产品理念。切实推动形成绿色生产生活方式，加快改善生态环境。扩大绿色环保标准覆盖面。支持推广节能环保先进技术装备，广泛开展合同能源管理和环境污染第三方治理。加大建筑节能改造力度，加快传统制造业绿色改造。开展全民节能、节水行动，推进垃圾分类处理，健全再生资源回收利用网络，把节能环保产业培育成我国发展的一大支柱产业。推进绿色城市建设，实现绿色建筑强制性标准在城镇新建公用、民用建筑领域全覆盖，提升可再生能源占建筑领域能源消费比重。

随着一系列生态环境保护制度陆续制定实施，我国已经构建起产权清晰、多元参与、激励约束并重、系统完整的生态文明制度体系，使生态文明体制改革呈现出清晰的路线格局。这促使各级领导干部需不断提高对绿色发展战略的认识高度、政策力度和实践深度。我们坚信，以“两山理论”为指导，协同推进经济建设、政治建设、文化建设和社会建设的绿色化发展，“美丽中国”的生产力发展水平和发展质量必然会发生新的历史飞跃。

第七章　浙江精神引领山海战略，推动区域经济社会协调发展

浙江山水秀丽，人文荟萃。千百年来，浙江特有的地理环境、生产生活方式、历史上的多次人口迁徙和文化交融，造就了浙江人民兼有农耕文明和海洋文明的文化特质，锤炼了浙江人民兼容并蓄、励志图强的生活气度，砥砺了浙江人民厚德崇文、创业创新的精神品格。浙江精神代代传承，历久弥新，始终激励着浙江人民励精图治，开拓创新。进入 21 世纪后，浙江的经济总量与人均 GDP 虽然一直在全国居于前列，但是仍存在着区域发展不平衡、不协调问题，全省经济社会持续快速健康发展面临着严峻挑战。习近平同志主政浙江期间，提出了“八八战略”。作为“八八战略”重要组成部分之一的“山海战略”① 是浙江为推进区域协调发展而实施的一项重大战略举措。此后，历届浙江省委带领全省人民，按照习近平同志谋划的蓝图，不断丰富“山海战略”的内容和载体，创新“山海战略”实现的路径。经过十多年的不懈努力，“山海战略”有效地缩小了浙江区域经济发展的差距，取得了显著的成效，使浙江统筹发展走在了全国前列，并在实践中逐步探索出了一条具有浙江特色的区域协调发展的新模式。在“山海战略”实施的背后，支撑着、推动着、引领着人们的力量源泉，正是浙江精神。它不仅与“山海战略”的实践相伴，而且将求真务实、开放图强、走在前列、勇于创新、崇学向善等精神发扬光大，谱写了新时期浙江人民在“八八战略”指引下，高水平全面实现小康社会的奋斗篇章。

一、发扬求真务实精神，促进区域经济协调发展

无论是在思想文化方面还是在生活实践方面，浙江都有着浓厚的求真

① 本文将山海协作工程、海洋经济强省战略统称为“山海战略”。

务实传统。浙江一直坚持从世情、国情、省情出发，清醒认识新挑战、新问题，在面对如何发挥浙江山海资源优势，补齐经济社会发展的短板，促进区域经济协调发展这一省情难题方面，习近平同志指出：“缩小地区发展差距，实现区域经济协调发展，根本途径还是要促进发达地区加快发展、欠发达地区跨越式发展，这是统筹区域发展的核心。”① 习近平同志关于区域经济发展的理性态度和观点，给浙江发展指明了前进方向，促使全省人民务实求进，不囿于以往的经验，不照搬别人的做法，重新认识自己的山海资源及其优势，增强了加快发展的动力和信心，努力把“八八战略”贯彻落实到各级干部和广大群众的思想和行动中。

（一）遵循区域经济增长规律，寻求解决经济社会发展短板的战略

进入 21 世纪，浙江发扬求真务实精神，较早认识到了区域经济发展的不平衡性及其危害性，牢固树立和全面落实科学发展观，保持浙江区域经济发展的个性和特色，老老实实地按经济发展规律办事，但又不墨守成规，他们勇于创新，善于创新，提出“山海战略”，促进沿海发达地区与山区、海岛等欠发达地区的经济社会协调发展，实现合作共赢，使全省各区域人们共享经济发展的成果，从而掌握了经济社会发展的主动权。

浙江区域经济差距由小变大。改革开放 40 多年来，浙江经济快速增长，经济实力大幅度提升，从一个相对封闭的传统农业经济发展成为开放的、以现代工业为主体的经济大省。经济增长速度远远高于全国平均增长水平，无论是 GDP，还是人均 GDP，都取得了快速增长。从 GDP 来看，1978—2017 年，浙江的国民生产总值从 123.72 亿元增长到 51768.26 亿元，扣除价格因素后，实际年均增速达到 12.1%，经济总量排名跃居全国第 4 位。从人均 GDP 来看，1978—2017 年浙江人均 GDP 的数值从 331 元增长到 92057 元，实际年均增速为 10.9%。2017 年人均 GDP 折合约为 13634 美元，列全国第 5 位。经济建设工作体现出“干在实处，走在前列”的特点，成为我国经济增长最快，发展活力最强的省份之一。

伴随着经济快速发展的同时，浙江区域经济发展的差距问题逐渐凸显

① 习近平：《干在实处　走在前列——推进浙江新发展的思考与实践》，中共中央党校出版社 2006 年版，第 202 页。

出来。改革开放以后，由于受到历史基础、中心城市规模、地理环境与自然资源、市场发育程度、区位和交通、人口数量与素质和区域发展策略等种种因素的综合影响，导致浙江各地区经济发展速度相差很大，发展差距不可避免。对此，习近平同志带领的浙江省委有着深刻的见解，他曾指出："从国际经验看，区域之间的发展差距，特别是以人均 GDP 衡量的区域发展差距，是长期存在的，在某个发展阶段甚至还有不断扩大的趋势。但是，以人均 GDP 衡量的区域发展差距，是可以逐步缩小的。"[①]

根据对浙江省区域经济差距演变轨迹的分析，可以将改革开放以来区域经济发展差距划分为低水平波动（1978—1991 年）、差距拉大（1992—2002 年）和趋向协调发展（2003 年以来）三个阶段。[②] 这里先介绍前两个阶段的情况，本章后面部分将会介绍第三阶段的情况。

第一阶段：经济差距低水平波动阶段（1978—1991 年）。这一时期，我国逐渐实施改革开放政策，外商投资开始涌入我国南部沿海经济特区。1982 年农村家庭联产承包责任制在全国范围内推广与实施，标志着集体经济组织基本制度已经开始确立和稳定。当时改革的重点也由农村转移到城市，从经济领域进而扩展到政治、科技、教育以及其他社会等各个领域。计划商品经济理论的提出与全民所有制企业的改革促进了企业多种经营方式的探索，有力地推动了我国改革开放与工业化的进程。长期制约民营经济发展的环境开始好转，以乡镇集团为特征的"苏南模式"与以个体私营经济为特征的"温州模式"开始萌芽并发展。

这段时期，浙江农业在国民经济中的比重还很高，工业化和城市化发展的水平较低，区域生产要素的集聚规模小，集聚的速度不快，总体经济实力较弱。加上浙江经济吸收外商资本和技术未成规模，国家给予的政策和资金支持非常有限，经济发展主要依靠自身力量，依赖本地资源的开发和利用，各地区之间经济发展水平的差距还没有明显拉开，呈现出一种低水平相对波动的状态。从浙江各地市的比较中，可以看到这种情况。1978

① 习近平：《干在实处　走在前列——推进浙江新发展的思考与实践》，中共中央党校出版社 2006 年版，第 203 页。

② 陆根尧等：《浙江经济持续增长与区域经济协调发展研究》，经济科学出版社 2014 年版，第 36 页。

年浙江人均GDP最高的市是杭州市，为656元/人。同年最低的市是丽水，其数值是226元/人，最高与最低的比值是2.5倍，经过13年的发展，1991年杭州人均GDP与丽水市的比值逐渐扩大到约3倍（见表1）。

表1 1978—1991年杭州市与丽水市人均生产总值的比较

年份	全省平均（元/人）	杭州市（元/人）	丽水市（元/人）	杭州市一丽水市（元/人）	杭州市/丽水市（倍）
1978	331	656	226	430	2.5
1980	470	791	298	493	2.65
1985	1063	1675	593	1082	2.82
1990	2122	3310	1101	2209	3.0
1991	2540	3952	1319	2633	2.99

资料来源：浙江省统计局：《新浙江五十年统计资料汇编》，中国统计出版社2000年版。

第二阶段：经济差距拉大阶段（1992—2002年）。1992年邓小平南方谈话精神以及党的十四大关于建立社会主义市场经济体制目标的确立，为浙江各地社会经济进一步发展提供了强大的动力。全省各地民营经济、块状经济和专业化市场迅速崛起。农村市场化改革顺利推进，农村经济形势喜人。得益于企业产权制度的变革，使以个私经济为主体的浙江各地经济蓬勃发展，并取得了民营经济发展的先发优势，形成了众多的特色产业，浙江工业化的进程大大加速。工业的大发展进而又带动了浙江城镇化的发展，杭宁温中心城市的地位基本形成，中心城市的辐射力增大，成为浙江经济发展的三大增长极。全省经济呈现出前所未有的良好发展态势，经济高速增长，各地的人均生产总值、城镇居民人均可支配收入、农村居民人均纯收入等均保持着强劲增长势头。但是，由于浙东北地区在投资积累、区位优势、基础设施条件、市场信息、人力资本等方面具有更多的、更好的优势和条件，取得了比浙西南地区更快的发展，经济差距迅速拉大到历史的高位。

1992—2002年，浙江人均生产总值最高的杭州市比最低的丽水市，绝对数差额由1992年高出3316元，变为2002年猛增到20716元，其相对数的比值也由1992年的2.97倍，上升到3.79倍，个别几个年份甚至达到4倍多（见表2）。比较其他经济指标同样反映出两地相对经济差距表现出扩大的特征。

表 2 1992—2002 年杭州市与丽水市人均生产总值的比较

年份	全省平均（元/人）	杭州市（元/人）	丽水市（元/人）	杭州市－丽水市（元/人）	杭州市/丽水市（倍）
1992	3187	4996	1680	3316	2.97
1995	8074	12797	3889	8908	3.29
2000	13461	22342	5515	16827	4.05
2002	16841	28150	7434	20716	3.79

资料来源：浙江省统计局：《新浙江五十年统计资料汇编》，中国统计出版社 2000 年版。

区域经济差距过大将带来严重的经济和社会问题，影响浙江进一步发展。首先，损害欠发达地区经济增长的基础。地区经济差距过大，欠发达地区可能出现生产要素和资源大量流失的现象，直接损伤欠发达地区的当前利益和发展潜力。当不发达地区的人们预期经济差距在长期中难以改变时，资金和人才的外流形势更为严重，发展机会更加困难，甚至连维持原有生产水平都很困难，最终陷入落后的恶性循环之中。其次，长期持续的区域经济差距可能会使欠发达地区对上级政府的倾斜性政策产生不满，欠发达地区会施加压力和影响，要求得到更多的财政补贴和其他优惠政策，从而给省级政府的财政造成压力。再次，区域经济差距过大，不符合社会公平原则。如果放任经济差距继续扩大，则违背了社会主义共同富裕的原则。最后，随着区域经济差距的不断拉大，增长缓慢的地区较之增长快的地区相对受损也会加大，如果欠发达地方得不到有效的补偿，区域之间发生经济摩擦和对抗的风险将增加。这些情况的出现，会造成上级政府的凝聚力下降，“离心力”加大，从而影响社会的稳定和发展。

（二）传承坚韧不拔、自强不息的奋斗精神，念好“山海经”

浙江人多地少、自然资源缺乏、自然灾害频发，给居住在这里的人民造成了巨大的生存压力，但同时也养成了浙江人们不依不靠、不等不要，凭着自己的双手和头脑，不断进取和创造，以此来改变命运和自然，铸就了浙江人百折不挠、坚韧不拔、自强不息的奋斗精神，其毅力与自立自强的意识令人感慨。浙江人讲究实效、注重功利的精神，广泛地沉淀于浙江民间社会心理之中，他们能够理性地认识和利用山海资源，并在对恶劣自然环境的长期改造中，不断探索和改变生产和生活方式，衍生出变通精神。例如，在面对浙江山海资源给全省经济社会发展带来的不利影响的同时，也能够辩证地认识到山海资源给浙江未来经济发展带来的新机遇。但是，要将“山海战略”的美好愿望变成现实，念好“山海经”，传承先民遗留下来的坚韧不拔、自强不息的奋斗精神不可忽视。

浙江既有丰富的海洋资源又有丰富的山地资源。这一资源禀赋特点为浙江本身开展“山海战略”奠定了物质基础。浙江省的地形地貌多样，由于地理、历史与现实的诸多原因，区域经济发展呈现出很大的不平衡性，占全省陆域国土面积2/3的山区成为浙江的欠发达地区，相当于陆域面积两倍之多的海域为依托的海洋经济同样发展严重滞后。浙江丰富的山海资源未能得到充分开发利用，山海经济的发展潜力未能得到充分发掘。

浙江丘陵山区占全省陆域面积的70%，根植于绿色山岭田野的山区经济被人们誉为绿色经济。但其绿色经济发展之路却颇为曲折。山区道路的崎岖使得山区经济发展长期滞后，再加上长期以来人们违背自然规律和经济规律的盲目开发，山区经济未能发挥绿色产业优势，山区沦为全省经济社会发展相对滞后的欠发达地区。2003年，山区人均GDP只有环杭州湾地区的47%、全省平均水平的64%。从县域经济发展水平来看，山区经济差距现象也十分突出。2004年，在全国综合实力百强县排行中浙江占了30席，这30个百强县全都是平原县或平原为主的县。其县域面积占全部县域面积40.6%，国内生产总值则占全部县域的77.6%。浙江的25个欠发达县（市、区）则几乎都是山区县，面积占全省地域面积的44.1%，GDP占全省的9.6%，人均GDP不到全省平均水平的一半。浙江农民人均纯收入水平低于全国农民人均纯收入水平（2001年）的361个欠发达乡镇绝大多数在山区县。[①] 山区成为低收入和贫困人口集中的欠发达地区，成为制约浙江实现全面建设小康社会目标的最大瓶颈，成为制约浙江区域经济协调发展的主要瓶颈。

山区资源与优势不容忽视。其主要表现在：一是生态环境资源优势明显。浙江欠发达地区是浙江乃至长三角都市圈的重要生态屏障，太湖、钱塘江、瓯江等江河湖泊的源头大都发源于浙江欠发达地区。浙江山区属亚

---

① 孙飞翔、顾益康、李隆华：《潜力浙江——山海经济发展新论》，浙江人民出版社2006年版，第3—9页。

热带季风气候，四季分明、雨量充沛，水资源、森林动植物资源十分丰富，林业经济发展水平和森林覆盖率位居全国前列。山区森林覆盖率高，空气清新，工业污染少。随着省内沿海平原地区都市圈、城市群、工业产业带的迅速崛起和产业、人口密集度大幅度提高，浙江山区作为长三角区域的生态环境涵养地的重要性与日俱增，水源、林木、气候资源优势大幅升值。高速公路网络已经建成，贯穿浙江山区，极大地改善了山区的地理区位，为对生态环境要求高的电子信息、生物工程等高新技术产业落户山区发展提供了十分有利的条件。二是人文旅游资源不断升值。“山水浙江、诗画江南”，浙江丰富多彩的人文旅游资源主要分布在浙江山区。丘陵山区生态环境优良，森林景观优美，人文古迹荟萃，旅游资源非常丰富。随着经济发展、社会进步和人民生活水平的不断提高，人们亲近自然、走进森林的愿望日益强烈。浙江是国内外尤其是长江三角洲区域人民旅游观光的重要目的地。浙江发展以森林旅游、森林文化为主体的林业经济具有巨大潜力。再加上浙江丘陵山区拥有丰富多样的特色绿色农副产品、林产品和古村落、山区文化、养生文化等，使得休闲农业、“农家乐”等山乡特色休闲养生旅游业呈现蓬勃兴旺的好势头。三是绿色农林资源潜力大。浙江广阔丘陵山区蕴藏着丰富的绿色特色农林资源，具备扎实的产业基础。全省森林覆盖率达到 60.5%，有 9000 万亩林业用地、3000 万亩生态公益林。丘陵山区特色农业正朝着高效生态农业方向拓展，名茶名果、花卉园艺、食用菌、高山蔬菜、食草畜禽的专业化生产、区域化布局、产业化经营、规模化种养、品牌化营销的新格局正在形成，绿色农产品、有机农业作为山区高效生态农业新增长点的前景正初步展现。四是经济后发优势蓄势待发。从比较优势的视角来看，欠发达地区一般都具有后发优势。差距大意味着潜力大，落差大意味着势能大。一方面从一般加工制造业来看，沿海发达地区正面临着土地、水资源等短缺，环境承载量接近饱和的严峻问题。相对来说，浙江丘陵山区的一些低丘缓坡、荒滩沙丘被改造利用的价值正在增加。高速公路网的快速形成，为山区县的工业园区和县城的产业集聚发展创造了有利条件。并且由于大部分山区还没有出现乡村工业遍地开花的现象，使得工业集中布局、污染集中处理、产业集聚发展成为可能。另一方面，发展山区生态经济的时机已经成熟，生态型工业、高效生态农林业、生态型服务业发展前景广阔。此外，山区城镇化水平较低，山区农民居住分散，就业率不高，如果能出台针对性的政策加大人口城镇化集聚，加快农村劳动力培训，扩大山区农民就业门路，充分发挥劳动力资源优势，将会为山区经济发展注入新的活力和动力。

“海洋是浙江的希望”，浙江同样拥有发展海洋经济的独特资源优势。主要体现在以下方面：第一，海洋资源丰富。浙江拥有26万多平方公里的海域，其中内海3.09万平方公里、领海1.15万平方公里，在深水岸线、海岛、近海渔业、海洋能、滩涂、旅游等方面具有“四个第一、两个第三”的全国比较优势，且与有利的区位条件、灵活的体制机制等形成良好的组合优势①。第二，深水岸线资源占全国1/3的比重。浙江大陆岸线1889公里，海岛岸线4807公里，合计6696公里，居全国首位。全省规划港口岸线总长度高达761公里，居全国首位；深水岸线长度506公里，占全国的1/3，其中宁波—舟山港为385公里，占全省的76%，且位于我国“T”形经济带核心区域和长江黄金水道的入海口，是我国建设世界级深水良港的理想地，为上海国际航运中心建设提供了深水岸线资源的保障。第三，海岛数量约占全国40%的份额。据调查，全省海岛有2878个，约占全国的40%，列全国首位。其中，无居民海岛有2639个，约300个已进行不同类型、不同程度的开发和利用。舟山作为我国唯一的设区海岛市，海岛数量占全省的45%左右，接近全国的20%，是全国海岛分布最密、数量最多的海域，其中舟山本岛是全国第四大岛。第四，滩涂资源居全国第三位。根据全省第五次滩涂资源调查，浙江拥有滩涂资源面积为391万亩，占全国的13.2%左右，仅次于江苏的1030万亩和山东的483万亩，排全国第三位。其中，适宜围垦造地的滩涂区面积为262万亩，可以为全省海洋经济发展提供较好的空间条件。第五，近海渔业资源居全国首位。根据浙江大陆架渔业区划的调查，近海渔场面积多达22.27万平方公里，近海渔业资源位居全国首位，渔业资源的蕴藏量在200万吨以上，近海可捕量占全国的27%左右。舟山渔场是全球四大渔场之一，也是我国最大的渔场。近年来由于实施禁渔期等管理措施，近海渔业资源有所恢复，较好地

① 傅金龙：《从海洋资源大省迈向海洋经济强省》，《今日浙江》2010年第2期。

支持了现代高效生态渔业的发展。第六，旅游资源居全国第三位。浙江海洋旅游资源兼具自然和人文、海岛和滨海、观赏和品尝等多种类型，拥有2个国家级风景名胜区和5个省级风景区，优良级单体数量达1535个，仅次于广东和山东，居全国第三位。海洋旅游资源空间分布呈现大分散、小集中格局的特点，这既利于沿海和海岛地区海洋旅游业的全面发展，又利于重点开发，发展潜力很大。第七，海洋能资源的蕴藏量位居全国前列。浙江的潮汐能、波浪能开发已经进入产业和试验化开发阶段。根据相关资料显示，浙江潮汐能可开发装机容量为880万千瓦，约占全国的40%；波浪能理论平均功率为200万千瓦；潮流能理论平均功率也高达700万千瓦，占全国一半以上，主要集中于舟山海域和杭州湾口，是全国潮流能功率密度最高、开发条件最理想的地区。此外，浙江风能集中于海岛和近海地区，开发条件良好。

可见，浙江具有明显优势的山地资源和海洋资源，它们是浙江未来发展的重点，全省要在新一轮竞争中保持领先地位，就必须转变思路，开阔视野，大念“山海经”，在统筹陆海、陆海联动中发展山区经济和海洋经济，使其成为浙江新的经济增长点。

（三）蕴含友爱向善的情怀，先富带后富促进共同富裕

从古至今，浙江一直被公认为是社会较为稳定的地方，居民性格较为温和，注重社会共同体的建设。无论是从历代西湖的疏浚，还是从各地水利设施的建设方面来看，都显示出人们在建设社会共同体时的积极心态，政府和民间有着良好互动的景象。浙江精神中具有自强不息而又不失温和的文化因子，造就了本地人民具有和衷共济、天人合一、人我共生的人生情怀和精神品质。尤为可贵的是，浙江历史上就具有贫富间相互扶持的传统，仁爱、和谐的氛围十分浓郁。浙江精神中蕴含的人与人和谐共存的文化因子，折射出浙江人民友爱向善的情怀。由此，浙江先富带后富促进共同富裕也就顺理成章，水到渠成了。

区域经济发展的不平衡是经济发展过程中普遍存在的现象。无论在世界范围还是在区域层次上观察，欠发达地区都是普遍存在的。我国欠发达地区往往具有共同的特点：区位偏僻，交通不便，远离中心城市和政治、经济、文化、科技中心；穷山恶水，生活和生产条件较差；其中有不少地

方是革命老区和少数民族地区。20 世纪 80 年代，浙江各地区由于区位条件、资源禀赋、经济基础和人文历史等因素不同，已经存在不同程度的经济发展差距。进入 20 世纪 90 年代以后，特别是邓小平南方谈话以后，我国的市场经济建设开始加快，由于市场经济条件下效率优先的资源配置原则以及激烈的市场竞争，发达地区抓住时机，率先实现了经济快速增长，与欠发达地区的发展差距越来越大，全省区域经济发展的不平衡越发突出。

欠发达地区加快发展关系到全省全面建设小康、提前基本实现现代化目标的顺利实现。进入 21 世纪以后，浙江在全面建设小康社会、提前基本实现现代化的进程中，一个比较突出的问题就是区域之间的差距还比较大。当时浙江的欠发达地区不仅在经济发展方面远远落后于发达地区，教育、卫生、科技等社会发展的差距更大。杭、宁、温及绍、嘉、湖等发达地区也都有自己的欠发达地区，存在灯下黑问题。习近平同志指出：“必须看到，没有欠发达地区的小康，就没有全省的全面小康；没有欠发达地区的现代化，就没有全省的现代化。这好比一只木桶的装水量不是取决于这只木桶中最长的那块板，而是取决于最短的那块板。”① 按照“木桶效应”，浙江能否实现全面建设小康社会、提前基本实现现代化的目标，不是取决于发达地区，而是在很大程度上取决于欠发达地区能否加快发展，尽快缩小与发达地区发展的差距。这即需要发达地区在加快自身发展的同时，全力帮助欠发达地区加快发展，更需要欠发达地区进一步转变观念、创新体制、改善环境、扎实工作，努力早日实现经济和社会跨越式发展。

使全省人民共享经济社会发展成果。实施“山海战略”，是促进全省人民共同富裕，实现人民群众根本利益的重要举措。不断改善人们生活，特别是尽快使欠发达地区人民过上小康生活，是践行“科学发展观”的具体体现，是加快浙江全面建设小康社会、提前基本实现现代化的客观要求。欠发达地区是浙江低收入人群最集中的地方，如何提高这部分人的收入，不仅是欠发达地区广大干部群众的重要任务，也是浙江各级党委、政

---

① 习近平：《干在实处　走在前列——推进浙江新发展的思考与实践》，中共中央党校出版社 2006 年版，第 212 页。

府义不容辞的政治责任。对此，习近平同志强调指出：“区域协调发展不是平均发展，同构发展，而是优势互补的差别化协调发展。”[①] 实施“山海战略”，就是要通过发达地区和欠发达地区之间在经济、社会、劳务、教育、科技等全方位的协作，有的放矢加大工作力度，做长欠发达地区这个短板，推动欠发达地区加快发展，使欠发达地区人民群众的就业机会不断增加，收入水平持续提高，生活条件明显改善，生态环境日益好转，使他们真正得到实惠，真正享受到改革发展的成果。

总之，无论从浙江区域经济发展差距日益扩大的现实，还是从全省拥有丰富的山海资源尚未充分利用的角度看，还是从社会主义共同富裕的原则来看，浙江都需要进一步转变经济发展方式，更加注重统筹发展。习近平同志也曾告诫：“区域发展不平衡有经济规律的因素，但区域差距过大也是个需要重视的政治问题。”[②] 浙江的“山海战略”就是在这种时代背景下，开始了积极探索。

二、秉持义利并举、开放图强，促进陆海联动

在历史长河中，就开放而言，浙江人往往比其他地区的人在接受外来文化中表现得更勇敢。他们不封闭自己的思想和行为，胸怀天下，虚心吸收全人类创造的一切优秀文明成果，海纳百川、兼容并蓄，使人们的思想观念、生活习惯、行为方式和精神素质不断适应开放的世界和全球化竞争的需要，其全球眼光和战略意识远远超过同时期其他地区，可以在更大范围、更广的领域、更高层次上参与国内外的经济合作和交流，不断提高对外开放的水平。就图强而言，浙江人表现出来的不仅是奋发进取、走在前列、永立潮头的意识和胆略，而且具有甘于奉献、饮水思源、乐善好施的胸襟，先富带后富，实现共同富裕。

浙江的“山海战略”不是通常传统意义上的“富帮穷”，而是从一开始就重视发挥市场机制的作用，义利并举，把“山”这边的资源、劳动

① 习近平：《干在实处　走在前列——推进浙江新发展的思考与实践》，中共中央党校出版社 2006 年版，第 38 页。

② 习近平：《干在实处　走在前列——推进浙江新发展的思考与实践》，中共中央党校出版社 2006 年版，第 38 页。

力、生态等优势与“海”那边的资金、技术、人才等优势有机地结合起来，实现合作共赢，共同发展，既要促进欠发达地区加快发展，又要促使发达地区转型升级，实现互动良性发展。为此，浙江在山海协作工程、海洋经济强省战略方面进行了多方面的实践和探索。

（一）义利并举，实施山海协作工程

在浙江人的血液中，有义利并举的传统基因。“君子喻于义，小人喻于利。”几千年来，重义轻利是我国儒家的正统思想，成为我国占统治地位的主流意识。但是，在这个商品经济发展、商业文化发达的地方成长起来的一批代表人物却倡导功利，在我国传统文化中鹤立鸡群。例如，永嘉学派的代表人物陈亮强调“功到成处，便是有得；事到济处，便是有理”；认为“商借农而立，农赖商而行”，主张农商相补。永嘉学派的领军人物叶适明确反对义利两分，主张“以利和义”“义利并立”。他提出了“善为国者，务实而不务虚”的治国理念，要求“实证与实得双修”，把仁义道德落实到“民利”上①。在这种功利主义哲学思想的熏陶下，培育了浙江人在实践中“义利并重”的价值观念，造就了浙江人讲究实际，务实肯干的行为方式和性格。“八八战略”中的“山海协作”工程就是这种“义利并举”价值观的具体体现，其义主要表现在省内发达地区要帮扶欠发达地区经济和社会发展，体现的是扶持、关爱、援助甚至是捐赠等行为。其利主要表现在“山海协作”工程的实施中，尊重市场规律、市场机制的作用，发挥协作双方的优势和积极性，平等自愿结合，实现合作共赢，共同发展的目的。可以说“山海协作”工程的实质是，借助于“山海战略”这个平台，统筹山海关系、陆海联动，在全省范围内推动区域间山海资源的自由流动和配置，优化全省产业布局，通过沿海发达地区的帮扶，支持欠发达地区缩小经济发展差距，协调地区经济发展，共享经济发展的成果。

针对省内区域发展的不平衡，在习近平同志的主持下，浙江在2002年开始酝酿规划“山海协作工程”，并于2003年7月纳入“八八战略”。此工程是对省内发达地区与欠发达地区之间区域经济协作的形象化概括。“山”主要指以浙西南山区为主的欠发达地区和舟山市的欠发达海岛县，基本上

① 中共浙江省委宣传部编：《与时俱进的浙江精神》，浙江人民出版社2005年版，第5页。

包括了浙江26个欠发达县（市、区）。“海”主要是指浙江沿海经济发达的地区。回顾山海协作工程发展的历程，浙江省主要采取了以下举措。

第一，提升战略层次，出台利好政策。时任浙江省委书记习近平同志把山海协作工程提升到事关全省发展大局的战略高度，多次在不同场合强调指出，实施“山海协作工程”是缩小浙江地区差距、促进区域协调发展的有效载体，是培育新的经济增长点、提高浙江综合实力的必然要求，是促进共同富裕，实现人民群众根本利益的重要举措，并将其作为一项德政工程、民心工程，要求全省抓紧抓好。由此，全省各部门、各地区积极行动起来，迅速掀起了山海协作工程的浪潮。2003年，浙江省委、省政府成立了山海协作工程领导小组，陆续出台了《全面实施山海协作工程的若干意见》《山海协作工程“十一五”规划》《山海协作工程“十二五”规划》等一系列政策，形成了山海协作的政策指导体系；杭州、宁波等发达地区与衢州、丽水等欠发达地区的65个县（市、区）结成对口协作单位，全面开始互动对接。2007年6月，浙江省第十二次党代会报告明确指出把加快欠发达地区发展作为“创业富民、创新强省”总战略的重要组成部分。提出要进一步优化和创新扶持政策和帮扶载体，深化山海协作，促进欠发达地区快速发展。

搭建合作平台，政府主动引导。为了保证山海协作工程顺利推进，浙江省每年都通过举办系列活动、召开工作会议等形式，不断把山海协作工程引向深入。工程实施以来，浙江省委、省政府在全省各地轮流举办山海协作工程系列活动，省委书记、省长都亲自参加相关活动、出席专题会议并作重要发言。自2005年起，省委常委会每年都要听取来自欠发达地区的工作汇报，研究解决发展中急需解决的重大问题。为了调动各地和部门的积极性，省山海协作工程领导小组还制定实施了《浙江省山海协作工程考核办法》，把考核范围扩展到各市政府和省级部门层面，把山海协作纳入政府目标考核体系之中。

协作政策连续，工程内容升级。浙江省委十二届四次全会将“上山入海”作为全省完善生产力空间布局和推进经济转型升级的重要方略。2009年，浙江又开始实施新一轮的山海协作工程，进一步提出把推进山海协作工程和实施包含“基本公共服务均等化行动计划”和“低收入群众增收行动计划”在内的“全面小康六大行动计划”结合起来，重点在基本公共服务和低收入群众增收两个方面加快推进欠发达地区跨越式发展。2015年底浙江省委在“十三五”规划建议中再次强调要全面推进协调发展，切实增强发展整体性，并具体指出要深入实施山海协作工程，丰富协作内涵，完善协作平台，创新协作机制，实施产业平台建设、绿色经济发展、群众增收共享、人才智力合作和浙商助推发展等行动计划，打造山海协作工程升级版。

第二，创新协作机制，扩大协作领域。山海协作工程早期是在党委政府层面下全面推动下发展起来的，刚开始，各个地区都在省里规划的结对地区名单中寻找合作伙伴。可是没过多久，逐渐被市场主导取代。顺应区域统筹发展的需要，政府搭建了山海协作工程开放平台，在稳定原有结对帮扶政策的同时，借助投资洽谈、招商会等途径，支持市场主体直接对接，利用市场、产业和要素的联系和互补性，因地制宜地展开协作，欠发达地区与发达地区开始掌握合作的主动权。虽然浙江省出台了产业指导目录，但它也只是一种引导，企业可以自主选择。多年来，通过不断推动山海协作机制创新，激发了市场主体的力量，动力上实现了由政府引导到市场主导的转变，使山海协作工程焕发出持续的生命力。

创新协作方式与内容。早期的合作侧重于项目协作，衢州、杭州、宁波等市首先采取了资源产业合作，创造了资源与产业合作山海协作新模式，激发了协作双方的合作热情。资源与产业合作实现了双方共赢发展，在促进衢州经济加快发展的同时，一定程度上也缓解了杭州等发达地区重点项目和城市用地紧张的矛盾。不仅如此，浙江在实践中还创建了协作园区。在特色产业合作领域，浙江省共建立了15个山海协作示范园区，实现了产业合作由零散型向集群型转变，投资规模与效益逐年提高。此外，浙江省还将山海协作工程融入义博会、西博会、工科会以及长三角地区的一些大型展会，拓展了新的交易平台，取得了明显成效。这不仅为欠发达地区企业开拓国际国内市场搭建了良好平台，也为促进低收入群众增收提供了有效途径。与此同时，政府还创新服务机制，建立起了协作项目推介招商活动机制、项目推进督促检查机制、项目服务协调机制、项目定期汇总统计制度等长效工作机制，强化了山海协作工程的制度保证，提高了山海协作项目的成功率。

增强“造血”能力。山海协作工程突破了长期以来“输血帮扶”式的传统发展模式，探索走出了一条“造血帮扶”的新路子。在推进山海协作过程中，全省通过实施“百村经济发展促进计划”，组织实施“省外浙商帮扶低收入群众增收计划”，对口发达市与丽水市、衢州农村结对，实施新农村共建项目。与以往不同，浙江省坚持把工作的着力点放在增强欠发达地区发展“造血”功能的培育上面。山海协作的领域从产业、劳动力合作为主逐步向旅游、农民增收、公共服务、拓展市场等诸多领域拓展。

第三，多种形式统筹山海关系，陆海联动促进区域发展。山海统筹是一个区域发展的指导思想，强调的是将海洋经济与陆地经济统一辩证地看，发现两者的关联性与互补性，统筹考虑和协调山区与海洋的发展。由于历史发展与地域条件的原因，人们的陆地意识较强，陆地经济的发展一直成为人们关注的重点区域，而对海洋经济的发展相对重视不足。甚至很长一段时间人们只是将海洋作为陆地经济发展的附属物或者补充物来看待，将海洋作为陆地经济发展的物质来源地，忽略了海洋本身的资源优势与发展潜力，不能充分的利用海洋资源，海洋经济的发展自然受到抑制。山海统筹、陆海联动思想的提出，打破了人们原有的思想意识局限性，使人们充分认识到陆地与海洋之间的密切联系，将原来两个相对独立的系统关联起来，形成山海资源优势互补，从而使陆地与海洋的经济价值充分展现出来。

陆海联动促发展。随着人们对海洋认识的加深，浙江发展海洋经济的积极性被充分调动起来，当《浙江海洋经济发展示范区规划》上升为国家战略后，浙江各地纷纷涌起了“赶海”的热潮。借助于全省全面实施“四大国家战略举措”的东风，山区与沿海地区市场共兴、产业共建、要素共享的发展格局正在加快形成，陆海联动、区域协调发展迎来了新的发展机遇。以海引山、以山促海、陆海联动、山海统筹成为新形势下山海协作的新特征。按照浙江省海洋经济发展示范区的空间布局规划，杭州、宁波、温州、嘉兴、绍兴、舟山、台州 7 个市 47 个县（市、区）纳入全省海洋经济发展试点的范围。不涉海的湖州、金华、衢州、丽水也设置了海洋办等机构对接省级相关部门，主动融入海洋经济。如衢州全力推进“陆海联动、绿色发展”，构建了“山海协作”园区、无水港、绿色产业集聚区等对接海洋经济的产业平台。其他地区也借题发挥，借台唱戏，借船出海，陆海联动。

（二）推崇向善行善的社会风尚，助推欠发达地区跨越式发展

浙江大地自古民风古朴，民心向善。在历史上，浙江人不仅善于经商，长于致富，更有着饮水思源、乐善好施、扶危济困的良好传统。浙江先民的心灵深处原本就有一份善良的情怀，人们乐善好施的优良传统从未间断。他们富而有礼，富而有义，义利并举。他们是乐善好施的历史传承，是地域文化的多重交汇，是民众的群体道德实践。其向善、从善、行善的社会风尚就像水一样，连绵不断，如同上善若水，“善利万物而不争”。浙江从不缺少善人善事。从孝女曹娥到中国伦理学建设的奠基人蔡元培，向善的力量一直是浙江巨大的精神力量。各地始终吹拂着向善的风气，这反映出浙江人的善良博爱之心。这不仅为山海协作工程顺利实施创造了社会文化氛围，同时也为推动欠发达地区跨越式发展，与浙江省同步实现全面小康社会奠定了良好的社会基础。

改革开放以来，浙江省一直高度重视欠发达地区加快发展。进入21世纪以来，浙江省委、省政府更是从战略高度，把欠发达地区加快发展摆到更加突出的位置。2003年1月，在浙江“两会”期间，时任浙江省委书记的习近平指出：“欠发达地区不是包袱，要给予政策，赋予观念，为他们创造更多的发展机遇和条件，把欠发达地区当成新的经济增长点来培育。”

2003年7月，省委第十一届四次全体（扩大）会议上把统筹区域发展纳入“八八战略”的总体部署，提出要进一步发挥浙江的山海资源优势，大力发展海洋经济，推动欠发达地区跨越式发展，努力使海洋经济和欠发达地区的发展成为浙江经济新的增长点。

此后，浙江省推进欠发达地区加快发展的思路和政策举措逐渐清晰起来，财政转移、生态补偿、扶贫开发、山海协作、异地搬迁、结对帮扶、科技支援等扶持体系不断完善。“欠发达乡镇奔小康工程”“山海协作工程”“百亿帮扶致富工程”“低收入群众增收行动计划”“低收入农户收入倍增计划”、山区经济发展规划等一系列专项举措相继出台并实施。

省委常委会、省政府常务会议坚持每年召开专题工作会议，重点研究

欠发达地区发展中的重大事项，并建立和完善了省委常委、副省长联系 26 个欠发达县的工作制度。进入 21 世纪以来，浙江陆续出台了多个以省委、省政府或“两办”名义印发的扶持欠发达地区发展的政策文件，要求省级各有关部门在项目申报门槛、项目扶持、要素配置、人才支持和培养等方面，向欠发达地区重点倾斜，并明确了部分专项资金对欠发达地区的配备优惠比例，扶贫帮扶政策的含金量很高。

2001 年政府出台了《关于加快欠发达地区经济社会发展的若干意见》，明确省里每年安排 3000 万元工业发展专项贴息资金集中于欠发达地区；2005 年出台了《关于推进欠发达地区加快发展的若干意见》，要求省电力部门“十一五”期间安排专项资金 60 亿元，用于欠发达地区电网建设与改造项目。除了为欠发达地区量身定制的“两保两挂”和一般转移支付政策外，省里还对欠发达地区特别厚爱，在专项转移支付方面，把欠发达县全部纳入一类，享受最高档次的转移支付比例。2014 年，淳安和开化两县还被列为生态功能区建设机制试点县，享受与出境水质和森林覆盖率相挂钩的财政奖惩政策。扶持政策的密集出台并落地生根，为欠发达地区跨越式赶超发展，插上了腾飞的翅膀。

没有欠发达地区小康社会的全面实现，就不可能有全省小康社会的全面建成。为了加快文成等全省 12 个经济最薄弱县加快发展，省里决定从 2011 年起，连续 3 年每年筹资 16.8 亿元，对这些 12 个县分类实施特别扶持政策，力争在较短的时间内，通过加大投入和全力推动，增加当地百姓收入，提高民生水平，增强内生发展动力。当三年期届满时，浙江又将这项特惠扶持政策再次往下续延，从 2014 年开始实施第二轮“特别扶持计划”。

（三）以开放包容的胸襟建设海洋经济强省

从古至今，浙江就是在不断吸收吴文化、楚文化、中原文化的过程中发展壮大起来的，大胆吸收各地不同文化的开放精神是浙江快速发展的关键。前面提到浙江山区多、耕地资源缺乏，但是水利交通便捷、海洋资源丰富。为了解决生存和发展的矛盾，浙江人形成了正视客观现实，从农业之外寻求生存发展之道的传统。他们本着务实的精神，勇于突破重农抑商思想的束缚，大力发展工商业。充分利用地处边陲、濒临海洋的独特自然地理环境的条件，敢于漂洋过海，敢于在大风大浪中冒险求生和发展，其足迹遍布全球各地，正是各地的创业过程，形塑了浙江人重视商贸、敢于冒险、海纳百川、兼容并蓄的性格特征。“八八战略”提出发展海洋经济，建设海洋强省就是这种精神的发扬。

浙江作为我国一个海洋资源大省，在国家“海洋强国战略”中具有重要的地位。拥有独特的地理区位条件、丰富多样的海洋资源、突出的特色产业以及灵活的体制与机制，使浙江具有加快海洋经济发展的巨大潜力。2003 年 8 月习近平同志指出：“纵观世界经济发展的历史，一个明显的轨迹，就是由内陆走向海洋，由海洋走向世界，走向强盛。”① 他还进一步指出，面对国际国内在海洋经济领域竞争日趋激烈的态势，我们一定要有长远的战略眼光，充分认识加快发展海洋经济，建设海洋强省的重要意义。正是在习近平同志的倡导和推动下，历届省委班子一茬接着一茬干，“抓落实如敲钉子”，在海洋经济发展方面采取了以下具体举措。

第一，战略方向引领，着力推进发展海洋经济工作部署。浙江省委、省政府历来十分重视发展海洋经济。早在 1993 年就提出要“开发蓝色国土”，1998 年提出“建设海洋经济大省”。习近平同志 2002 年主政浙江以后，在深入广泛系统调查研究的基础上，把浙江新一轮发展的视野投向了广阔的蓝色区域，2003 年提出“建设海洋经济强省”的战略。这是浙江发展海洋经济的历史转折点，其显著的标志，就是确立并开启了浙江建设海洋经济强省建设的大战略。这个大战略的酝酿和形成跟习近平个人的工作经历有着密切的关系。他先后在福建与浙江工作过，这两个省份都是我国的海洋大省。习近平对大海始终有着一种深厚的感情，对抓海洋经济，有着丰富的领导经验，对发展海洋经济有着超前的眼光和意识。2003 年 8 月习近平同志在召开的第三次浙江海洋经济工作会议上，进一步细化了发展海洋战略的目标，提出了建设“海洋经济综合实力强、海洋产业结构布局合理、海洋科技先进、海洋生态环境良好的海洋经济强省”的奋斗目标。同年，浙江省委出台了《关于建设海洋经济强省的若干意见》。

---

① 习近平：《干在实处　走在前列——推进浙江新发展的思考与实践》，中共中央党校出版社 2006 年版，第 216 页。

2007年浙江进一步提出“大力发展海洋经济，加快建设港航强省”的战略部署。2011年2月国务院正式批复了《浙江海洋经济发展示范区规划》，同年6月国务院又批复同意设立浙江舟山群岛新区，这使浙江海洋经济发展和舟山群岛新区建设上升为国家战略。根据党的十八大提出“建设海洋强国”的战略部署，2013年浙江明确提出了要“建设海洋强省”。2016年浙江省“十三五”规划建议指出，统筹推进海洋经济发展示范区和舟山群岛新区建设，大力推进海港、海湾、海岛“三海联动”，打造覆盖长三角、辐射长江经济带、服务“一带一路”的港口经济圈，推动海洋经济发展再上新台阶。

第二，陆海联动发展，着力优化海洋经济发展布局。陆海统筹是在陆地与海洋两个不同的地理单元之间建立一种协调的关系和发展模式。其特点是更注重区域比较优势和资源特色，围绕陆域和海域社会和经济的发展，建立统一、协调的规划体系和政策体系。进一步来说，发展海洋经济离不开海洋开发与陆地开发的统筹规划、协同推进，特别是在功能分区、重大基础设施、产业布局、环境保护等方面的规划和建设上面，需要加强海洋与陆地的联动发展与有效保护，这是科学合理布局和建设海洋经济发展的关键。2003年习近平同志在全省海洋经济工作会议上指出：“海洋经济是一体化经济。加强陆域和海域经济的联动发展，实现陆海之间资源互补、产业互动、布局互联，是海洋经济发展的必然规律。”要求浙江走出一条具有浙江特色的海洋经济和陆域经济联动发展的路子。

21世纪初，浙江省委、省政府根据浙江的海洋资源和区位优势，提出了按照环杭州湾地区、温台沿海地区、浙中地区和浙西南欠发达地区四个区块加以推进的总体思路和基本布局。浙江“十二五”规划纲要中，将这一总体布局深化为着力构筑“一核两翼三圈九区多岛”的海洋经济总体发展格局，即形成以宁波—舟山港海域、海岛及其依托城市的区域为核心区；在产业布局上以环杭州湾产业带为北翼，使其成为引领长三角海洋经济发展的重要平台，以温州台州沿海产业带为南翼，使其与福建海西经济区接轨；杭州、宁波、温州三大沿海都市圈通过增强现代都市服务功能和科技支撑功能，为浙江产业转型升级服务。在此基础上在全省范围内形成九个沿海产业集聚区，并大力推进舟山、温州、台州等地诸多岛屿的开发、利用。坚持以海引陆、以陆促海、海陆联动、协调发展，对无人岛进行保护。

第三，有所为有所不为，着力打造现代海洋产业体系。加快发展现代海洋产业，既是浙江海洋经济发展建设的重点，也是构建现代产业体系的一个重要突破口。习近平同志强调浙江发展临港工业是重中之重，他指出，“一省一市的条件有限，产业基础各不相同，必须按照有所为有所不为的原则，着重选择对国民经济有较强带动作用的产业和项目，集中力量上一批适合我省发展的石化、冶金、能源等大项目”①。“重点发展石化工业、能源工业、船舶制造业，适当发展钢铁工业，积极建设战略物资储备基地。”

在习近平同志关于海洋产业导向的指导下，浙江依据产业振兴规划，加大了战略性新兴产业投入力度，现代海洋产业体系建设正在构建之中。在海洋产业群中，浙江突出发展涉海现代服务业、海洋新兴产业、临港先进制造业和现代海洋渔业，以实现特色发展。与此同时，浙江加快了涉海生产性和生活性服务业的发展，以此带动涉海金融服务业、航运服务业、涉海商贸服务业、海洋信息与科技服务业等产业的发展。在海洋旅游业方面，逐步形成了以舟山海洋旅游综合改革为重点，宁舟、温台、环杭州湾三大海洋旅游区为主体的海洋旅游区域布局。在发展现代海洋渔业方面，浙江科学控制近海捕捞，优化海洋捕捞结构，积极发展远洋渔业，优先发展高效生态养殖业，不断提高水产品精深加工能力。此外，浙江还积极推动海洋产业集聚集群发展，大力培育各类海洋产业功能区，准备建立一批全国领先、国际一流的现代海洋产业基地，力争培育一批国内、国际知名的企业和品牌，着力打造适应时代要求的现代海洋产业体系。

第四，实施科技兴海战略，着力提高海洋科技创新能力。科技创新是推进海洋经济发展的动力和源泉，同时，也要看到海洋产业是一个具有高投入、高风险、高收益的产业，需要高技术的强力支撑。浙江深入实施“科技兴海”战略，依靠科技进步，加快海洋资源的开发利用，使海洋资

---

① 习近平：《干在实处　走在前列——推进浙江新发展的思考与实践》，中共中央党校出版社 2006 年版，第 219 页。

源优势转化为经济优势。习近平同志认为，“我省海洋科技对海洋经济的贡献率不高，海洋科技现状和我省海洋经济的要求还不适应，必须进一步加大科技兴海的力度”。“要整合我省与中央驻浙海洋科研力量，整合浙江大学、宁波大学、海洋学院等有关涉海专业，加快培养一批创新性人才。”“鼓励企业与高等院校、科研院所开展以资产为纽带的产学研联合”，“切实提高海洋产业的科技支撑能力”。①

在科技兴海战略指引下，浙江省级有关部门组织编制了科技兴海规划、海洋科技“十二五”发展规划、海洋科技人才中长期发展规划等一系列专项规划。加强了创新型海洋领军人才队伍建设，重视开展海洋紧缺人才培训工程，积极培育高技能实用人才，大力引进境外高层次人才。制定并实施了海洋院校与学科建设规划，推进省部合作，优化整合资源，努力建设学科优势鲜明、科研实力较强的综合性海洋大学。涉海院校和学科建设已取得积极成效，浙江海洋学院长峙新校区已经建成投入使用，浙江大学海洋学院（即舟山校区）建设项目进展顺利，目前全省已拥有涉海类高校 21 所、涉海类省重点学科 40 个。加快实施了一批有关海洋发展的重大科技项目，充分发挥海洋科研院所的大平台集聚效应，引导科研机构、科技型企业在海洋基础研究、海洋工程研究和海洋能源开发等多个领域发挥重要先导作用。全省海洋科学研究平台逐步完善，舟山海洋科学城、中科院宁波生物产业创新中心、温州海洋科技创业园等一批创新平台建设相继有序实施。全省现已拥有涉海科研院所 13 家、国家级海洋研发中心或重点实验室 4 家、海洋科技创新平台 15 家。全省海洋科教发展水平加快提升，海洋研究与试验发展经费占海洋生产总值比重上升，科技贡献率提高。

第五，基础设施先行，着力完善沿海基础设施网络。完善的基础设施是发展海洋经济的重要保障。习近平同志认为，“基础设施是加快发展的重要条件，尤其是一些事关全局的重大基础设施项目，对区域经济的发展具有战略意义，如舟山的大陆连岛工程，洞头的半岛工程，都是一通百通的工程，可以迅速改善海岛居民的生产、生活条件，促进海岛经济的发

---

① 习近平：《干在实处　走在前列——推进浙江新发展的思考与实践》，中共中央党校出版社 2006 年版，第 221 页。

展”。要按照“整合沿海、延伸海岛、加强互通、扩大共享”的思路，“搞好沿海城市、中心大岛、重要海洋功能区的布局衔接和联动建设”，集中力量推进三大对接工程，同时加快推进集疏运大通道和内河航道等项目建设。习近平同志指出，“加快海岛基础设施建设，必须高起点规划，高标准建设，同时要科学论证，有序推进，量力而行。百年大计，质量第一”①。

浙江坚持基础设施先行，加快了疏港公路、高速公路建设，加强港口、城市和产业集聚区之间的高等级公路有机衔接。2008 年杭州湾跨海大桥试运营通车，浙江扩大开放进一步加速。2009 年 12 月舟山跨海大桥通车标志着与大陆隔绝千万年的舟山，从此渡海不用舟，天堑自此变通途。杭州湾的嘉绍大桥已经建成，大大缩短了杭州湾两岸时空距离，推进了杭州湾产业带建设，促进了长三角经济一体化进程。今后，浙江还将统筹发展铁路、水运、公路、航空等多种交通运输方式齐头并进，完善综合交通网络体系。

第六，体制机制保障，着力创新海洋综合开发体制。发展海洋经济是一项工作量大、涉及面广的系统工程，浙江统筹协调有序地推进各项综合改革试点工作，在体制机制上不断完善和创新，增强了发展海洋经济的动力和活力。早在 2003 年习近平同志就指出，发展海洋经济，要“进一步深化改革，扩大开放，加快体制机制创新，充分发挥市场机制配置资源的基础性作用和各方面投资开发海洋经济的积极性。无论是企业发展还是项目建设，都要用改革的思路，市场经济的办法来推进”。“要充分发挥我省民间资金充裕的优势，积极支持民营企业参与海洋基础设施建设、海洋资源开发和海洋产业发展，努力形成多元化投入机制和市场化运作机制。”②

浙江在发展海洋经济，建设海洋强省过程中注重推进一系列的综合改革试点工作，为海洋经济大发展创造了有利政策环境。例如，较早建立了省海洋经济工作领导小组及办公室，加强对全省海洋经济重大决策、重大工程项目的协调以及政策措施的督促落实。加快推进了宁波—舟山港一体

---

① 习近平：《干在实处 走在前列——推进浙江新发展的思考与实践》，中共中央党校出版社 2006 年版，第 220 页。

② 《习近平 2003 年在全省海洋经济工作会议上的讲话》，《浙办通报》2003 年第 93 期。

化进程。向国家有关部委局积极争取财税、金融、用地、用海、开放及产业等方面多项支持政策，省委、省政府先后与交通运输部、国家海洋局、国土资源部等多个部委和工、农、中、建等多家金融机构总部签署了海洋经济发展战略合作协议。2011 年浙江出台了《关于加快发展海洋经济的若干意见》，设立了省海洋经济发展专项资金。省人大常委会制定颁布了《浙江省海域使用条例》，明确凭海域使用权证可直接办理基本建设项目的相关手续。

浙江这一时期秉持义利并举、开放包容、向善行善等精神，以“八八战略”为总纲，以建设“两富”“两美”现代化浙江为动力，大念“山海经”，实施“山海战略”，陆海统筹，壮大海洋经济，注重在发展中拓展山区经济、海洋经济发展新空间，在补齐欠发达地区发展短板中增强发展后劲，优化区域空间布局，有力地推动了浙江区域经济发展的协调性、整体性和均衡性。

三、坚韧不拔、讲求实效地推行“山海战略”

求真务实、主体自觉的理性是浙江精神中最具本质的东西。浙江历史的客观条件，培养广大浙江先民反对空言说教、注重社会实际、尊重规律、追求真理、重实践、讲实效的理性思维。即便现在，在浙江，只要是符合本地实际，能带来实效的发展路子，他们都不会被外界言论所影响，而是靠事实说话，这种务实的态度是浙江前进的重要推动力，保证了浙江经济社会发展的持续发展。“山海战略”就是这样的典型案例，浙江在这项工程上面，真抓实干、讲求实效，历届省委坚韧不拔、一茬接着一茬地干，勇于创新，最终取得了实效。

“山海战略”是浙江根据当时经济与社会发展面临的突出问题提出的区域发展战略，是市场经济条件下结对帮扶的新模式。实践证明，“山海战略”是缩小地区差距、促进区域协调发展的有效载体，是培育全省新的经济增长点、不断提高综合实力和竞争力的必然要求，是促进全省人民实现共同富裕、全面建成小康社会的重要举措，是一项民心工程，是一项双赢工程，更是一项小康工程。经过近 20 年的实践，“山海战略”不仅成为浙江山区欠发达地区加快发展的重要载体，而且也有力地推动了沿海发达地区产业的跨区域扩张，有利于全省经济结构的转型、调整和优化升级。发达地区和欠发达地区的互促共进不仅体现了又好又快的发展理念，而且使浙江经济社会在发展中更显协调，空间布局更显合理。

（一）山海协作工程讲求实效，是一项双赢工程

“实干兴邦，空谈误国”“不干，半点马克思主义都没有。”浙江人务实，不搞花架子，一切从实际出发。全省各地坚持聚精会神搞建设、一心一意谋发展，脚踏实地，真抓实干，讲实话、出实招、办实事，善作善成，善始善终，务实求进，真正地把山海协作工程落到实处。

从当时的全国发展背景来看，2003 年之后的一段时期，正是中央提出科学发展观，建设和谐社会的阶段，浙江与全国一样，区域发展理念从以往的“效率优先，兼顾公平”逐步向“效率与公平兼顾”转变，强调经济、社会、资源、生态环境全面的协调发展。浙江省委、省政府与全省人民按照中央科学发展观的要求，结合浙江实际，提出并实施了“八八战略”。“八八战略”是浙江落实科学发展观的总抓手，其中的“山海协作工程”则是落实科学发展观区域统筹和协调发展的有效载体。这项工程实施以来主要取得了以下实效。

第一，区域经济差距趋向协调。山海协作工程从决策到实施，一直受到时任浙江省委书记习近平同志的关心和重视。习近平同志每年都会参加全省山海协作工程大会或系列活动并作重要讲话，多次在不同场合强调要念好“山海经”，明确要求全省各地深化山海协作工程，加快形成山区与平原、欠发达地区与发达地区经济社会协调发展的格局，通过坚持不懈的抓好山海协作工程，推动欠发达地区与全省同步实现基本现代化。13 年来，在历届省委、省政府的正确领导下，各地各有关部门奋力推动山海协作工程工作机制不断完善与创新，合作领域不断扩展，合作内涵不断深入，合作成效也不断显现。就经济发展而言，通过实施山海协作工程，浙江区域经济发展的差距逐渐缩小，区域经济发展趋向协调阶段，统筹区域发展取得了显著的成效。关于这一结论，可以从浙江改革开放以来经济发展的阶段性特点体现出来。本章前面根据对浙江省区域经济差距演变轨迹的分析，将改革开放以来区域经济发展差距划分为低水平波动（1978—1991 年）、差距拉大（1992—2002 年）和趋向协调发展（2003 年至今）三个阶段。

在趋向协调发展阶段（2003—2017年），浙江人均生产总值最高的杭州市比最低的丽水市，虽然绝对数差额2003年高出23984元，变为2017年的77613元，但是其相对数的比值却呈现出稳定下降的趋势，由2003年的3.71倍，下降到2017年的2.35倍。这表明浙江地区之间的经济发展在不断缩小（见表3）。

表3　2003—2017年杭州市与丽水市地区人均地区生产总值的比较

年份	全省平均（元/人）	杭州市（元/人）	丽水市（元/人）	杭州市－丽水市（元/人）	杭州市/丽水市（倍）
2003	20147	32819	8835	23984	3.71
2005	27703	44871	12671	32200	3.54
2010	51758	86932	25714	61218	3.38
2014	73002	129448	39721	89727	3.25
2017	92057	135113	57500	77613	2.35

资料来源：浙江省统计局：《历年统计年鉴》，中国统计出版社。

第二，增强了山区欠发达地区内生发展的动力。山海协作在实施过程中，在为山区欠发达地区输入项目、技术、资金、信息等的同时，也给欠发达地区带来了发达地区勇于开拓、敢为人先的发展理念和创业创新精神。特别是双方共建山海协作产业园，使结对双方形成了更加紧密的合作关系，使欠发达地区可以在本地园区学习沿海发达地区在产业规划、建设营运、经营管理、招商服务、市场营销等方面的先进理念和经验，进一步认清自身的优势和潜力所在，增强发展信心，增加开放的意识，确立借力发展的战略。可以说，发展理念的提升为欠发达地区加快发展提供了思想基础。

山海协作工程推动了沿海发达地区产业由“海”向“山”转移，直接迅速促进了欠发达地区特色产业的高速发展，有效地推动了欠发达地区国民经济快速增长，显著增强了欠发达地区内生发展的动力。发达地区的许多企业还大量投资参与欠发达地区的房地产开发、旧城改造、商城、汽车城、城市基础设施、管道液化气等项目建设，大大加快了欠发达地区城镇化建设的步伐。统计资料显示，实施山海协作工程以来，衢州、丽水、舟山三市地区生产总值增速一度在全省名列前茅。据衢州市测算，山海协作项目所创造的经济增加值占全市新增生产总值的35%左右，有力助推了欠发达地区经济快速发展。

第三，扩大了欠发达地区群众增收共享程度。一方面，山海协作工程的实施，一大批协作企业相继投产，直接为欠发达地区带来了大量的就业岗位和机会；另一方面，通过山海协作，沿海发达地区为山区欠发达地区提供资金、师资、技术、设备等支持，在欠发达地区建立山海协作培训基地，培训了大量劳动者。此外，还通过在义博会上设立山海协作专区的方式，促进欠发达地区来料加工业的发展，带动丽水、金华等地农村劳动力从事来料加工业。通过各种形式，促进了欠发达地区有组织地输出劳动力，增加了群众的收入，特别是有些项目专门针对低收入群体，帮扶这一群体实现增收的目的。

不仅如此，在实施山海协作过程中，发达地区和省级有关单位还通过山海协作工程平台，充分发挥省级部门、民主党派的作用和积极性，有序组织并引导沿海发达地区政府、省外浙商、企事业单位、社会民间团体等力量与欠发达地区开展教育、医疗、卫生、文化、科技等领域帮扶与合作，先后实施了中小学教育互助结对、名师结对培养行动、省市县医院结对协作、设立分院和万名医师支援农村卫生工程、医卫专家进农村进社区活动等一大批社会事业帮扶项目，对改善欠发达地区的教育、科技、卫生、医疗等条件起到了积极的促进作用，促进了全省社会公共服务均等化进程。

第四，拓展了发达地区发展的空间。山海协作工程有利于发达地区产业结构调整和优化升级，促进了发达地区更快发展。通过山海协作工程，欠发达地区吸收了发达地区已经失去或即将失去竞争力的资源加工型或劳动密集型产业，为发达地区引进、培育新产业和高附加值产业腾出了发展空间，从而为发达地区产业转型和优化升级创造了良好的外部环境；同时，发达地区通过与欠发达地区开展资源与产业合作、园区共建等多种形式，获得了宝贵的耕地占补平衡指标。据相关资料显示，2006年以来，衢州市为杭州、宁波、嘉兴等地代造、代保、代建农保田30多万亩，为经济发达地区转型升级发展提供了有力支持。

山海协作工程还有利于提高发达地区企业的市场竞争能力。一方面，参与山海协作的企业大多数属于劳动密集型企业，实施山海协作工程满足了沿海发达地区在工业化进程加快后对短缺资源的需求；另一方面，发达地区企业向欠发达地区扩张发展，促进了发达地区资本、技术、管理、服务等的输出，加深了发达地区企业对欠发达地区的市场渗透，增加了发达地区企业的贸易机会，有利于发达地区企业充分利用欠发达地区的区位、科技、信息、市场、土地、劳动力等资源，降低产品成本，加快企业成长，提高市场竞争能力。

此外，山海协作工程取得的成效还使全省人民特别是欠发达地区人民感受到了省委、省政府以及全社会的关爱，使他们看到了欠发达地区实现经济社会跨越式发展的希望，进一步增强了全面建成小康社会、提前基本实现现代化的信心和决心。

总之，山海协作工程的成功实施，既明显增强了欠发达地区的自我发展能力，又有力促进了发达地区的产业结构转型升级；既有效发挥了政府的助推作用，又凸显了市场在资源配置中的主导作用，开创了市场经济环境下，造血帮扶的新模式，创造性地走出了一条具有浙江特色的统筹区域协调发展之路。

（二）凭海而立、向海而兴，海洋经济发展示范区建设迈出新步伐

浙江是海洋大省。自古至今，浙江人受海洋文明的浸润，形成了独特的海洋文化与精神。人们常说“靠山吃山，靠海吃海”，这是人类索取、生产物质资料的一条基本经验。从某种意义上看，浙江从古至今经济社会文化的发展正是念“山海经”的结果。浙江海洋精神以“凭海而立、向海而生”为价值取向，以进取、创新、开放、包容、务实、合作、自由、公平为基本特征。这些既是浙江精神的组成部分，同时也体现了时代发展的趋势。当然，如果进一步挖掘，浙江人的海洋精神还包括以下内容：舍家离乡的忘我情操，吃苦耐劳的禀性品德，海纳百川的广阔胸襟，以苦为乐的奉献情怀，立马沧海、勇立潮头的冒险精神，战风斗浪的拼搏精神，放手一搏的神勇气概，永不放弃的顽强意志等。

在浙江海洋精神的鼓舞下，浙江依海而生，与海为伴，凭借沿海的区位和海洋资源优势，近几年，以建设海洋强省为战略目标，以海洋领域供给侧结构性改革为主线，以创新体制与先行先试促改革，以产业集聚与转

型升级促发展，以资源节约和环境保护促生态，上下联动、凝心聚力，大力发展海洋经济，不断加快培育海洋产业，积极推进海洋开发，加强海洋基础设施建设，加大海洋科技支撑力度，加强海洋生态环境保护，海洋经济建设呈现出新景象，浙江成为全国海洋经济发展示范区建设的先行者。

第一，海洋经济综合实力显著增强。进入21世纪以来，浙江把发展海洋经济和港航建设作为全省经济社会发展的重点工作，制定出台了一系列有关海洋经济发展的政策举措，推动全省海洋经济加快发展，已经初步形成了以宁波一舟山港为中心，环杭州湾和温台沿海为两翼的海洋经济发展格局。据资料显示，2017年，全省海洋生产总值7540亿元，比上年增长11.8%，海洋经济占全省地区生产总值14.6%。海洋经济已成为浙江国民经济的重要组成部分和新的经济增长点，对全省经济发展的辐射拉动能力不断增大，对经济增长的贡献度不断提升。

第二，港口吞吐量跃居世界前列，港航强省建设上了一个新台阶。港航强省建设是发展海洋经济的龙头和突破口，多年来，浙江一直朝着建设结构合理、功能完善的沿海港口体系，组建干支直达、通江达海的内河航道体系，构建水陆配套、江海联运的集疏运体系，打造安全便捷、经济可靠的航运体系，提供信息畅通、优质高效的服务保障体系，朝着临港沿河、相对集聚的海洋产业支持体系的目标前行。2017年浙江完成沿海港口货物吞吐量12.6亿吨，增长10.1%，完成集装箱吞吐量2687万标箱，增长13.7%。宁波舟山港成为全球首个年货物吞吐量突破10亿吨的大港，连续8年稳居全球港口第一位，在浙江省海洋港口发展“十三五”规划中，原本预计到2020年实现10亿吨吞吐量的目标，提前三年便实现。宁波舟山港完成集装箱吞吐量2461万标箱，列全球第四位。

第三，海洋产业结构布局日渐合理。浙江海洋产业三次结构从2002年的21∶36∶43，调整为2016年的7.3∶37.8∶54.9，海洋产业结构更趋优化。随着海洋经济的发展以及海洋科技、信息技术对传统产业的改造，浙江海洋产业类型日趋多样化，在海洋传统产业不断发展的同时，涌现出了一批科技含量高、发展潜力大的海洋新兴产业。海洋新兴产业发展较快，对经济拉动的贡献度不断提升。海洋传统产业与日益增值扩大的海洋新兴产业共同支撑着浙江海洋经济持续发展。

第四，海洋基础设施不断完善。基础设施是发展海洋经济的重要物质前提条件，浙江把海洋重点工程作为投资的重点领域，积极推进沿海基础设施建设。多年来，浙江不断加大海洋海岛基础设施建设力度，相继开工和建成了一大批重大海洋基础设施和重点工程。杭州湾嘉绍大桥、象山港跨海大桥、椒江二桥等一批重大基础设施项目相继建成投用。温州瓯飞一期围垦、嘉兴海河联运工程、台州头门港区、宁波杭州湾大众汽车、舟山金海重工、舟山万泰海洋工程、三门核电等一批海洋经济重大项目建设加速推进。

第五，海洋科教支撑力量不断增强。目前浙江拥有涉海类高校 21 所、涉海类省重点学科 40 余个，涉海科研院所 13 家、国家级海洋研发中心（重点实验室）5 家、海洋科技创新平台 19 家。膜法海水淡化技术和产业化、海产品育苗和养殖技术、海产品超低温加工技术、分段精度造船技术等全国领先。

第六，海洋生态环境保护得到有效加强。浙江重点领域污染整治深入推进，主要入海污染物总量得到控制，区域性环境污染得到有效遏制，全省近岸海域环境质量保持基本稳定。重点实施了一批包括重点海岛、海湾、海岸带在内的综合整治修复及保护项目。

（三）以浙江精神为依托的“山海战略”成功经验契合“五大发展理念”精髓

浙江靠山临海，兼具内陆文化和海洋文化的特点。这种多样性的地理环境塑造出了浙江人既有山里人吃苦耐劳、顽强拼搏的韧劲，又有滨海人勇于开拓、敢于冒险的胆略。“山海战略”就是在浙江多元文化相互激荡下，以特有的浙江精神为依托、为动力，在其制定、贯彻、实施中，不断地注入新理念，探索新做法，从而取得了实实在在的成效。

在党的十六大精神指导下，浙江通过实施“八八战略”，干在实处，走在前列，取得了一系列发展的辉煌成就。然而，回顾 21 世纪初，习近平同志担任浙江省委书记时，正是浙江经济发展面临困难的时期，较早面临区域之间发展不协调的时期。面对这些难题，习近平同志带领的浙江省委一班人迎难而上，基于对浙江未来发展大势的深入思考和系统谋划，提出和实施了以“山海战略”为特征的统筹区域协调发展的战略构想和重大举措。习近平同志关于浙江区域协调发展的一系列重要论述，高瞻远瞩，内涵丰富，影响深远。这些重要论述既是习近平同志对浙江宏观战略层面思考和谋划的结果，也是浙江人民群众和各级领导智慧的结晶，引领着浙江区域经济向前发展，同时这些重要论述也是全国人民的共同财富，能够为其他地区的发展提供有益的经验借鉴。

第一，善于将党中央的战略方针与浙江实际相结合，求真务实，从而制定正确的、具有浙江特点的区域经济发展战略。我国区域发展的战略思想最早来源于毛泽东在“论十大关系”中提出的“正确处理沿海和内地关系”的战略思想，从作用的效果来看，其属于均衡发展战略。改革开放之后，邓小平提出“两步走”的战略思想：第一步是先集中力量发展沿海地区，第二步是等沿海地区发展起来之后，沿海地区再支援内地发展。“两步走”的战略虽然加快了中国经济的起飞，但是其属于非均衡发展战略。20世纪90年代，在江泽民同志“三个代表”指导下，国家“九五计划”中首次提出了区域协调发展的战略思想，1999年启动了西部大开发战略，加快了我国区域经济调整的步伐。进入21世纪，胡锦涛同志创立了科学发展观，先后启动了东北振兴和中部崛起的发展战略，结合东部地区率先发展，提出了我国区域发展的总体战略，从而开创了我国区域经济协调发展的新格局。这段历程表明我国的区域经济发展先后经过了均衡发展战略、非均衡发展战略、协调发展战略三个阶段。

我国区域经济发展战略和政策的转变为浙江“山海战略”的提出提供了政策指导和理论依据。习近平同志指出：“由于沿海地区和内陆山区在地理位置和经济基础上等方面存在着差异，其发展起点不同，因而发展的速度也不相同”，但是如果一味地向沿海地区倾斜，实行倾斜政策，造成区域经济差距的不断扩大，“不仅仍然会限制整体经济水平的提高，而且还引起地区间经济利益的摩擦和冲突，甚至会因贫富差距过于悬殊而引发不安定因素，从而在政治和经济两个方面削弱经济发展的内在动力”[①]。在这种形势下，浙江提前着手采取政府调控，加大对欠发达地区的经济帮扶力度，按照国家宏观发展战略的要求，立足浙江区域经济发展实际情况，

---

① 习近平：《福建改革20年》，鹭江出版社1999年版，第34页。

在 2002 年正式提出并开始实施山海协作工程。2003 年又提出建设海洋强省战略。2004 年科学发展观提出之后，浙江依照国家政策，调整区域经济发展的思路，提出在科学发展观统领下，坚持统筹协调，继续推进“山海战略”，逐步消解区域经济发展的差距和冲突，实现区域经济协调发展。

第二，善于充分发挥政府和市场“两只手”的作用，义利并举，实现从政府引导到市场主导的转变。在推进“山海战略”中，如何处理好政府与市场的关系问题，既是一个重大的理论命题，也是一个关键的实践命题，是关系到全省区域经济能否协调发展的核心问题。对此，习近平同志有过精辟的论述，他指出：“深化市场取向的改革，关键是要处理好政府与市场的关系，即‘看得见的手’与‘看不见的手’这两只手之间的关系”，“改革逐步推进到一定的时候，‘两只手’应该是这样的关系：比如，在经济社会协调上，市场这只手更多地调节经济，政府这只手则强化社会管理和公共服务的职能；在经济运行上，市场这只手调节微观领域的经济活动，政府这只手用来指定游戏规则、进行宏观调控；在公平与效率上，市场这只手激活效率，政府这只手则更多地关注公平”。①

正是在“两只手”理念指导下，浙江特别注重充分发挥“两只手”各自的优势，增强它们之间的相互结合、相互补充、相互促进的作用，同时避免或减少各自的劣势，降低它们之间相互制衡、相互对冲、相互抵消的作用。浙江经济、政治、文化等社会各项事业的兴旺与发达离不开企业广泛参与，尤其是具有异常活力的民营企业，它们才是“山海战略”工程的主力军，然而，受自然环境、地理位置的限制和产业集聚效应的影响，如果没有政府的推动和引导，发达和欠发达地区的企业很难携起手来，因此，政府的作用必不可少。浙江各级政府在出台结对帮扶政策的同时，通过搭建“山海战略”工作平台，借助投资洽谈、招商会等途径牵线搭桥，积极支持市场主体自主对接，自主选择，因地制宜展开协作，有意识地引导产业转移，政府始终在“山海战略”中发挥着发动机、润滑剂、方向盘的作用。在市场机制的调控下，加上政府的推力，企业主动参与“山海战略”的主观能动性越来越大。近年来欠发达地区投资合作环境不断改善，

---

① 习近平：《之江新语》，浙江人民出版社 2007 年版，第 183 页。

企业跨区域扩张正在由政府引导下的自发行为变为市场调节下的自觉行为。由此可见，浙江山海协作的成功之处不只在于政府层面的全力推动和引导，更重要的是通过政府引导极大地激发了市场的力量。这也是浙江“山海战略”活力所在，是被浙江十多年来实践证明的行之有效的宝贵经验。

第三，善于把以人为本的理念与改善民生结合起来，注重实效，使人民群众共创、共享经济改革发展的成果。经济活动归根结底是为了改善民生，非民生的经济活动是人类行为的异化。[①] 浙江在实施“山海战略”中，一个核心的理念就是始终不移地坚持以人为本、全面可持续发展。习近平同志指出：“发展不能脱离‘人’这个根本，必须是以人为本的全面发展，这是发展的终极目标。发展要城乡协调、地区协调”，[②] 他强调，不断提高人民群众的生活水平和质量是发展的根本目的。让不同区域的城乡居民享有基本同等的生活水平和质量是统筹区域发展的出发点和落脚点。推进欠发达地区加快发展，一定要把着力点放在人民群众生活水平的提高上，放在生产生活环境的改善上，放在人口素质的提升上。

为了在区域经济协调过程中更好地发挥人的主动性，浙江始终将人的全面发展作为发展的根本目的和出发点，几乎所有领域的政策和具体举措都是围绕着以人为本这一核心理念展开的。在劳动力培训转移领域，着力加强山海协作职业技能实训基地建设，带动了欠发达地区大批劳务输出。在新农村建设领域，围绕着促进低收入群众增收，全面落实异地转移、产业帮扶、就业帮扶、扶贫小额信贷等措施，增强了农民创业增收的能力。在社会事业领域，发挥省级和发达地区部门的优势，推进发达地区与欠发达地区在教育、科技、文化、卫生、人力社保等社会事业和公共服务领域的合作与帮扶，提高了欠发达地区城乡居民的基本公共服务水平，显著改善了民生。事实上，也正是因为在实施“山海战略”过程中坚持了这种理念，在具体的体制机制、政策导向上，浙江尽可能发挥市场机制的作用，让尽可能多的人民群众参与进来，使人民群众的自觉参与成为区域发展的

① 刘迎秋：《中国梦与浙江实践》，社会科学文献出版社 2015 年版，第 72 页。
② 习近平：《之江新语》，浙江人民出版社 2007 年版，第 116 页。

根本动力。充分调动起了广大人民群众的积极性，激发了人民群众的创造性，统筹区域协调发展才取得了明显的成效。

随着以人为本理念的深入人心，全省上下越来越意识到缩小地区发展差距的重大意义，帮助欠发达地区加快发展日益成为全社会各行各业的共识，全社会关心、关爱、参与“山海战略”的浓厚氛围已经形成。目前浙江正处于区域发展趋向初步协调的关键时期，而协调发展的最终目的还是促进处于不同经济发展水平区域人的全面发展，不仅满足人对物质财富增长的需求，而且满足人对自然环境和精神财富的需求。尽管“山海战略”随着时代而变化，其任务和内容不断调整，但是以人为本的理念始终不变，引领着不同地区、不同的群体共创、共享区域经济发展的成果，共享区域经济发展的红利。

第四，善于将宏观层面的战略布局与微观层面的精准发力相结合，兼容并蓄，形成的浙江经验孕育着“五大发展理念”的精髓。习近平同志担任浙江省书记后，作为党政领导的“一把手”将“把方向、抓大事、谋全局”看作自己的根本职责。他强调指出：“各级党政‘一把手’要站在战略的高度，善于从政治上认识和判断形势，观察和处理问题。”他还说：一把手“要努力增强总览全局的能力，放眼全局谋一域，把握形势谋大事，以‘登东山而小鲁’、‘登泰山而小天下’的气度和胸襟，始终把全局作为观察和处理问题的出发点和落脚点，以全局利益为最高价值追求。”①为了破解浙江发展面临的难题、缩小区域发展差距，增强经济协调性，习近平同志率领省委一班人，经过深入调研，站在浙江宏观战略层面，在统筹区域发展领域精心谋划，提出了“进一步发挥浙江的山海资源优势，大力发展海洋经济，推动欠发达地区跨越式发展，努力使海洋经济和欠发达地区的发展成为我省经济新的增长点”的区域发展新思路，确立了“山海协作”工程、海洋经济强省等一系列重大战略举措，“陆海联动”“山海协作”齐抓并举，进一步增强了浙江区域发展的协调性。以后随着“山海战略”形势的发展，不断丰富其外延和内容。随后浙江海洋经济发展示范区建设上升到国家战略，标志着浙江由陆域发展迈向海洋开发开放的新时

① 习近平：《之江新语》，浙江人民出版社2007年版，第20页。

代，同时也标志着向浙江正转向从海洋要空间、要资源、要财富、要发展，给浙江未来发展留足了进一步发展的空间。

习近平同志不仅在关乎浙江全局和长远发展的战略层面留下了远见卓识，显示出高超的政治智慧，而且在微观属于战术层面的主攻方向、关键环节等方面也给出了详细指导，提倡精准发力的工作方式，狠抓落实，以确保各项改革部署取得预期成效。他说：“正确的战略需要正确的战术来落实和执行，落实才能出成绩，执行才能见成效”“在抓落实的问题上，我们必须根据经济社会发展中的主要矛盾和矛盾的主要方面，分清轻重缓急，突出工作重点，抓住关键环节，明确主攻方向。”①习近平同志还在如何推进山海协作工程的具体方法措施方面给出了精准的指点。“要根据欠发达地区现有的基础条件和发展要求，综合运用‘加减乘除法’——加法，即加快经济发展，扩大经济总量；减法，即减少资源消耗、生态破坏和污染排放；乘法，即推动技术进步和提高劳动力素质；除法，即促进人口向城市集聚和对外转移”②。由此可见，浙江在区域经济发展方面，在宏观战略和微观战术层面都得到了习近平同志狠抓落实工作作风的影响，并且善于将两者有机结合，提高了区域发展政策的精准性，促进了“山海战略”顺利实施，走出了一条造血帮扶、双向互动、合作共赢的具有浙江特色的区域协调发展新路子，有力地促进了全省区域协调发展走在全国前列。

作为“八八战略”之一的“山海战略”实际上与“五大发展理念”的精神要旨完全契合。党的十八届五中全会提出了创新、协调、绿色、开放、共享五大发展理念，是我国发展理念和思路在新时期新阶段的又一次重大创新。浙江“山海战略”的先行实践，已经孕育着“五大发展理念”的雏形。具体表现在以下方面。

在创新发展方面，“山海战略”大念“山海经”，不断在合作平台、合作领域、合作载体、合作机制、合作方式、陆海联动、帮扶模式、扶持政策等方面进行了积极探索与创新，给“山海战略”注入了强劲的动力；在

① 习近平：《之江新语》，浙江人民出版社2007年版，第88页。
② 习近平：《之江新语》，浙江人民出版社2007年版，第94页。

协调发展方面，“山海战略”注重提高经济的整体效能，重点抓两头，将促进发达地区加快发展、欠发达地区跨越式发展作为统筹区域发展的核心，协调推动区域间的经济、政治、文化、社会、生态文明建设，在协调发展中拓展空间，补齐短板中增强发展后劲；在绿色发展方面，“山海战略”较早遵循习近平“两山”理论的指导，注重发挥欠发达山区的生态优势，不断拉升提高合作产业发展标准，让绿水青山源源不断带来金山银山；在开放发展方面，“山海战略”沿着山海协作工程、海洋强省战略、接轨长三角、跳出浙江发展浙江的路径，不断拓展合作的内容、领域与空间，帮助企业“走出去”，用好两个市场、两种资源；在共享发展方面，“山海战略”明确提出将不同区域的人民享有基本相同的生活水平和质量作为统筹区域发展的出发点和落脚点，通过做长欠发达地区这个短板，使全省各个地区的人民共享经济社会发展成果，促进共同富裕，被广大群众誉为民生工程、德政工程、小康工程。由此可见，“山海战略”完整体现了“五大发展理念”的本质要求和精神品格。

十多年的实践充分证明，作为“八八战略”之一的“山海战略”离不开浙江精神的推动和支撑，其在制定、贯彻、实施各方面受到了浙江精神的影响。由于这一战略符合浙江实际，在推进过程中求真务实、勇于创新，取得了巨大的成效，积累了弥足珍贵的实践经验，创造了宝贵的精神财富，意义十分深远。在迈向高水平全面建成小康社会的历史征程中，浙江人民将牢记习近平总书记“干在实处永无止境，走在前列要谋新篇”的嘱托，认真贯彻落实以“四个全面”战略布局为统领、“五大发展理念”为引领、“八八战略”为总纲，继续勇于探索和实践，续写好“八八战略”这篇大文章，不断推进“山海战略”深化细化具体化，推动浙江经济社会发展不断跃上新台阶。

第八章　以浙江精神为引领，打造一流的经济社会发展环境

浙江精神是浙江人民在千百年的奋斗发展中孕育出来的宝贵财富，它不仅体现了改革开放的本质要求，同时也体现了改革开放和中国特色社会主义实践在浙江区域呈现出的“勇立潮头”的内在动力和“走在前列”的实践探索，两者互为表里，相互促进，不断推动着浙江经济发展所需要的“硬环境”和“软环境”的改善。[①] 2003 年，浙江省委提出“进一步发挥环境优势，积极推进以‘五大百亿’工程为主要内容的重点建设，切实加强法治建设、信用建设和机关效能建设”重大战略部署，浙江精神在改造外部环境过程中不断绽放出的强大精神动力，有力地保障了浙江环境的全面营造和提升。

一、推进“五大百亿”工程为主的重点建设，夯实浙江经济社会发展“硬”环境基础

改革开放以来，浙江省走出了一条鲜明特色的强省富民之路，不仅实现了由农业社会向工业社会中后期、传统计划经济向市场经济、温饱社会向总体小康社会的历史性跨越，同时，也在经济社会发展环境方面营造了良好的优势。但是，进入 21 世纪以来，面对“产业结构加速调整，城市化进程加速推进、消费结构加快升级、市场经济体系不断完善，对外开放进一步加快”等新形势下出现的新问题，以及全面建设小康社会和科学发展观提出的新目标、新要求，浙江只有继续发挥环境优势，推进以“五大百亿”工程为主的重点建设才能为经济社会发展走在全国前列提供更好的环

① “硬环境”主要包括能源、交通、通信等基础设施，“软环境”则主要指政策、服务、金融、社会信用和法治建设等。

境保障。

（一）“六个一千”工程奠定了浙江经济发展环境基础

1998年之后的五年，浙江经济的快速增长与外部环境的改善密不可分。这五年，浙江省紧紧抓住国家扩大内需、实施积极财政政策和稳健货币政策的机遇，以“六个一千”工程为主要内容，大力推进重点工程建设，并取得显著效果。全省累计完成重点建设投资1520亿元，较上一个五年增加2.4倍；建成投产项目总计182个，较上一个五年增加101个。其中，浙东千里海塘、千里标准江堤，温州珊溪和丽水玉溪水利枢纽工程，杭州萧山国际机场，上三、涌台温、杭金衢高速公路，北仑电厂二期、大荒坪抽水蓄能电站等一批重大项目相继建成投产，为浙江国民经济和社会的长期发展奠定了良好的基础。

1. 基础设施“瓶颈”制约得到有效缓解

超额完成高等级公路建设任务（1000公里），建成了1162公里高速公路，成功实现了由杭州至省内其他中心城市“四小时公路交通圈”的目标；加快了宁波、舟山等沿海港口建设，港口总吞吐能力达2.1亿吨/年；建成国内一流的杭州萧山国际机场，形成了1000万人次以上空港年吞吐能力；建成了业务类别多、通信能力强、运行可靠的邮政和电信网络。移动电话普及率位居全国第一，全省固定电话居全国第四，高达1818万门；坚持水、火、核并举，积极调整全省电力布局，新建1000万千瓦电力装机，架设500千伏、220千伏线路2100公里。北仑电厂成为总装机达300万千瓦的全国最大的火力发电基地。

2. 抗击自然灾害能力显著增强

全面建成“六个一千”工程中的1000公里钱塘江流域标准江堤、1000公里沿海标准海塘以及1000万亩高标准农田。宁波白溪水库、杭嘉湖南排等一批水利枢纽工程先后投入115亿元，较上年增加2.5倍。全省累计新增粮食储备库容23.3亿斤、高标准城市防洪堤300多公里、水库库容29.5亿立方米。（已建成的千里海塘在抵御2002年8号台风杰拉华中发挥了巨大作用）。

3. 人居环境和城市面貌显著改善

以城市化建设为契机，适时启动了绍兴、嘉兴、金华、衢州等城市污水处理工程，杭甬温等城市供水工程，舟山大陆引水等水资源配置工程，丽水、湖州等城市防洪工程以及一批城市垃圾处理工程。

4. 社会事业蓬勃发展

以杭州、宁波、温州等高教园区为重点的高等院校改扩迁建工程全面启动，建成校舍314万平方米（使我省高等教育毛入学率达20%、高考录取率达73%，比五年前分别提高11个和38个百分点，普通本专科在校生则由12.4万人上升到39.3万人。）杭州剧院改建工程、省老年活动中心以及一大批省级医院的改扩建工程，省人民大会堂和黄龙体育中心主体育场落成并投入使用，大大改善了文化卫生条件。

（二）以“五大百亿”工程为重点再创环境优势

“六个一千”工程为浙江经济社会发展奠定了良好的环境优势，然而，浙江要在全面建设小康社会、加快推进社会主义现代化建设中走在全国前列，更好地落实科学发展观，还必须集中力量建设一批旨在构建全国一流发展环境，又事关全局长远发展的基础设施建设，为此，省委、省政府适时提出了“五大百亿”建设工程。

1. “百亿基础设施建设”工程

围绕基础设施网络化和长三角经济一体化，重点建设温福铁路浙江段、甬台温铁路、湖嘉乍铁路、杭州湾跨海大桥、北仑集装箱四期、甬金高速公路、台缙高速公路、国华宁海电厂、华能玉环电厂、浙能兰溪电厂、天然气发电、高压输变电、千库保安、浙东引水工程等项目。计划五年内，总投资1585亿元，建成1000万千瓦发电机组、110千伏以上高压电网10000公里；建成高速公路1000公里、新建和改造铁路近1000公里；加固1000座小二型以上水库等。到2007年底，全省陆域范围内铁路联结成网，高速公路县、市覆盖率75%以上，加上区外购电，电力供应基本上做到“不拉电”，实现基础设施总体状况从“基本缓解”向“基本适应”转变，某些方面达到适度超前，实现省内“三小时公路交通圈”，到上海“四小时公路交通圈”，县县基本通高等级公路，欠发达地区基础设施上台阶。

2. “百亿信息化建设”工程

主要围绕强化信息网络设施和提高信息化应用水平，重点建设省委省政府的“办公业务资源系统”、金彩、金审、金水、金宏、红盾、交通信息化、信息完全系统和数字认证平台、省信用办信用管理服务系统，电信、移动等公司建设的固定交换网、移动通信网、传输网、数据网和支撑网等。计划五年内总投资500亿元，使得全省信息化网络设施达到全国先进水平。建成1000万门固定交换网、810万门移动通信、400G以上传输网、400万户数据宽带网。积极推动电子商务的发展，加快数字城市、电子小区建设。基本建成省市县三级政府综合门户网络，形成“电子政务”框架。

3.“百亿科教文卫体建设”工程

主要围绕提高科教文化等社会事业的整体水平，重点建设杭州国家软件产业基地、杭州下沙和小和山高教园区、宁波和温州高教园区、西湖文化广场、浙江美术馆、杭州、宁波和温州大剧院、全省疾控系统、省体育运动训练基地、黄龙体育中心三期等项目。计划五年内总投228亿元，建成200家国家和省级高新技术研发中心、100家重点实验室，100万平方米以上具有全国领先的文化、卫生和体育设施体系。

4.“百亿生态环境建设”工程

主要围绕可持续发展，重点建设生态保护和公益林、城市绿地、万里清水河道、城市污水处理和生活垃圾处理设施等项目。五年投资399亿元，管护和建设生态保护林、生态经济林、生态公益林、森林公园等达3000万亩以上，对全省主要骨干河道及乡镇所在地1万公里河道进行疏浚、护岸、筑坝、清障截污等，新增污水处理能力180万吨/日、城市绿地面积5000公顷，设市城市的污水处理率由41%提高到58%，垃圾处理率由86%提高到92%，人均公共绿地面积由6.4平方米提高到8平方米，建设全国一流的投资和人居环境。

5.“百亿帮扶致富建设”工程

主要围绕培育新的经济增长点、帮扶弱势群体，重点建设丽温高速公路、欠发达地区通村公路、下山脱贫致富区基础设施、“五保三元”集中供养设施、山海协作工程、滩坑水电站、舟山大陆连岛工程金塘大桥等。五年投资319亿元，改造、铺装通村公路10000公里，迁移特困人口25万人，欠发达地区人均收入增幅高于全省平均水平，使得欠发达地方发展环境明显改善，成为我省新的经济增长点。

(三)“五大百亿”工程进一步优化了浙江区域发展环境

根据浙江省人民政府《关于印发〈浙江省“五大百亿”工程实施计划〉和〈关于实施“五大百亿”工程的若干意见〉的通知》（浙政发〔2003〕16号）规定及其“‘五大百亿’工程项目按照突出重要性、公益型、可操作性和滚动计划性的原则确定”的要求，“五大百亿”工程，总投资4281亿元，共包括60个单项或打捆项目，其中，政府计划在2003年至2007年投资3493亿元。①

截至2007年9月，“五大百亿”工程已完成投资3771亿元，较过去五年重点建设投资额增加了一倍，提前完成3493亿投资目标。其中，“百亿基础设施建设工程”先后投资2139亿元，完成五年计划投资的105%；“百亿信息化建设工程”先后投资526亿元，完成五年计划投资的105.2%；“百亿科教文卫体建设工程”先后投资319亿元，完成五年计划投资的143.7%；“百亿生态环境建设工程”先后投资379亿元，完成五年计划投资的95%；“百亿帮扶致富建设工程”先后投资408亿元，完成五年计划投资的121.8%。在五年不到的时间里，各个项目实施进展顺利，已经建成投用的工程效益日益凸显。

1.“五大百亿”工程的实施，优化了区域发展环境

通过“五大百亿”工程的实施，区域发展环境得到明显改善。到2006年底，铁路和公路运输能力得到极大提高，全省新增高速公路通车里程836公里，新建和改造铁路营运里程789公里；电力供求缺口和配电输送瓶颈得到有效缓解。新建高压电网10358公里，新增发电机组容量1547.6万千瓦，提前实现全省装机容量翻一番目标；客货运能力大大提高，沪杭、浙赣铁路电气化工程建成投用，时速由80公里提高到200公里；宣杭铁路复线工程建成，时速由80公里提高到160公里，其中电煤运能提高了近一倍；杭州湾跨海大桥的建设合龙，长三角区域公路网布局得到进一步

① 《关于印发〈浙江省“五大百亿”工程实施计划〉和〈关于实施“五大百亿”工程的若干意见〉的通知》（浙政发〔2003〕16号）确定投资总额为3704亿元，包括54个单项或打捆项目。2004年和2005年，又先后增加了诸永高速公路、大唐乌沙山电厂、国华余姚燃气发电厂、杭浦高速公路、龙丽高速公路和丽龙高速公路6个重大项目。

完善；北仑港区四期工程的竣工投产，推进了宁波港向国际一流深水枢纽港和集装箱远洋干线港迈进；一批重大水利工程设施的建成投产，大大提高了全省防洪、治涝和抗旱能力；与此同时，全省电子政务网络平台及应用支撑平台建设进一步完善，建立了企业基础信息交换系统以及电子政务、地理信息等系统。"五大百亿"工程的实施完成，优化了全省发展环境，增强了经济发展承载能力，提升了环境竞争力。

2."五大百亿"上程的实施，增强了区域创新能力

通过"重点建设一批省部级重点实验室、扶持一批国家和省级企业研究开发中心、引进一批大院名校科研机构、培育一批国家和省重点科技中介服务机构"，加快了以科技企业孵化器等为首的科技创新体系建设，以及高新技术研发中心、区域科技创新服务中心的建设步伐，推进了技术创新和科技成果转化。到2007年9月底，新增省级区域创新服务中心和科技企业孵化器94家、省级高新技术研发中心546家、省级以上重点实验室114家，并且成功引进包括清华大学长三角研究院在内的大院名校科研机构300多家。随着"五大百亿"工程实施的推进，杭州、宁波、温州等高等教育取得了长足的发展，建成了一批国家级、省部级重点学科、重点实验室和人才培养基地，截至2007年9月，全省高校拥有博士点259个、硕士点750个。通过"百亿科教文卫体建设工程"建设，极大地提高了浙江省区域创新能力，为先进制造业基地建设和高新技术产业化发展作出了积极贡献。

3."五大百亿"工程的实施，推进了和谐社会构建

"五大百亿"工程内含经济、社会、文化、卫生等方方面面，既重视"经济建设"，同时也重视"社会发展"的同步性，特别是有关"五保三无"集中供养实施的完善，推进了全省的新型社会救助体系的完善。截至2007年12月，全省新建、改扩建敬老院1594所，集中供养农村"五保"对象47678人，全省集中供养率达到97.13%；[①] 全省疾控系统及省疾病预防控制中心的建设，通过完善公共卫生体系，提高疾病预防控制和突发公共卫生事件应急处置能力，保障了全省广大群众身体健康，降低了国家、

① 吴桂英主编：《民政30年·浙江卷》，中国社会出版社2008年版，第25—29页。

社会、个人的疾病负担，社会效益显著；杭州、宁波、温州大剧院以及西湖文化广场等工程的建设，进一步丰富了城市市民的文化生活，提升了城市的文明形象，有力地推动了“文化大省”建设。这些重大工程的实施，为构建社会主义和谐社会奠定了重要基础。

4.“五大百亿”工程的实施，改善了区域生态环境

“五大百亿”工程有效改善了区域生态环境。生态公益林的建设、保护、管理成效显著，全省的森林资源得到了有效保护，蓄水能力增强，地下径流不断流，水质得到明显改善，人民生活的重要水源基本达到Ⅱ类以上；自然生态环境逐渐恢复，野生动物、鸟类随处可见。据统计，“十一五”期间，浙江省共发生森林火灾 1346 起，受害森林面积 9541.36 公顷，因森林火灾伤亡 41 人，与“十五”期间相比，森林火灾次数下降 62.83%，受害森林面积下降 63.49%，伤亡人员减少 61.32%。同时，万里清水河道、城市污水处理和生活垃圾处理以及城市绿地建设等工程的实施，全省主要骨干河道的疏浚、护岸、筑坝、清障、截污卓有成效，城市的污水处理率和垃圾处理率、人均公共绿地面积等指标大幅提高，有力地保证了全省生态环境总体质量居全国前列。到 2007 年底，新增城市污水处理能力 195.5 万吨/日，新增生活垃圾处理能力 6578 吨/日，新增绿化面积 5200 公顷。浙江全省环境质量实现了转折性的好转，16 个省级环保重点监管区和准重点监管区全部达标摘帽，主要污染物化学需氧量和二氧化硫的排放量下降率分别居全国第三位和第四位，生态环境监测中名列全国第一位。

5.“五大百亿”工程的实施，促进了区域协调发展

一方面，通过滩坑水电站、洞头半岛工程等项目以及丽温高速、通村公路等基础设施建设，有效改善了欠发达地区的发展环境。与此同时，政府通过制定规划、提供下山补助、完善下山小区基础设施、加强下山后农民转移就业服务等举措，引导农民下山脱贫、异地发展，促进社会和谐发展。截至 2006 年底，全省共完成下山搬迁 7.62 万户、27.8 万人，其中 2006 年完成下山移民投资 8.97 亿元，完成下山搬迁 1.72 万户、6.55 万人；全省共 26 个欠发达县和黄岩、婺城 2 个区共完成下山移民搬迁 1.29 万户、5.3 万人。一大批山区农民通过异地搬迁实现了脱贫致富，走上了

致富奔小康的道路。另一方面，通过山海协作工程，加快发达地区与欠发达地区合作，促进了欠发达地区的经济发展。发达地区实施“腾笼换鸟”，为自身引进、培育新产业腾出了发展空间，加快了产业结构优化升级的步伐，欠发达地区不仅引进了大量的资金，还引进了先进的经营管理模式，更增强了发展的紧迫意识和市场意识。在山海协作工程的实施中，省委、省政府先后在杭州、衢州、丽水、舟山、台州、温州成功举办了 6 次山海协作工程系列活动，为山海协作工程建立起长期而稳定的合作交流平台。

二、以义引利，建设法治浙江

“义利并重”“工商皆本”的历史文化传统不仅孕育了浙江人的商业头脑和务实品格，同时也催生了浙江人的法治思想和法治思维。良好的法治环境不仅是国家实现社会长治久安的根本保障，同时也是确认个体利益及其防止其不受不法侵害的有效方式。在改善环境建设的战略部署中，浙江省委、省政府自始将建设“法治浙江”放在突出的位置。

（一）建设法治浙江的意义

1. 建设法治浙江，是实践“三个代表”，落实科学发展观的重要举措，是实施“八八战略”的重要目标和法治保障

“三个代表”重要思想的本质要求是立党为公、执政为民。发展先进生产力，发展先进文化，说到底就是为了实现最广大人民的根本利益。依法治省，建设法治浙江，其精神实质是发扬社会主义民主，充分调动人民群众的主动性、积极性，解放和发展生产力。首先，依法治省，建设法治浙江，就是全省广大人民群众在省委的统一领导下，依照宪法、法律和我省地方性法规，通过各种途径和形式管理国家事务，管理全省的经济文化事业和社会事务，实现人民真正当家作主；其次，依法治省，建设法治浙江，其核心就是要体现“以人为本”，实现人的自由全面发展。法治，是一种民主的政治，政治的物化层面虽然主要是国家政治制度、政治体制、政治文化等宏观性的问题，但政治作为事关人类生存和发展的众人之事（孙中山语），实际上直接或间接回答国家与公民的关系问题，其中关键的是人类的生存和发展的问题。另外，社会主义法治的优越性还体现在，它既看到人的类存在和类价值，也看到人的社会存在和社会价值，还看到人

的个性存在和个性价值，尤其是把人看作现实的人和社会的人，特别强调并关注人的社会差异和个性差异。也就是说，以人为本是以唯物史观为基础的，它是对人的价值的一种高度肯定，承认人民是历史的创造者，从而激发了广大人民积极性和创造性；最后，依法治省，建设法治浙江的主体，是全省广大人民群众。行使管理职能的部门和人员，是人民群众管理全省事务的执行者，要接受人民群众的监督，保障人民群众依法参与管理的权利。所以，实践“三个代表”重要思想，实现代表最广大人民的根本利益，必须致力于法治浙江的建设。

建设法治浙江，创造一个稳定有序的社会环境，是落实科学发展观的迫切需求。科学发展观是促进经济社会协调发展的重大战略思想。社会发展包括科技、教育、文化、卫生等社会事业的发展，包括社会就业、社会保障、社会公正、社会秩序、社会管理、社会和谐等，包括民主法制建设、精神文明建设，还包括社会结构、社会领域的体制和机制建设等。如果社会发展与经济发展不协调，要实现统筹城乡、区域和人与自然的和谐发展是不可能的，坚持以人为本的本质和核心也会落空。所以，我们要把建设法治浙江作为推进社会发展的重要载体，认真做好促进社会稳定、有序的各项工作。

“八八战略”是中共浙江省委基于对国际国内宏观背景与浙江经济社会发展现状、趋势的科学分析和把握，是今后一个时期浙江发展的八大优势和八项举措，其内涵丰富，涉及经济、政治、文化和社会生活各个方面。“八八战略”明确提出，要进一步发挥环境优势，加强法治建设、信用建设；进一步发挥人文优势，抓好文化大省建设，推进全社会思想道德素质和科学文化素质的提高等。所有这些一方面包含了建设法治浙江的具体要求；另一方面深入实施“八八战略”，必须深化改革，促进发展，而无论是改革还是发展，都离不开一个公平、有序的现代法律秩序。所以，建设法治浙江，既是“八八战略”重要目标又是深入实施“八八战略”的法治保证。

2. 建设法治浙江，是依法治国的重要组成部分，是推进法治进程的具体实践

坚持党的领导、人民当家作主和依法治国的有机统一，依法治国，建

设社会主义法治国家，这是我们党总结新中国成立以来我国社会主义建设正反两个方面的经验和自身治国理论的实践，是汲取苏联解体、东欧剧变的深刻教训和世界各国现代化建设的历史经验，是顺乎民心民意做出的科学决策，是执政的中国共产党领导人民治理国家的总体性的制度设计和制度安排，但依法治国是一项结构复杂、规模宏大的社会法治系统工程，社会主义法治国家目标的实现，既需要党中央高屋建瓴地做出把依法治国作为治国基本方略的英明决策，又需要全国各族人民提高法制观念，需要全国各地区、各部门、各行业深入有效地开展依法治理工作。

依法治省，建设法治浙江，是依法治国方略在浙江省级行政区域内的具体实践。浙江省属于我国行政区划的第一层次，是地方治理的最高层次之一。因此，依法治省、建设法治浙江，是实现依法治国方略最贴近的层面。行政区划层次是根据经济原则、民族原则和便于人民参与管理的国家事务原则划分的。其目的既要便于国家行政管理，又要便于适应当地社会、经济发展。省级国家机关是贯彻依法治国方略最重要的主体，离开省级行政管理体制活动，依法治国就失去依托，依法治国的基本方略必然落空。推进法治浙江的过程，是推动我们省级国家机关提高遵守宪法、法律和行政法规自觉性和切实保障法律、法规正确、及时地得以实施的过程。同时，又可以为依法治国积累经验，探索模式，打好基础。因此，依法治省，建设法治浙江，是坚持和实现党中央提出的依法治国方略的具体实践。

（二）以“法治浙江”推进社会治理法制化、制度化

建设“法治浙江”要坚持科学内涵、总体要求与基本原则，当前和今后一段时期的主要任务与具体工作，就是要形成一套整体化、科学化、多层次、重实效的“法治浙江”建设体系。

“法治浙江”建设的基本内涵包括以下内容。首先，“法治浙江”中的“法治”是前提，是中国特色社会主义的法治，它决定了我国社会主义法治的根本特点，是实现党的领导、人民当家作主和依法治国的有机统一。其次，“法治浙江”中的“浙江”是指建设社会主义法治国家在浙江的具体实践，而不是以省为地域范围的法治特区。因此，建设“法治浙江”应当是建设社会主义法治国家的有机组成部分。同时，“法治浙江”建设应

当是一个长期的、渐进的过程。必须求真务实、积极稳妥、循序渐进，随着经济、政治、文化、社会的发展而不断推进，既要着眼长远，又要立足国情省情，根据已经具备的条件和能够创造的条件，主动把做得到的事情积极做好、做出实效。最后，“法治浙江”建设应当是全社会的共同行动。

“法治浙江”建设的总体要求是：高举邓小平理论和“三个代表”重要思想伟大旗帜，全面落实科学发展观，致力于构建社会主义和谐社会，牢固树立社会主义法治理念，坚持社会主义法治的正确方向，以依法治国为核心内容，以执法为民为本质要求，以公平正义为价值追求，以服务大局为重要使命，以党的领导为根本保证，在浙江全面建设小康社会和社会主义现代化建设进程中，通过扎实有效的工作，不断提高经济、政治、文化和社会各个领域的法治化水平，加快建设社会主义民主更加完善，社会主义法制更加完备，依法治国基本方略得到全面落实，人民的政治、经济和文化权益得到切实尊重和保障的法治社会，使我省法治建设工作整体上走在全国前列。①

“法治浙江”建设最根本的就是坚持把党的领导、人民当家作主和依法治国有机统一起来，这既是不可偏离的方向，又是不可动摇的原则。同时，党的领导、人民当家作主和依法治国这三者及三者之间的有机联系，也构成了我们建设“法治浙江”的基本框架。具体而言，“法治浙江”建设应该遵循以下五个基本原则。第一，坚持党的领导。在党的领导下发展社会主义民主、建设社会主义法治社会，实现坚持党的领导、人民当家作主和依法治国的有机统一。第二，坚持以人为本。坚持一切权力属于人民，以最广大人民的根本利益为出发点和落脚点，尊重和保障人权，做到执法为民。第三，坚持公平正义。在立法、执法、司法活动中维护社会公平正义，做到公开、公平、公正，维护群众权益，维护国家利益。第四，坚持法治统一。以宪法和法律为依据，紧紧围绕党和国家大政方针和重大工作部署，结合浙江实际开展立法、执法、司法工作。第五，坚持法治与德治相结合。坚定不移地实施依法治国的基本方略，充分发挥以德治国的

---

① 沈宗：《建设“法治浙江”的总体要求、基本原则及主要任务》，《今日浙江》2006 年第 9 期。

重要作用，在加强社会主义法治建设的同时，进一步加强社会主义道德建设。

建设“法治浙江”是一项长期任务，是一个渐进过程，是一项系统工程。在“十一五”时期的主要任务首先是“三大坚持”：坚持和改善党的领导，坚持和完善人民代表大会制度，坚持和完善共产党领导的多党合作和政治协商制度。其次是“四个加强”：加强地方性法规和规章建设，加强法治政府建设，加强司法体制和工作机制建设，加强法制宣传教育。最后是“一个确保”：确保人民的政治、经济和文化权益得到切实尊重和保障，为全面落实“八八战略”“平安浙江”文化大省等重大战略部署，顺利实施“十一五”经济社会发展规划，实现全面建设小康社会目标提供法治保障。

建设“法治浙江”的根本目的是积极推进社会各方面活动的法制化和制度化。《中共浙江省委关于建设“法治浙江”的决定》指出，当前和今后一个时期，建设“法治浙江”要重点抓好十个方面的工作：第一，提高依法执政水平，巩固党的执政地位；第二，推进社会主义民主的制度化、规范化、程序化，保障人民当家作主；第三，加强地方立法，完善地方性法律法规体系；第四，全面实行依法行政，推进法治政府建设；第五，坚持司法公正，维护社会公平正义；第六，深入开展普法教育，着力提高全民法律意识和法律素质；第七，建立健全监督体系，规范公共权力运作；第八，加强推进科学发展的法制建设，促进经济社会全面协调可持续发展；第九，加强社会建设和管理的法制建设，促进社会和谐稳定；第十，坚持法治与德治并举，在全社会树立社会主义荣辱观。推进“法治浙江”建设，必须加强领导、各尽其责，统筹兼顾、科学安排，循序渐进、求真务实，确保取得实效。

（三）建设法治浙江提高了依法治理的能力①

第一，建设法治浙江，探索了一条符合中国国情、体现法治本质的治国之道。以法治的方式治国理政、推进政党改革转型，一直是中国共产党人的不懈追求。中国近代以来探索民族复兴道路的曲折历史，特别是中国

① 董瑛：《从“法治浙江”到“法治中国”》，《浙江社会科学》2016 年第 1 期。

革命建设改革的伟大实践，苏联解体、东欧剧变等国际共产主义运动的沉重教训，使执政的中国共产党和全体中国人民更加明白坚持党的领导是中国特色社会主义最本质的特征这一道理。因此，不论是建设“法治浙江”，还是建设“法治中国”，都必须始终坚持和体现党的领导这一中国特色社会主义最本质的特征。

2003 年 2 月至 2007 年 3 月，习近平同志担任浙江省委书记期间，正是浙江发展方式的转变期、体制改革的攻坚期、开放形态的提升期、社会结构的转型期和社会矛盾的凸显期，其间浙江成为全国第一个人均 GDP 过 3000 美元的省份（不含直辖市），为防止落入“中等收入陷阱”“发展不能再走老路”,[①] 必须探索地区治理的新道路、新方式，于是形成了“法治浙江”的战略思维和定力，对为什么建设“法治浙江”、建设什么样的“法治浙江”、怎样建设“法治浙江”等重大问题取得了共识。2006 年 4 月，习近平同志主持召开浙江省委十一届十次全体（扩大）会议，审议通过了《中共浙江省委关于建设“法治浙江”的决定》；同年 5 月，习近平同志主持召开浙江省十届人大常委会第二十五次会议，表决通过了《浙江省人民代表大会常务委员会关于建设“法治浙江”的决议》，作出建设“法治浙江”的重大战略部署，把“法治浙江”建设作为深入实施“八八战略”的重要内容和重要保障，作为浙江省社会主义民主政治建设的总抓手，特别把“坚持党的领导”作为建设“法治浙江”的首条基本原则，把“坚持和改善党领导”作为建设“法治浙江”的首要任务，成立省委书记任组长的建设“法治浙江”领导体制机制。

“道路问题是关系党的事业兴衰成败第一位的问题。”法治道路的探索和形成，非一日之功，须持续发力，久久为功。以习近平同志为“班长”的省委领导全省人民边实践探索边总结提升。不论是在省委理论学习中心组社会主义法治专题学习会、省委常委“法治浙江”专题会议、省委全委会等重要会议上，还是在武义、省法制办等地论证调研，习近平同志始终强调，党的领导是法治的根本保证，要从理念上更好地强化党的意识、执政意识、政权意识，从制度上、法律上保证党的执政地位。建设“法治浙

① 习近平：《之江新语》，浙江出版联合集团、浙江人民出版社 2013 年版，第 116 页。

江”，必须旗帜鲜明地坚持党的领导，把加强党的政治、思想和组织领导贯穿于“法治浙江”建设全过程；在党的领导下发展社会主义民主、建设社会主义法治社会，实现坚持党的领导、人民当家作主和依法治国的有机统一；同时，特别强调要旗帜鲜明地反对那种假借民主、假借法治来否定党的领导的错误倾向，不断积累“法治浙江”的理论成果、制度成果和实践成果。

第二，建设法治浙江，构建了以规范市场、监督权力为核心的法治体系。法治体系是国家治理体系的重要组成部分，是全面依法治国的“仪表”和“程式”，它既需要法治体系规范和调整市场“无形之手”，也需要法治体系制约和监督政府的“有形之手”。

浙江作为市场经济的先发之地，法治建设同样走在全国前列。习近平同志主政浙江期间，针对社会结构转型、民主权利高涨、治理方式改进等一系列新变化新要求，先后深入全省40多个乡村、社区和单位进行专题调研，并作出“市场经济必然是法治经济”，“和谐社会本质上是法治社会”等重大判断[①]，要求全省上下把政治、经济、文化、社会等各个方面全部纳入法治轨道，逐步构建既能有效规范市场秩序，监督权力运行，又能彰显浙江地方特色的地方性法治体系，确保在制度、法律上明晰政府与市场、社会的权限边界，做到有退有进、有所为有所不为。

富裕起来的浙江人民，在省委的领导下大胆探索，改革“变法”，变计划经济之旧规、立市场经济之新法，变行政命令之陋习、建市场配置之良序，依靠法治规范关系、调整利益、创新体制机制，具体表现为：先后修订、制定出台了《浙江省地方立法条例》《浙江省农民专业合作社条例》《浙江省产品质量监督条例》和《浙江省促进中小企业发展条例》等100多件地方法规规章，为企业真正成为市场竞争主体提供了刚性的制度保障；率先进行行政审批制度改革，建立政务公开办事大厅，实行一个窗口对外、“一条龙”服务，建设服务型、法治型政府；建立“阳光司法”指数评估体系、错案防止和纠正制度、公安民警岗位执法资格制度等，形成维护公平竞争的法治秩序；制定《关于加强经济工作监督的决定》《关于加

① 习近平：《之江新语》，浙江人民出版社2013年版，第203—204页。

强省级预算审查监督的决定》《浙江省各级人大常委会监督司法机关工作条例》等地方性监督法规，保证权力“授予有据、行使有规、监督有效”——为市场经济健康发展提供了有力的法治保障。同时，针对中国社会的“差序格局”和权力本位现象，把社会生活的基本方面纳入法治范围，明确和谐社会的“六大特征”都具有法治的属性，划分和谐社会建设中人与社会、人与人、人与自然、公共权力与个人权利的法律关系，在全国率先推出立法听证、公民旁听、网络直播、民主恳谈、重大决策社会稳定风险评估等，探索民主法治、公平正义、诚信友爱、充满活力、安定有序、人与自然和谐相处的规则体系。

第三，建设法治浙江，为社会营造公平、公正的法治环境。全心全意为人民服务的宗旨，决定了社会主义法治建设，必须体现和保障社会公平正义的价值目标，保证人民平等劳动、平等发展、平等分配的权利，共同享有人生出彩的机会、梦想成真的机会、成长进步的机会。[①]

习近平同志主政浙江期间，自觉运用马克思主义基本观点和方法，坚持党的领导、人民当家作主和依法治国相统一，强调社会主义法治的公平正义价值及其在社会主义和谐社会中的地位和作用，强调建设“法治浙江”，要以人民利益至上，尊重保护人的利益、人的安全、人的自由平等、人的全面发展等各项权利并将其纳入法治化轨道。省委十一届十次全体（扩大）会议部署建设“法治浙江”时，把“坚持公平正义”“坚持以人为本”作为建设“法治浙江”的两大重要原则，强调在立法、执法、司法活动中维护社会公平正义，做到公开、公平、公正，维护群众权益，维护国家利益；坚持一切权力属于人民，以最广大人民的根本利益为出发点和落脚点，尊重和保障人权，做到执法为民。

“法治浙江”的具体实践中，切实尊重和保障人民的政治经济文化权益，注重建立健全生活保障机制、权利救济和维护机制等，保障人民的生存权、收益权、分配权；同时健全民主公开和基层自治机制、公民权益保障机制、基层管理服务机制等，保障人民的参与权、发展权、监督权，努力构建以权利公平、机会公平、规则公平为主要内容的社会公平保障体

---

① 《习近平谈治国理政》，外文出版社 2014 年版，第 40 页。

系，让人民生活得“安心、舒心、放心”。习近平同志还特别提出要以保证司法公正为目标，树立公平正义和保护人权的司法理念，坚持法律面前人人平等，确立依法办案、无罪推定的司法原则，做到实体公正与程序公正并重。由此，浙江不仅成为市场化程度、法治化水平高的先发地区，而且成为社会和谐程度、人民幸福感强的首善之地。

第四，建设法治浙江培育了崇法守矩、学法用法的法治文化。人类社会是自由与法治、文明与野蛮的博弈、演变过程，法治意识是衡量人类文明程度的基本标杆，是现代社会生产的重要条件。全面推进依法治国，必须注重法治理念、法治思维、法治方式的培育养成，使法治成为法律之治、制度之治、规矩之治，也成为文化之养、精神之养、习惯之养。

习近平同志在浙江工作期间，强调法治精神是法治的灵魂，是“法必行之法”。建设“法治浙江”，要弘扬“红船”精神，牢固树立社会主义法治理念，坚持社会主义法治正确方向，着力培养公民的法治精神，建设法治文化，在全社会树立法治信仰、形成法治风尚。这包括培养人们的理性精神、诚信守法的精神、尊重法律权威的精神、权利与义务对称的精神、依法维权和依法解决纠纷的习惯，等等。2006年2月8日，习近平同志在余杭调研时还特别强调，要培养普通群众的法治观念、法治信仰、法治习惯，让群众学会运用法治思维和法治方式维护权益，表达诉求，让“群众愿意打‘官司’、懂得打‘官司’、打得起‘官司’，信得到了打‘官司’的最终结果”①。

按照建设“法治浙江”的部署和要求，浙江各级组织一方面着力推进基本公共服务均等化，努力保障人民在就业、教育、文化、卫生、社保等方面的平等权利；另一方面推进司法体制改革，实施“阳光司法”工程，规范司法行为，加强对司法活动的监督，让人民群众在每一个司法案件中经受法治文化的熏陶。同时，把“法治浙江”建设与“文化大省”建设相结合，坚持礼法相依、德法并举，在加强社会主义法治建设的同时，进一步加强社会主义道德建设，坚定不移地实施法治的基本方略，充分发挥德

---

① 习近平：《干在实处　走在前列——推进浙江新发展的思考与实践》，中共中央党校出版社2013年版，第390页。

治的重要作用。

三、诚实守信，建设信用浙江

诚实守信是浙江精神的一个重要组成部分，它要求重规则、守契约、讲信用、言必信、行必果。建设信用浙江就是要把诚信作为现代社会文明之基，在弘扬传统的“诚信”美德的基础上，大力推进以个人为基础、企业为重点、政府为关键的现代“信用”建设。

（一）社会信用体系建设是浙江经济发展的内在要求

完善的社会主义市场经济体制，不仅要增强社会的信用意识，形成个人诚实守信的社会信用文化和道德标准，还必须建立市场经济条件下的社会信用体系。只有建立一个完备的社会信用体系，才能促进统一、开放、有序的市场体系的形成，才能推动经济增长方式转变，才能实现从“三缘”（亲缘、人缘、地缘）、“三现”（现金、现场、现货）的初级市场经济，向非人格化交易占主导地位、法制和信用体系完善的现代市场经济转型。

浙江的市场化改革起步较早，经济发展比较快，社会经济实力位居全国前列。信用体系建设滞后严重制约了浙江经济社会的全面协调发展。首先，企业失信现象依然普遍。就整体而言，包括浙江省在内，我国企业的诚信制度建设尚停留在初步构建阶段，大部分企业内部诚信管理制度尚不够健全，失信现象普遍存在：在财税领域“逃、骗、偷税”现象，在环保领域“偷排、超排”现象，在商品质量领域“假冒伪劣”现象，在销售领域“价格欺诈”等现象仍有发生，在财务领域“提供虚假信息”，在劳动领域“拖欠、克扣工资”现象在一些私营中小企业中依然较多，在资金借贷领域“逃废债”、在经济往来领域“合同欺诈”等现象依然存在，在服务领域“高收费、低服务”现象也成为消费者投诉的主要方向。特别值得注意的是，企业的失信，必然侵害到大众的利益，在失信惩治体系不完善的情况下，给民众带来了极其负面的影响。其次，失信惩罚机制不够健全。诚信习惯的养成，既要依靠教育，启发自觉，同时也离不开管理，特别是必要的惩罚机制。有效的惩罚机制一方面在于立法，另一方面在于监管、执法。在立法方面，就全国大环境来说，《民法通则》《合同法》和

《反不正当竞争法》等法律中虽然都有诚实守信的法律原则，《刑法》中也有对诈骗等犯罪行为处以刑罚的规定，但这些仍不足以对社会的各种失信行为形成强有力的法律规范和约束，针对诚信方面的立法仍然滞后。此外政府对诚信市场的监督管理薄弱，监管职责不够明确，尚未建立起成体系的制度化的监管制度，还是一种“运动式”的监管方式，行业协会等社会团体组织也存在自律意识不足，自律行为不到位现象，特别是对从事企业信息服务的中介机构（包括会计、审计、法律服务和征信中介、资信评估等）缺乏有效监管，造成虚假信息盛行、社会反映强烈。

（二）在信用浙江建设中优化“三大主体”信用完善“三大体系”支撑

信用是市场经济的基础。必须把建设“信用浙江”作为完善社会主义市场经济体制和改善发展环境的重点来抓。通过政府、企业、个人三大信用主体的互促共进，法规、道德、监管三大体系建设的相辅相成，使“诚实、守信”成为浙江人民共同的价值取向和行为规范。严厉打击制售假冒伪劣商品、商业欺诈等扰乱市场经济秩序的违法行为，在全社会营造良好的信用环境。[①] 2004 年，浙江省委关于《建设“平安浙江”促进社会和谐稳定的决定》中进一步对信用浙江建设提出了明确要求，加快信用浙江建设，完善企业信用发布查询系统、积极探索建立个人信用征信系统；逐步开放信用服务市场；加强信用监督和失信处罚制度，努力建立以道德为支撑、产权为基础、法律为保证的社会信用制度。可见，“信用浙江”是一个整体概念和系统工程。它不仅指个人、企业等单位的信用状况，而且包括浙江的整体形象，其根本任务是率先建立一个区域性的诚信社会。

1. 明确“信用浙江”建设的总体目标

贯彻党的十六大“依法治国”和“以德治国”相结合的重要精神，坚持“依法治省”与“以德治省”，政府引导与市场运作、重点突破与整体推进相结合的原则，内治环境，外树形象，完善信用体系，发展信用经

① 张德江：《努力实践“三个代表”重要思想　全面推进我省社会主义现代化建设——在中国共产党浙江省第十一次代表大会上的报告》，《今日浙江》2002 年第 12 期。

济，把浙江真正建设成为“信用社会”的典范。“信用浙江”的具体任务可概括为：优化“三大主体”信用，即优化政府信用、企业信用、个人信用；完善“三大体系”支撑，即健全信用法规体系、信用文化体系、信用监管体系。

2. 努力提高三大主体信用

一要大力强化政府信用。建设“信用浙江”，政府要率先垂范、取信于民。一方面，各级政府及其职能部门要大力抓好自身信用建设，起到示范作用。要强化公共服务意识，严格依法行政，增强政务透明的，提高政府为人民服务的质量和效率。另一方面，要积极推进社会信用体系建设，发挥主导作用。要积极整治危害社会信用的各种行为，构建信用激励机制，着力创造良好的信用环境，充分发挥政府信用管理职能。二要着重提升企业信用。税务、工商、质量技监、金融、劳动、海关、商检等有关部门，要强化企业信用管理，通过省企业信用发布查询中心实现企业信用信息资源共享。通过公开信用信息，对企业失信行为进行强有力的社会惩罚，对守信企业进行形象推广。引导企业加强内部信用管理，全面改善企业在生产、流通、税务、信贷、财务、统计等环节的信用状况。建立健全中小企业信用担保体系，缓解中小企业特别是私营企业贷款难的问题。三要积极构建个人信用。社会信用归根结底是个人信用，政府信用与领导干部和公务员的个人信用有关，企业信用也与企业经营者和职工的个人信用有关。个人征信工作起步阶段，首先要强化社会公众信用教育，树立“诚信为本、操守为重”的良好社会风尚，提高公民个人的信用素质；其次要开展个人征信运作模式和政策法规的研究，跟踪国家有关个人征信工作的进展情况，积极培育个人征信的外部环境。

3. 大力推进三大建设

一是健全信用制度，规范信用行为。在我国规范信用的法规建设比较滞后的情况下，应当根据浙江实际，在国家现有相关法律框架内，加大执法力度，强化对信用失范行为的惩戒，引导社会公众行为趋向守信。同时，在信用建设实践的基础上，适时出台浙江信用管理方面的行政规章，逐步实现信用管理法制化。二是弘扬信用文化，培育信用道德。加强信用主体教育，叫响、坐实《公民道德规范》，使得“诚实、守信”成为各类主体的自觉要求和行为取向；强化舆论监督，表彰守信典型，曝光失信行为，在社会上树立起以讲信用为荣、不讲信用为耻的信用道德评价和约束机制。把弘扬信用文化纳入文化大省建设，从社区教育入手，普及信用教育；从基础教育到高等教育，信用道德宣传和教育要贯穿始终；以信用理念培育为切入点，推荐企业文化建设。加强专业研究和人才培养，提高信用管理的水平。三是完善信用监管，发展信用服务。有关行政部门结合职能，强化分管领域的信用监管；在此基础上，政府要建立起有效的协调机制，形成一个统分结合、整体推进的社会信用监管网络；积极培育和严格监管并重，引导信用调查、信用评估、信用担保等信用中介组织的设立与发展；进一步发挥行业协会的作用，着力完善自律机制，创造公平竞争的市场环境；在信用信息产生环节上，进一步加强会计师、审计师、律师等事务所的监管力度。

（三）信用浙江为浙江经济发展提供了良好的信用环境

1. 三大主体信用水平明显提升

建设信用浙江以来，全省信用状况明显提升。政府信用形象改善明显，主要表现为，政府行政公信力大幅度提高，政务信息公开力度逐步加大，政策透明度、可预见性和连续性也逐渐增强；企业信用建设方面，信用管理制度逐步健全，信用意识不断增强，信用交易迅速发展，“诚信浙商”形象初步确立；在个人信用领域，成效也非常明显。个人素质继续增强，“守信光荣、失信可耻”的社会氛围基本形成，个人信用报告在信贷、信用卡、保险等领域普遍应用。

2. 征信平台建设效果显著

率先建立了公共的企业和个人联合征信数据两大平台。我省的企业联合征信数据平台即企业信用发布查询系统，于2002年6月10日建成运行，是我省社会信用体系建设的先导性、基础性工程。截至2010年底，省企业公共联合征信平台征集信用信息的部门和系统达35家，入库企业110余万家，企业信用报告查询次数突破650万次。实现了三个“基本涵盖”：一是基本涵盖了涉及信用的主要部门或单位，二是基本涵盖了全省所有的工商企业，三是基本涵盖了企业的信用信息。在全国率先建立运行数据容量最大、覆盖面最广、内容最全面的企业征信数据库。省个人公共联合征信平台汇集12个部门的个人信用信息，覆盖全省4574万户籍人口。人民银行及工商、质监、交通、食药监管等部门建立了行业信用监管数据库，公共联合征信平台和行业征信平台共享程度提高，警示功能进一步发挥。

3. 信用政策体系初步形成

截至2010年，浙江省已经初步形成了以《浙江省企业信用信息征集和发布管理办法》《浙江省企业信用信息查询办法》《浙江省信用服务机构管理暂行办法》为核心的政策法规体系，信息披露机制和信用奖惩机制不断健全。此外，由人民银行杭州中心支行出台的《浙江省中小企业信用担保机构信用评级管理暂行办法》《关于加强浙江省农村信用体系建设工作的指导意见》等也先后出台。信用联建共享机制和社会信用联防体系也逐步形成。法院、政府部门结合各自职责，以案件执行、产品质量、纳税、信贷、劳动用工等为重点，严厉查处各类失信行为。

4. 信用服务体系初具规模

信用服务机构备案工作成效明显，到2011年，备案的信用服务机构达30多家，业务范围涉及商业征信、信用评级、信用管理等。率先在省重点建设工程项目招投标领域使用信用报告制度，向信用服务机构开放企业公共联合征信平台，在“信用浙江”网公示第三方企业信用报告，效果显著。

5. 区域信用合作联动进一步深化

区域信用合作联动进一步深化。浙江省积极参与长三角地区区域社会信用体系专题组例会制度和“信用长三角”网络共享平台建设，并联合举办了“信用长三角”高层研讨会，组织开展江、浙、沪、皖四地信用服务机构备案互认工作，共同推动区域信用一体化进程。

四、讲求实效，推进机关效能建设

进入21世纪，既是浙江发展的机遇期，也是各种矛盾的凸显期。进一步创造良好的发展环境，是化解各种矛盾、推进浙江经济社会保持持续高效发展的重要任务，其中，机关效能建设就是环境建设中必不可少的组成部分，它要求秉持浙江精神，进一步树立效率理念，加强科学管理，提高资源利用效率，发展循环经济和建设节约型社会。

（一）机关效能建设是加快政府职能的关键所在

机关效能建设是管理科学研究的重要内容，是一种以提高行政管理效能为基本目标，是把管理的诸要素特别是人的因素有机结合并推动高层次管理行为创新的活动，是区域发展环境建设的一项重要内容。2004 年，浙江省委、省政府在全省各级机关开展了“大力推进机关效能建设”的活动。全省共有 6053 个机关部门、2353 个具有行政管理职能的事业单位和 1497 个乡镇开展了机关效能建设。

1. 开展机关效能建设，是完善社会主义市场经济体制、加快推进政府职能转变的重大举措

党的十六届三中全会明确指出，完善社会主义市场经济体制，“转变政府经济管理职能。深化行政审批制度改革，切实把政府经济管理职能转到主要为市场主体服务和创造良好发展环境上来”。“继续改革行政管理体制。加快形成行为规范、运转协调、公正透明、廉洁高效的行政管理体制。”改革开放以来，浙江省政府职能转变和效能建设上进行过积极探索，取得了一定成效。但相对于经济社会领域改革而言，行政体制改革较为滞后，一方面政府服务职能未能真正理顺，另一方面权力运行缺乏规范。加强机关效能建设，目的就是要通过增强服务意识，规范权力运行，强化民主监督等方式建设“廉洁、勤政、务实、高效”的服务型政府，防止行政职权的滥用，减少对经济活动的不必要干预。

2. 开展机关效能建设，是学习贯彻“三个代表”重要思想，提高领导水平和执政能力的必然要求

2002 年 11 月，胡锦涛同志在党的十六届一中全会上，明确把提高党的执政能力、巩固党的执政地位作为我们党执政后的一项根本任务。他指出：“我们党是执政党，党的各方面建设，最终都应该体现到提高党的执政能力上来，体现到巩固党的执政地位上来。”国家机关是行使国家职能的部门，不管是立法机关还是行政机关，都是代表人民行使权力，其工作直接牵涉人民群众的根本利益。机关的服务质量、工作水平直接关系到党和政府在人民群众心目中的威信和形象，直接关系到各项事业的兴衰成败。通过开展机关效能建设，使各级机关和广大机关干部在履行职责和改革创新上有新的突破，在服务质量和办事效率上有新的改进，使人民群众对机关工作的满意度有新的提高。

3. 开展机关效能建设，落实“八八战略”的有效保证

开展机关效能建设，其本质就是要大力弘扬求真务实、脚踏实地的工作作风。充分发挥“八个优势”、深入实施“八项举措”是浙江省全面落实党的十六大和十六届三中全会精神做出的重大决策和部署。全面推进“八八战略”，既要高度重视，更要狠抓落实。狠抓落实，就必须大力弘扬求真务实精神，大兴求真务实之风。一方面，各级领导要树立科学的发展观，把工作的着力点真正放到研究改革发展稳定中的重大问题上，尊重客观规律，提高领导水平，使发展的内涵更加明晰，发展的途径更加明确，发展的眼光更加深远。另一方面，要树立正确的政绩观，脚踏实地工作。不盲目攀比，不追求高指标，不急功近利。要树立朴实的群众观，做到权为民所用、情为民所系、利为民所谋。坚持从群众最关心、最迫切需要解决的实际问题入手，诚心诚意办实事，尽心竭力解难事，坚持不懈做好事。

4. 开展机关效能建设有利于密切联系群众

省委在机关效能建设的工作部署上，将突出解决“办事难”“行政行为不规范”“文山会海”“素质不高、本领恐慌”“浮躁、涣散”和群众关注的“急、难”六个方面问题。既要把人民群众关注的关心的问题作为切入点，又要把影响本单位效能提高问题作为突破口，做到存在什么问题解决什么问题，什么问题突出就重点解决什么问题。各级机关，特别是行政执法、行政审批、经济管理和司法机关等部门，要根据各自的工作特点，明确效能机关建设的重点、难点和主攻方向，把落实整改措施的监督权和评判权交给群众，把群众的满意度作为机关效能建设的标尺。

5. 有利于从严治党、从严治政，促进党风廉政建设和反腐败斗争不断深入

反腐倡廉要标本兼治、综合治理，尤其是要从体制、机制、法制入手，逐步加大从源头上治理和预防腐败的力度。机关效能建设，就是通过科学管理制度，推行政务公开，拒绝“暗箱操作”，规范、约束机关干部行为，强化行政、社会和专门机构的监督，从一定程度上削弱和减少腐败产生的土壤和条件，对从源头上治理和预防腐败行为的发生起到了积极有

效的作用，是党风廉政建设和反腐败斗争标本兼治的一项综合性措施。

（二）机关效能建设的核心是建立完善高效的管理体制机制

1. 总体要求和基本原则

浙江机关效能建设以邓小平理论和“三个代表”重要思想为指导，按照省委十一届五次全会提出的狠抓落实年的总体部署，以勤政廉政、提高效率、优化环境、执政为民、促进发展为主要内容，以突出思想教育、加强建章立制、严格考核奖惩为抓手，整合机关管理资源，优化机关管理要素，规范机关管理行为，改善机关运作方式，切实解决机关效能中存在的突出问题，使各级机关和广大机关干部在履行职责和改革创新上有新的突破，在服务质量和办事效率上有新的改进，在人民群众对机关工作的满意度上有新的提高，努力形成行为规范、运转协调、公正透明、廉洁高效的管理体制和运行机制。

按照上述要求，坚持围绕中心、服务大局，着眼于深入实施“八八战略”这条主线，用贯彻落实的实效和人民群众的满意度检验效能建设的成效；坚持重点突破、整体推进，抓住关键问题，明确主攻方向，以点的突破带动和促进机关效能建设；坚持公平公开、严格考评，建立考评制度，健全激励机制，积极营造重视和加强机关效能建设的浓厚氛围；坚持继承创新、与时俱进，学习借鉴成功经验和做法，大胆创新工作思路和举措，不断推动机关效能建设上新水平。

2. 重点工作和主要任务

（1）增强服务意识。按照“武装头脑、指导实践、推动工作”的要求，深入学习贯彻邓小平理论、“三个代表”重要思想和胡锦涛同志在中纪委三次全会上的重要讲话精神。大力开展宗旨观、政绩观教育，引导广大机关干部特别是领导干部把正确的政绩观与正确的权力观统一起来，牢固树立人民利益至上的理念，不断增强求真务实的自觉性，提高为人民服务的质量和水平。大力开展改革观、发展观教育，认真学习社会主义市场经济知识，正确认识和把握社会利益关系的调整，牢固树立以人为本，全面、协调、可持续发展的科学发展观，在统筹指导下加快发展，在加快发展中实现统筹。大力开展民主观、法制观教育，坚持充分发扬民主，重视群众参与，牢固树立行政必须依法、用权必须监督的理念，加强法规、道德、监管三大体系建设，使诚实守信、依法行政、从严治政成为机关干部共同的价值取向和行为规范，努力做到诚信理政。

（2）规范机关行为。以法律为准绳，以规章为依据，坚持依法行政，照章办事，规范行为。对有悖于现行法律法规、不符合国际惯例、不适应当前经济社会发展要求的政策、规章和规范性文件，进行全面清理，该废止的坚决废止，该修订的抓紧修订完善，努力消除经济社会发展的政策性障碍。认真贯彻《中华人民共和国行政许可法》，克服部门权力利益化的倾向，严防各种损害基层和群众利益的行为发生。规范从政行为，切实解决工作中存在的缺位、错位、越位等现象，确保职能到位。

（3）提高行政效率。确立“有限政府”的观念，坚持有所为、有所不为，简化办事程序，提高办事效率，真正把机关职能从微观管理转到宏观管理、依法管理和搞好服务上来。继续深化行政审批制度改革，重点解决审批事项仍然过多、过于集中和减瘦留肥、明减暗不减等问题；规范行政许可事项，依法削减审批项目，进一步简化审批程序，逐步建立科学合理的审批管理机制、规范高效的审批运行机制、严密完善的审批监督机制。深入推进政务公开，加强电子政务建设，对项目审批、办证审照、批钱批物以及执法处罚等群众关心、社会关注的问题，进一步公开办事程序、办事标准、办事结果，并在工作质量、服务态度、办事时效等方面作出承诺，不断增加透明度。

（4）完善制度建设。按照“创新改革、转变职能、从严管理”的要求，以规范化、标准化、科学化为目标，全面推行岗位责任制、服务承诺制、限时办结制、首问责任制、AB岗工作制等制度，逐步建立健全失职追究制、否定报备制、窗口部门一次性告知制等制度，实现以制度管人管事。制度建设要贯穿于机关效能建设的各个方面和各个环节，注重系统性，增强针对性和可操作性。加强对制度执行情况的监督检查，确保各项制度真正落到实处。

（5）转变机关作风。着力解决目前一些地方和部门依然存在的“事难办”的问题，切实摆正与人民群众的关系，增强公仆意识，提高为人民群众服务的主动性。增强大局意识，对于上级交办的事项，速决速行，雷厉风行，防止“中阻梗”，不能搞上有政策、下有对策。要改进工作方式方法，深入基层，深入实际，大兴调查研究之风，精简会议文件，不断提高服务水平。认真贯彻《中国共产党党内监督条例》，坚决落实领导干部廉洁自律各项规定，按照“四大纪律、八项要求”，加强自身建设。

（6）提高队伍素质。认真贯彻落实全国和全省人才工作会议精神，积极营造有利于优秀人才脱颖而出的工作环境，真正建立起能者上、庸者下的用人机制。深入开展学习型机关创建活动，加强职业道德建设与业务培训，切实提高机关干部的思想道德素质和业务工作能力，努力消除办事拖拉、工作推诿、纪律涣散、政令不畅等问题，进一步形成心齐、气顺、劲足、实干的良好氛围。

（7）强化监督机制。设立机关效能建设监督机构，建立专门监督员队伍，明确职责，落实责任，加强协调，切实履行效能建设的监督职能。继续深入开展民主评议机关作风活动，及时总结经验，不断完善评议机制和办法，切实抓好督查整改。充分调动方方面面的积极性，进一步发挥人大、政协、新闻媒体、人民群众的监督作用。针对效能建设中的重点环节和重点部位，综合运用党内监督、国家专门机关监督、社会监督等多种形式，努力形成结构合理、配置科学、程序严密、制约有效的权力运行机制。

（8）严格考核奖惩。因地制宜，研究制定科学、量化、操作性强的绩效考核制度和效能告诫、诫勉教育、责任追究等实施办法，严把考核关。把绩效考核与工作目标考核、党风廉政责任制考核、领导干部年终述职、公务员年度考核等有机结合起来，并把考核结果作为机关干部业绩评定、奖励惩处、选拔任用的重要依据。

（三）机关效能建设极大提升了政府治理能力

第一，规范了机关行为。通过严格依法依规办事，规范机关运行程序和干部从政行为，实现了机关管理的科学化、制度化和规范化。职责不清、不履行职责、推诿扯皮等现象得到了有效改善，初步形成了行为规范、运转协调、公正透明、廉洁高效的机关运行机制。首先，以行政审批改革为契机，做好法规、规章的清理和规范工作，截至2013年，行政许可事项从1617项减少到1436项，减少了181项。非行政许可审批事项省本级从560项减少到96项，减少了464项，其中下放11项，取消262项，调整191项，减少审批部门27项。其次，以组织实施《关于深化政务公开加强政务服务的意见》为契机，2012年2月及时出台《关于深入推进“阳光工程”建设的意见》，深化政务公开，提高政务透明度，进一步规范政务公开的内容、形式和方法，很多地方建立了政务通报、政务听证会、政务信息网和新闻发言人制度。再次，建立完善责任追究制度。为了有效推进机关工作作风的转变，浙江省于2004年先后颁布《浙江省影响机关工作效能行为责任追究办法（试行）》《浙江省机关效能监察投诉中心工作办法（试行）》。2010年，根据浙江省效能建设工作实践情况，浙江省又对《浙江省影响机关工作效能行为责任追究办法（试行）》和《浙江省机关效能监察投诉中心工作办法（试行）》作了修订完善，并且颁布了《浙江省机关效能投诉回访督查办法》。

第二，提高了机关工作效率。各部门和单位主动简化办事环节，减少办事程序，压缩办理时限，变多头管理为集中管理，办事速度大大加快，“中梗阻”问题得到了有效解决。以往，企业办理登记审批需要分别向工商、质监、税务、公安、统计、人民银行6个部门的窗口提交材料，依次办理。按照一周办结的效率，6个部门轮下来要40多天，现在统一办理，只需两天，大大提高了审批效率，减轻了企业负担。2013年，绍兴县企业投资高效审批试点方案已正式批复实施，已进入审批程序的30个企业投资项目，每个项目预计全流程审批服务时间减少250天以上，实现行政审批不超35天、全流程审批服务不超100天的审批目标。义乌市企业（贸易）主体设立快速审批试点方案也投入试运行，该方案实现了企业（贸易）主体设立由30天左右到10天以内的大提速。在宁波杭州湾新区、义乌市商贸服务业产业集聚区、绍兴县滨海工业区，“化整为零”的前置审批试点方案也基本形成。

第三，提高了服务质量，改变了机关作风。各级党政机关利用机关效能建设为契机，集中进行作风整顿，有的开展“作风建设年”活动，有的采用树正面典型、弘扬爱岗敬业精神等，开展各种形式导办服务、延时服务、预约服务等优质服务活动，效果显著。“门难进、脸难看、话难听、事难办”的现象和要特权、吃拿卡要的行为逐渐减少，“一张笑脸、一声问候、一把椅子、一杯清茶”现象蔚然成风，“少进一扇门、少找一个人、少盖一个章、少跑一趟路”开始成为机关干部的普遍共识。

五、弘扬浙江精神，坚持“五大”发展理念

从“八八战略”的提出到实施，浙江经济社会发展捷报频传，屡上新台阶，究其原因，就是在推进浙江经济发展环境的改造和提升过程中，始终以浙江精神为动力，坚持“创新、协调、绿色、开放、共享”发展理念。事实证明，“五大发展理念”是浙江“干在实处、走在前列”的制胜法宝。当前，面对“成长”中的新问题、新烦恼，面对“四个全面”和“五大发展理念”的新目标、新要求，只有继续坚持和弘扬浙江精神，以“五大发展理念”引领浙江经济社会发展新环境，才能保证浙江发展继续“走在前列”，才能在全国范围内率先“高水平全面建成小康社会”。

（一）坚持创新发展

创新是一个民族进步的灵魂，是一个国家兴旺发达的不竭动力，也是中华民族最深沉的民族禀赋。在激烈的国际竞争中，惟创新者进，惟创新者强，惟创新者胜，[①] 没有创新就没有未来，没有创新就会错失机遇，就没有竞争力。“自强不息、坚韧不拔、勇于创新、讲求实效”，是浙江人在改革开放20多年中的真实写照。在进一步发挥环境优势，积极推进以“五大百亿”工程为主要内容的重点建设，切实加强法治建设、信用建设和机关效能建设过程中，浙江省委、省政府立足浙江实际，解放思想，善于运用理论创新的最新成果，尝试做前人没有做，干别人不敢干的事，不断开拓创新。正如习近平同志在浙江省重点建设暨“五大百亿”工程会议上讲话所言，“重点建设发展到今天，面临的环境条件、设备技术和目标要求都发生了重大变化，需要以创新的精神来创造新的成就。要有创新的思维，在重点建设中，引入生态理念、人文理念，提高设计和施工的人性化程度，努力实现工程建设与自然和文化的完美结合”[②]。正是由于浙江广大干部群众敢于创新、善于创新，不仅在硬环境改造上有很多创举，而且在

---

① 《习近平谈治国理政》，外文出版社2014年版，第59页。

② 习近平：《干在实处　走在前列——推进浙江新发展的思考与实践》，中共中央党校出版社2006年版，第229页。

软环境提升上更有诸多首创之举，例如，在信用浙江系列举措中，率先建立了公共的企业和个人联合征信数据两大平台，在全国建立了第一个跨区域的“信用长三角”信息共享平台，在省级层面率先出台《浙江省企业信用信息征集和发布管理办法》，提出了第一个有关企业信用评价的指导性文件《浙江省企业信用基准性评价指标体系和评价方法》，编制出台浙江第一部关于社会信用体系建设的专项规划——《浙江省社会信用体系建设“十一五”规划》。

“问题是公开的、无畏的、左右一切个人的时代声音。问题就是时代的口号，它是表现自己的精神状态的最实际的呼声”。每个时代都属于自己的问题，在深化“八八战略”现在和未来，我们面对的问题可能与以往迥然不同，但是，只要敢于创新，就能认识问题、分析问题、并最终解决问题。

（二）坚持协调发展

协调发展首先要求经济社会全面协调发展。社会发展既是全面小康社会和“五位一体”建设的重要组成部分，同时也是经济发展的内在动力，习近平同志在主政浙江期间一再强调，经济越是发展，创造财富越是依赖于教育科技、文化、卫生、体育、环保等社会事业的发展。在全面建设小康社会阶段乃至更长远的历史时期，始终要将社会发展放在更加突出的位置。在“八八战略”部署中，“文化大省”“法治浙江”无一不是与社会发展问题密切相关，“五大百亿”工程中既有“经济建设”内容，也有“社会发展”的内容，特别是“百亿科教文卫体建设”突出体现了社会建设的重要地位。协调发展还要求发达地区与欠发达地区协调发展。缩小地区发展差距，实现区域协调发展要注重抓“两头”，把促进发达地区加快发展与欠发达地区跨越式发展有机统一起来。[①] 一方面，通过滩坑水电站、洞头半岛工程等项目以及丽温高速、通村公路等基础设施建设，有效改善了欠发达地区的发展环境。另一方面，通过山海协作工程，加快发达地区与欠发达地区合作，促进了欠发达地区的经济发展。发达地区实施“腾笼换鸟”，为自身引进、培育新产业腾出了发展空间，加快了产业结构优化升

① 习近平：《之江新语》，浙江人民出版社 2007 年版，第 163 页。

级的步伐，欠发达地区不仅引进了大量的资金，还引进了先进的经营管理模式，更增强了发展的紧迫意识和市场意识。在山海协作工程的实施中，省委、省政府先后在杭州、衢州、丽水、舟山、台州、温州成功举办了6次山海协作工程系列活动，为山海协作工程建立起长期而稳定的合作交流平台。

协调是经济社会持续健康发展的内在要求。改革开放40多年来，浙江经济社会取得了辉煌的成就，同时也正面临"成长的烦恼"，其中，经济和社会、物质文明和精神文明、城乡以及区域之间存在着不同程度的发展不协调问题。因此，在深化"八八战略"改革中，要继续坚持协调发展，瞄准薄弱环节和滞后领域，加快补齐各个领域中的发展"短板"，推进浙江经济社会平衡发展、协调发展、持续发展，保障"高水平全面建成小康社会"的顺利实现。

（三）坚持绿色发展

在"八八战略"提出和实施过程中，习近平同志一再强调，经济增长不等于经济发展，经济发展不单纯是速度的发展，经济的发展不代表着全面的发展，更不能以牺牲生态环境为代价。[①] GDP的快速增长是政绩，生态保护和建设也是政绩。绿水青山可带来金山银山，但是金山银山却买不到绿水青山。浙江省既是资源小省，又是经济大省，更应该将生态文化建设，建设资源节约型社会放在发展战略地位，探索一条可持续发展的现代化道路。坚持绿色发展，不仅仅体现在"进一步发挥浙江的生态优势，创建生态省，打造'绿色浙江'"的战略部署上，在改造环境的诸多举措中，也处处贯穿着绿色发展的理念。例如，"百亿生态环境建设"工程，就是要围绕可持续发展，重点建设生态保护和公益林、城市绿地、万里清水河道、城市污水处理和生活垃圾处理设施等项目。再如，机关带头节约资源，既是机关效能建设的重要内容，同时也是建设节约型社会的重点任务。

多年来，浙江省在生态建设方面成绩斐然，效果显著。但是，生态问题有的源于不合理的经济结构，有的是由传统的生产方式所致，还有的源自不良的生活习惯，既有环境污染的"外伤"，又有生态系统被破坏造成

---

① 习近平：《之江新语》，浙江人民出版社2007年版，第44页。

的“神经性症状”，还有资源过度开发带来的“体力”透支。[①] 因此，在进一步深化“八八战略”的过程中，仍然需要全省上下齐心协力、综合治理、常抓不懈。

（四）坚持开放发展

开放发展是一个国家、地区繁荣的必由之路。纵观世界，凡是走封闭之路的国家、地区，无一不是走向失败的行列。坚持开放发展，就是深度融入世界经济，积极参与全球经济治理，解决发展内外联动问题。改革开放以来，浙江经济社会取得的巨大成就，内源发展固然是主要力量，但对外开放和外向拓展也起着极为重要的作用。[②] 具体到环境改造举措中，“百亿基础设施建设”工程最直接的一个目的就是要通过打造上海“四小时公路交通圈”实现长三角经济一体化。开放发展不仅要求以开放的眼光“跳出浙江发展浙江”，以谦逊的心态博采众长，还要求有正确的“政绩观”。浙江各届省委、省政府在“八八战略”提出、实施过程中一直以“功成不必在我”的宽大胸襟坚持“一张蓝图绘到底”，从“‘五大百亿’工程”到“‘411’重大项目建设”，从“法治浙江”到“平安浙江”，一直保持着政策的延续性和连贯性。

现代经济是开放性经济，浙江经济发展正转型升级进入更高层发展阶段，要想继续走在前列，必须以更加开放的胸襟走出去，以更加包容的姿态引进来，引进、消化、吸收海内外的先进技术，在形成自身特色发展之路的同时，也为全国经济社会发展提供浙江经验。

（五）坚持共享发展

发展是硬道理，但是发展的目和归宿最终是人民的“共享”，为了增进人民福祉，增强人民获得感，解决社会公平正义问题。因此，一方面，要坚持以人为本，重民生、办实事，解决人民群众最关心、最直接、最现实的利益问题，满足人民群众最基本、最紧迫的需求。另一方面，面对社会分配不公问题、阶层收入差距问题、城乡发展不平衡问题，“把帮扶困

---

① 习近平：《之江新语》，浙江人民出版社 2007 年版，第 49 页。

② 习近平：《干在实处　走在前列——推进浙江新发展的思考与实践》，中共中央党校出版社 2006 年版，第 229 页。

难群众放到更突出的位置”，建立完善面对困难群体的长效帮扶机制。在环境改造举措中，不仅有体现面向全社会的各类共享工程，如，“百亿科教文卫体建设”“百亿生态环境建设”工程，让所有人分享到浙江改革开放取得的成果，让所有人分享到浙江经济发展所带来的“红利”，同时也有面对弱势群体的“百亿帮扶致富建设”工程，减小社会差距、平衡社会发展，让弱势群体更加体会到社会主义制度的优越性，体会到全面深化改革的必要性。

维护和保障全体人民生存和发展权益，既是我们党一切行动的出发点和落脚点，是我们党长期执政的合法性保障，是社会主义制度优越性的突出体现，也是全面建成小康社会的内在要求。浙江“十三五”规划首次提出建设“高水平全面建成小康社会”，这不仅要实现政治、经济、社会、文化、生态发展的高水平，还要实现人民群众“共享”体制机制的高水平。

第九章　大力弘扬浙江精神，全面建设文化强省

改革开放以来特别是21世纪以来，浙江以前所未有的加速度追赶发达地区，从而率先实现现代化的强省梦想，创造了令世人瞩目的“浙江奇迹”。人们不仅惊叹也更加好奇：浙江道路与实践取得成功的秘诀和密码到底是什么？从客观上来看，这种决定性的物质力量就是浙江全体人民在坚持社会主义总体利益的前提下，最大限度地让市场力量发挥决定性作用的必然结果。从主观上说，这根源于具有地方区域个性和特色的“浙江精神”进一步萌发与再造：从“自强不息、坚韧不拔、勇于创新、讲求实效”到“求真务实、诚信和谐、开放图强”再到“干在实处、走在前列、勇立潮头”。这对于先天与后天都缺乏物质资源的浙江来说，在实践中激活、传承并发展浙江精神显得弥足珍贵。今天，回顾过去，我们清晰而欣喜地看到，浙江精神作为“思想发动机”不仅推动着浙江物质生产系统的飞跃式发展，更复归于自身推动着浙江精神系统的飞跃式发展——文化强省的美好前景正一步步向我们走来。就具体内容而言，浙江精神所引领的文化强省建设可在逻辑上划分为三个层层递进、环环相扣的部分：一是浙江精神呼唤建设文化强省战略的孕育而生，这是“干在实处”的精神自觉。2003年7月，党中央提出了坚持以人为本、全面协调可持续的科学发展观，这为浙江在21世纪新阶段的新发展提供了“指路明灯”。为了顺应文化与经济、政治、社会、生态以及党建相融合的客观趋势，更好落实“干在实处，走在前列”的客观要求，浙江必须进一步找出自己的文化短板和发挥自己的文化优势。因此，作为科学发展观在21世纪浙江本土化的最新成果——“八八战略”提出要以浙江文化发展中的人文短板（先天不足和成长中的烦恼）作为压力与激励，进一步发挥浙江的人文优势（现有的“基础优势”和在新的条件下不断建立的“发展优势”），即在浙江深厚

的文化底蕴的基础之上，发挥好浙江文化发展的“守土优势、传承优势、整合优势和生产优势”，全面推进建设文化大省乃至强省战略。二是浙江精神激励建设文化强省战略的具体深化，这是“走在前列”的精神自信。这表现在：“守土优势”，就是占领精神阵地，当好“守土”卫士，这是文化发展之“本”；“传承优势”，就是传承传统文化，创新当代文化，这是文化发展之“根”；“整合优势”，就是社会主义核心价值观体系建设，培育当代浙江人共同的价值观，这是文化发展之“魂”；“生产优势”就是公共文化服务体系建设和文化产业发展体系建设，提升整体文化软实力，这是文化发展之“用”。三是浙江精神建构全面建设文化强省的宏伟蓝图，这是“勇立潮头”的精神自强。13 年来，生动而鲜活的浙江文化实践证明：一张文化发展的蓝图一年接一年、一任接一任地绘到底、干到底，使得浙江文化发展的整体水平始终走在全国各省区的前列。作为一条本土文化发展的路径，浙江的文化发展战略在实践过程中积累了一些宝贵经验，一方面对国家层面的文化发展战略“建设文化强国”提供了有益的启示，另一方面又使得浙江的文化发展在“四个全面”战略布局的引领下继续走在全国前列。

一、“干在实处”的精神自觉：浙江精神呼唤文化强省建设

浙江文化大省、强省的发展战略，既不是从天上掉下来的，也不是拍脑袋想出来的，而是内生于浙江人“干在实处”的精神自觉。浙江人自古以来就具有“务实”精神，讲究实效。在学习贯彻科学发展观的大环境下，浙江不仅把科学发展观与浙江物质实际相结合，还进一步将科学发展观与浙江文化实际相结合。一直以来，受“唯 GDP 论”的影响，人们对发展的理解一直局限于经济发展的片面发展，而浙江提出的文化发展战略：“进一步发挥浙江人文优势，全面推进建设文化大省强省”则是将“文化观”与“发展观”紧密联系在一起，赋予了发展观以文化的灵魂主线和精神密码，这不仅使科学发展观的内涵更加全面，也使文化发展观走向科学的文化发展观。正是全面落实科学发展观的要求，建设文化大省强省战略不仅是发展先进文化的实践载体，也是顺应文化与经济、政治、社会、生态、党建相融合的客观趋势，更是落实“干在实处，走在前列”的

客观要求。要实现文化大省强省的战略目标，还需要从浙江的文化实际出发，找出浙江文化发展的人文短板和人文优势。以2003年提出“八八战略”的时间为节点，浙江的人文短板可分为“先天不足”和“成长中的烦恼”，即在市场化和国际化过程中产生的短板，而将浙江的人文优势分为现有的基础优势和新的条件下所建立的发展优势，所谓的基础优势就是浙江文化发展深厚的文化底蕴，而所谓的发展优势就是浙江文化发展的“守土优势”“传承优势”“整合优势”和“生产优势”。通过找出人文短板和人文优势，浙江就能进一步增强发挥优势、补齐短板的精神自觉，从而极大地加快建设文化大省乃至强省的前进步伐。

（一）发扬“求真务实”的精神，将科学发展与浙江文化实际相结合

1. 建设文化大省强省战略是发展社会主义先进文化的实现载体

中国共产党要带领中国人民推进社会主义现代化建设，中华民族要立足于世界民族之林，不能没有先进的文化作为理论武装和精神指引。先进文化一方面是一种世界观、一种方法论，它武装着中国人民和中华民族的头脑，从而提升解决实际问题的能力；先进文化另一方面又是一种旗帜、一种方向，它引领着中国人民和中华民族朝着中国特色社会主义所指向的“富强、民主、文明、和谐”的现代化目标而不断前行。习近平同志指出，“先进文化在启迪人民始终保持奋发有为、昂扬向上的精神状态，促使全社会形成共同的理想和精神支柱，激励全民族万众一心、不懈奋斗等方面，有着强大的号召力、吸引力和凝聚力”[①]。因而，全面落实科学发展观的“全面”就表现为不仅要发展先进生产力，更要发展先进文化。而发展先进生产力和发展先进文化本身也是全面贯彻“三个代表”重要思想的题中应有之义：代表中国先进生产力的发展要求和代表中国先进文化的前进方向的内在统一。文化要实现科学发展，就必须推动先进生产力与先进文化的协调发展，通过物质力量转化为精神力量，精神力量转化为物质力量的双向过程来达到“三个代表”重要思想的落脚点和归宿：代表中国最广

---

① 习近平：《干在实处　走在前列——推进浙江新发展的思考与实践》，中共中央党校出版社2006年版，第299页。

大人民的根本利益。

作为一种新的文化发展观，发展先进文化与发展先进生产力相比，发展先进生产力作为一种硬实力要实一点，看得见、摸得着，而发展先进文化作为一种软实力要虚一点，“实的比较好把握，虚的相对难以把握。所以，虚功一定要实做”①。这就意味着发展先进文化不是一句空话，一句口号，而是必须通过物质化的做法和方式，即通过看得见、摸得着的方式，创造实实在在的实现载体。正是基于此，浙江提出了加快建设文化大省乃至文化强省的战略目标，即通过“教育强省、科技强省、卫生强省、体育强省和人才强省”等各项工作作为发展社会主义先进文化的实现载体，从而为浙江经济社会发展的各项事业“提供坚强思想保证、强大精神动力、有力舆论支持、良好文化条件”②。

2. 建设文化大省强省战略顺应文化与经济、政治、社会、生态、党建相融合的客观趋势

进入21世纪，全球化的进程在不断加快，随之而来的是各国之间综合国力竞争越来越激烈，这不仅包括“硬实力”（经济实力、科技实力、国防实力等等）的竞争，也包括“软实力”，即文化实力的竞争，这表明在全球化的背景下各种文化之间的交流、融合、碰撞、挑战也更趋激烈。不仅如此，文化的软实力还作为一种灵魂力量和精神力量，以“润物细无声”的方式渗透并融合到经济、政治、社会、生态文明和党的建设的各个方面和全过程之中。

第一，从经济建设看，文化发展是“助推器”，这是因为“文化赋予经济发展以深厚的人文价值，使人的经济活动与动物的谋生行为有质的区别”“赋予经济发展以极高的组织效能，促进社会主体间的相互沟通和社会凝聚力的形成”以及“赋予经济发展以更强的竞争力”，这些都使“劳

---

① 习近平：《干在实处　走在前列——推进浙江新发展的思考与实践》，中共中央党校出版社2006年版，第297页。

② 中共浙江省委：《中共浙江省委关于认真贯彻党的十七届六中全会精神大力推进文化强省建设的决定》（2011年11月18日中国共产党浙江省第十二届委员会第十次全体会议通过），《浙江日报》2011年11月25日。

动力素质会得到极大的提高”[1]；第二，从政治建设看，文化是“导航灯”，这是因为“文化力量对政治制度、政治体制的导向和引领作用十分明显”[2]；第三，从社会建设看，文化是“黏合剂”，这是因为“一定社会的文化环境，对生活其中的人们产生着同化作用，进而化作维系社会、民族的生生不息的巨大力量”[3]；第四，从生态文明建设看，文化是“指挥棒”，这是因为“绿水青山本身就是金山银山”[4] 作为一种新的发展理念和生态文化，表明人与自然之间的生态关系和人与人之间的经济关系的内在统一，作为一种指挥棒，它引导着我们将如何推进“美丽浙江”的建设进程；第五，从党的建设看，文化是“方向标”，这是因为中国共产党代表着中国先进文化的前进方向，包括思想建设在内的党的五大建设都需要先进文化的力量作为精神引领。正是因为顺应了文化与经济、政治、社会、生态、党建相融合的客观趋势，浙江提出了加快建设文化大省乃至文化强省的战略目标，并且按照科学发展观的要求，在各级党委政府的政绩考核中，不仅注重经济指标的考核，更加注重文化和人文指标的考核。

3. 文化大省强省战略是落实“干在实处、走在前列”的客观要求

2002 年党的十六大的召开，宣告了我们党、我们国家最大的政治任务就是树立和落实科学发展观，全面建设小康社会、加快推进社会主义现代化，从而实现中华民族的伟大复兴。作为改革开放的最前沿阵地和最鲜活样本，浙江全省最大的政治任务就是如何在加快全面建设小康社会、推进社会主义现代化建设中继续走在前列的问题。继续走在全国前列是中央对浙江的更高要求和殷切期望，它一方面是以一种倒逼机制促使着浙江必须抓住一切可以利用的先机来加快发展自己、壮大自己；另一方面是以自己发展的经验和成就给全国各地的发展做好排头兵、先行者和示范生。而浙江要取得继续走在全国前列的成绩，必须有干在实处的实践路径，进一步说就是，干在实处怎么干？习近平同志指出：“今后一个时期浙江能否在全面建设小康社会、加快现代化建设进程中继续走在前列，很大程度上取

---

① 习近平：《之江新语》，浙江人民出版社 2007 年版，第 149 页。
② 习近平：《之江新语》，浙江人民出版社 2007 年版，第 149 页。
③ 习近平：《之江新语》，浙江人民出版社 2007 年版，第 149 页。
④ 习近平：《之江新语》，浙江人民出版社 2007 年版，第 186 页。

决于我们对文化力量的深刻认识、对发展先进文化的高度自觉和对推动文化大省建设的工作力度。”①

根据“干在实处，走在前列”的客观要求，浙江提出了加快建设文化大省乃至文化强省的战略目标，以及对发展先进文化的一种高度自觉、高度自信进而高度自强的一系列加快建设文化大省、强省的具体举措，目的就是使浙江成为全民素质优良，社会文明进步，文化事业繁荣，文化产业发达，文化和教育科技卫生体育事业发展指标全国领先的文化大省乃至强省。这样，不仅通过文化发展战略的实干过程，使浙江的文化发展的总体水平在全国发展的大格局中走在前列，还将文化发展战略的实干渗透并推动到浙江经济建设、政治建设、社会建设、生态文明建设以及党的建设各项工作实干的过程中去，从而使浙江各个方面的总体水平在全国发展的大格局中均走在前列。

（二）发扬“自我批判”的精神，找出浙江文化发展中的人文短板：先天的不足和成长中的烦恼

美国管理学家彼得所提出的“短板理论”又称“木桶原理”或“木桶效应”，是指盛水的木桶是由许多块木板箍成的，盛水量也是由这些木板共同决定的。若其中一块木板很短，则盛水量则取决于这块最短的木板。在浙江文化发展中，也存在这样的“人文短板”。这些人文短板，既有老问题，即“先天不足”的短板，更有新问题，即“成长中烦恼”——在发展过程中所产生的短板，现在的问题是新老问题相互叠加，一些老问题未从根源上得到解决，而一些新问题又不同程度地比全国先期遇到。

浙江“先天不足”的人文短板，早在《浙江省文化发展规划（1996—2010年）》中就明确指出，浙江文化的整体情况，集中表现在文化发展滞后于经济发展，文化投入不足，欠账较多。与先进省份相比，浙江省文化优势不明显，现有文化设施、文化产品、文化活动还不能满足人民群众多层次的文化生活需要。

浙江省不仅文化投入少，而且投入结构也存在严重的不平衡现象。习

① 习近平：《干在实处　走在前列——推进浙江新发展的思考与实践》，中共中央党校出版社2006年版，第297页。

近平同志指出：“我省城乡文化发展还不平衡，多数文化活动场所集中在县级以上城市，不少农村文化阵地存在缺设施、缺经费、缺人才、缺内容的情况，一些偏远农村至今无法收听收看广播电视节目，文化产品供给的有效性不高，农民群众的精神文化生活还比较贫乏。”① 从总体上看，经济相对发达的地区，文化基础设施建设相对较好；经济发展相对落后的地区，文化基础设施相对落后。特别是一些贫困线和边远山区、海岛，由于经济落后，基础设施又比较差，文化设施破旧简陋问题十分突出。

对于“成长中的烦恼”，即发展过程所产生的人文短板，习近平同志指出：“浙江是中国沿海发达地区、市场先发地区和开放前沿地区。我们在许多方面取得较好成绩的同时，也较早地感受到一些新的带有普遍性的矛盾和问题，较多地面临来自国际经济技术合作与竞争的压力和激励，较深地体会到文化建设对增强国际竞争力和综合国力的重要作用。”② 这就是说，走在前列的浙江文化发展既有先发优势，也有先发劣势。这是因为处于中国沿海发达地区的浙江文化发展，在深度上扩张，就是市场化过程；在广度上扩张，就是国际化过程。因此，先发优势就是在加快市场化、国际化的过程中，文化建设和发展能够率先在许多领域取得较大成绩，而先发劣势则是指在加快市场化、国际化的过程中，文化建设和发展也提前承受了不可避免的矛盾和问题。这些矛盾和问题，就市场化而言，是指文化建设和发展过程中一味地追求经济利益，在没有受到公共利益的引导和监督下，会产生出各种“假、恶、丑”的腐朽落后文化。所谓的“假”文化，就是文化生产本应承载着对社会生产的真实反映，却传播虚假信息。在唯利面前，只有“出位”与“惊爆”才能形成话题，才能形成卖点，才能有“眼球”效应。所谓的“恶”文化，就是文化生产本应引领着社会生活的道德规范，却生产“有毒”产品。从网络吸毒到网络赌博，从销售盗版音像制品到非法组织色情淫秽表演。它们经济价值的诱惑性越大，引发社会问题的危害性就越严重。所谓的“丑”文化，就是文化生产应按照社

---

① 习近平：《干在实处　走在前列——推进浙江新发展的思考与实践》，中共中央党校出版社 2006 年版，第 331 页。

② 习近平：《干在实处　走在前列——推进浙江新发展的思考与实践》，中共中央党校出版社 2006 年版，第 290 页。

会生活“美的规律来建造”[①]，却提供大量庸俗和无聊文化。面对市场化所带来的各种文化乱象，必须用中国特色社会主义所代表的公共利益的共同体力量去驾驭与引导市场力量，促进人的全面发展。就国际化而言，浙江的文化建设与发展的对外开放过程就是不断把自身纳入全球体系之中。而在当今全球文化体系中，依然是以西方发达国家的文化力量占主导地位，因而浙江文化发展一方面来自西方敌对势力“西化”“分化”的政治图谋和各种腐朽、落后思想的渗透，需要浙江文化发展提高自身的文化抵御与鉴别能力；另一方面则是来自西方各种文化霸权对文化市场强有力的占领，需要浙江文化发展提高自身的文化竞争与传播能力。

任何事物的发展都是一分为二的，浙江文化建设和发展中的人文短板是一种压力，更是一种激励，因为有短板就意味着有更大的成长和发展空间，在短板压力的激励下，浙江人民必须既要从根子上解决老问题，又要在发展过程中解决新问题，将“坏事”变成“好事”，将压力转为动力，从而不断地将人文短板转化为人文优势。

（三）发扬“勇于创新”的精神，进一步发挥浙江文化发展中的人文优势：基础优势和发展优势

“八八战略”提出浙江要“进一步发挥人文优势”，这里的人文优势在我们看来既包括现有的“基础优势”，也包括在新的时代条件下不断建立起来的“发展优势”。

从基础优势看，“浙江的人文优势，是深厚的文化底蕴”[②]。浙江极为深厚的文化底蕴从历史源头上最早可以追溯到新石器时代，无论是1万年前的上山文化，还是8000年前的跨湖桥文化，或是7000年前的河姆渡文化，抑或是6000年前的马家浜文化以及5000年前的良渚文化，都彰显了浙江的先民是中华民族最为重要的早期源头，浙江是中华文明的发祥地之一。在中国文化发展的历史轨迹上，浙江的文化名人更是群星璀璨，不仅为中华文明的丰富和发展作出了杰出贡献，也有力地推动了浙江经济社会

① 《马克思恩格斯文集》第1卷，人民出版社2009年版，第163页。

② 习近平：《干在实处　走在前列——推进浙江新发展的思考与实践》，中共中央党校出版社2006年版，第315—316页。

的发展。据统计，在载入中国史册的文化名人中，浙江籍的就超过千人，占到全国的1/6，从而素有“天下文章出浙江”之说；而在当代，浙江籍的“两院”院士（学部委员）就占了全国的1/5。源远流长的历史积淀及其群星璀璨的文化名人，这是地处苏浙文化圈、吴越故地的浙江自古以来就具有的人文优势，我们称之为基础优势。而作为深厚文化底蕴的基础优势本身所蕴含的独特基因又符合了当今经济社会发展的需要，从而体现出两个鲜明的时代特点。第一个鲜明特点是“洋溢着浓郁的经济脉息”①，这体现为自古至今一直倡导的“义利并重、农商并举”的文化传统。浙江历代精英的学术思想都反映出与中国古代传统经济哲学思想“重义轻利、重农抑商”的封建道统的不同之处：从宋代“永康学派”代表人物陈亮所提出的“商藉农而立，农赖商而行”到“永嘉学派”代表人物叶适所提出的“通商惠工，皆以国家之力扶持商贾、流通货币”再到明末大思想家黄宗羲所提出的“工商皆本”，正是这些特别能够适应市场经济的思想观念和行为方式，孕育了当代浙江人的经商意识和务实性格。而“浙江文化的另一个特点是，融合了多元文化的精神特质”②。这与浙江的自然环境分不开，浙江人生活的版图从内部看，以山地为主，是一种“七山一水二分田”的地理环境，从外部看，东临大海，又是一种“山海并利”的地理环境。正是这种环境的复杂性决定了浙江文化必然受到多种文化因素的熏陶进而表现出文化多元化的精神特质：内陆文化造就了浙江人吃苦耐劳、顽强拼搏的优点，海洋文化造就了浙江人敢于开拓、勇于冒险的胆识。总之，文化的经济气息和多元气质，使得浙江在一无特殊政策优势，二无特殊资源优势并且又面临人口密集的生存压力下，成为全国综合发展最好最快的省份之一。在新的条件下，一方面要进一步将浙江文化中有利于市场经济发展的思想资源充分激活，率先形成具有浙江特色的市场经济模式；另一方面要进一步克服浙江文化发展的地域局限，跳出浙江、走出浙江来发展浙江，从而在多元文化的相互激荡中开拓出具有浙江特色的本土文化

---

① 习近平：《干在实处　走在前列——推进浙江新发展的思考与实践》，中共中央党校出版社2006年版，第316页。

② 习近平：《干在实处　走在前列——推进浙江新发展的思考与实践》，中共中央党校出版社2006年版，第316页。

模式。

从发展优势看，习近平同志在“八八战略”中提出“进一步发挥的人文优势”，浙江在立足于“基础优势”的同时，不断地在市场经济和对外开放的过程中，将潜在“发展优势”激活，逐步形成了具有浙江文化“新优势”的文化发展格局。“八八战略”体现了文化发展规律总体性的四重维度，即占领精神阵地，当好“守土”卫士，这是文化发展之“本”；传承传统文化，创新当代文化，这是文化发展之“根”；践行社会主义核心价值观，培育当代浙江人共同价值观，这是文化发展之“魂”；建设公共文化服务体系和文化产业发展体系，提升文化软实力，这是文化发展之“用”。这一浙江文化发展的基本格局，可以概括为“守土优势”“传承优势”“整合优势”和“生产优势”这四大发展优势。从“守土优势”看，文化发展具有鲜明的意识形态属性，放眼世界，政治多极化与经济全球化交相辉映所衍生的各种思想的相互交锋，这使得意识形态领域的斗争更加复杂化，精神阵地的占领更加激烈化。习近平指出“任何一个阵地，我们不去占领，敌对势力、错误思潮和一些负面的东西就会乘虚而入”①。从“传承优势”看，习近平指出“悠久深厚、意韵丰富的浙江文化传统，是历史赐予我们的宝贵财富”，我们的文化发展要更好地开拓未来，绝不能搞文化虚无主义，而是首先就必须传承好传统文化的丰富资源，在利用好“传承优势”的基础上，将传统文化与当代文化发展相适应、与现代社会相协调，从而创新当代文化。从“整合优势”看，一个民族、一个国家、一个社会必须形成一个利益共同体进行整体行动才能存在和发展下去，这首先就要有体现人们共同意志的核心价值观。而社会主义核心价值观所强调的“三个倡导”二十四个字则是对社会主义核心价值体系最为精髓的浓缩与凝练，它能够形成全社会共识的“最大公约数”，从而把不同的文化价值观都整合为一个利益共同体之中。在这种“整合优势”的基础上，遵循着社会主义核心价值观的一般要求，积极培育当代浙江人的共同价值观：“务实、守信、崇学、向善”。从“生产优势”看，习近平同志指出“要加大政府对文化事业的投入，逐步形成覆盖全社会的比较完备的公共

① 习近平：《之江新语》，浙江人民出版社2007年版，第97页。

文化服务体系”[①]，“发展文化产业，首先是文化本身发展的必然要求，当代文化竞争在很大程度上取决于文化产业的竞争，软实力、文化力必然要通过文化产业的竞争力来加以体现”。[②] 无论是公共文化服务还是文化产业都是“生产优势”的车之双轮、鸟之双翼，必须双轮驱动、双翼齐飞，最终目的都是提升整体的文化软实力。

总之，无论是基础优势还是发展优势，都是在改革开放的过程中通过市场化和全球化的双重路径才释放出巨大的能量，正如“一有雨露就发芽，一有阳光就灿烂”。正是改革开放的阳光雨露全面激活了浙江人的这种“文化优势”，从而转化为全面推进建设文化大省强省战略的具体举措。

二、“走在前列”的精神自信：浙江精神激励建设文化强省战略的具体深化

习近平同志指出，“虚功一定要实做”。浙江文化发展的成就之所以能够走在全国前列，展现出精神的自信，就在于用浙江精神激励全省人民通过一系列实实在在的具体措施将全面推进建设文化大省强省的战略目标真正落地。纵观 2003 年“八八战略”实施 13 年以来浙江文化发展战略的形成与发展脉络，可以从时间上清晰地看到四个关键性的节点，第一个节点是 2005 年 7 月浙江省委十一届八次全体（扩大）会议出台的《中共浙江省委关于加快建设文化大省的决定》，核心内容可以概括为“两大战略”“三个力”“八项工程”和“四个强省”，其中“两大战略”指的是要深入实施科教兴国战略和人才强省战略，“三个力”指的是加快文化大省建设的三项牵引力，即增强先进文化凝聚力、解放和发展文化生产力、提高公共文化服务能力；“八项工程”是指文明素质工程、文化精品工程、文化研究工程、文化保护工程、文化产业促进工程、文化阵地工程、文化传播工程、文化人才工程等工程；“四个强省”指的是加快建设教育强省、科技强省、卫生强省和体育强省。第二个节点是 2008 年浙江省委制订的《浙江

① 习近平：《干在实处　走在前列——推进浙江新发展的思考与实践》，中共中央党校出版社 2006 年版，第 336 页。

② 习近平：《干在实处　走在前列——推进浙江新发展的思考与实践》，中共中央党校出版社 2006 年版，第 331 页。

省推动文化大发展大繁荣纲要（2008—2012）》，重点突出了要大力构建“三大体系”建设，即社会主义核心价值体系、公共文化服务体系、文化产业发展体系。第三个时间节点是2011年浙江省委《中共浙江省委关于认真贯彻党的十七届六中全会精神大力推进文化强省建设的决定》，重点实施“十大计划”，即中国特色社会主义理论体系普及计划、公民道德养成计划、文艺精品打造计划、网络文化和现代媒体建设计划、重大文化设施建设计划、基本公共文化服务提升计划、文化遗产传承计划、文化产业倍增计划、对外文化拓展计划、文化名家造就计划，这是要在巩固文化大省建设成果的基础之上，实现建设“文化大省”向建设“文化强省”目标的转折。第四个时间节点是2012年浙江省第十三次党代会，提出将建设“物质富裕精神富有”的“两富”历史使命作为浙江现代化的奋斗目标，并指出浙江建设“精神富有”的主要任务是以高度的文化自觉和文化自信，深入推进“三大体系”“八项工程”建设，全面实施“十大计划”，加快文化强省建设步伐，最终实现文化大发展、大繁荣。这些主要举措的背后都始终贯穿着一条“一张蓝图绘到底”的主线：占领精神阵地，当好“守土”卫士；传承传统文化，创新当代文化；建设社会主义核心价值体系，培育当代浙江人共同价值观；建设公共文化服务体系和文化产业发展体系，提升整体的文化软实力。

（一）发扬“独立自主”的精神：占领精神阵地，当好“守土”卫士

只有占领精神阵地，才能牢牢掌握意识形态工作的领导权，这是文化发展之“本”。而“只有让马克思主义去占领，才能让负面的东西和敌对势力失去生存的土壤，从而真正做到守土有责”①。马克思主义占领精神阵地的过程主要通过两大领域：占领理论阵地和占领舆论阵地。就占领理论阵地而言，坚持和巩固马克思主义在意识形态领域的指导地位就必须实现马克思主义的时代化与中国化的时空转换。浙江2003年以来的改革发展实践，说明要用21世纪的中国马克思主义来指导浙江实践。这从时间节点上

① 习近平：《干在实处　走在前列——推进浙江新发展的思考与实践》，中共中央党校出版社2006年版，第312页。

来说，加以具体化就是要用“三个代表”重要思想、科学发展观和习近平总书记系列讲话精神来指引浙江实践朝着中国特色社会主义的道路阔步前行。第一，在深入宣传学习贯彻“三个代表”重要思想方面。一是加强学习，2003 年浙江省委理论中心组学习了 8 次，举办以“三个代表”重要思想为主题的理论研讨会和培训班，轮训县处级干部 2.4 万人；2004 年，浙江省委理论中心组组织了10 次专题学习。二是加强宣传，如在省级媒体开办《钱江新潮》等专题专栏，据不完全统计，2005 年党的十六届五中全会精神宣讲报告会就举办了 5000 场。三是加强研究，如 2005 年组织实施“十六大以来‘三个代表’重要思想在浙江的实践”重大研究工程。第二，在深入宣传学习贯彻科学发展观方面，浙江省各级党委都加快推进了“学习型党组织”建设并将其制度化。一是各级党委中心组学习制度不断完善；仅 2005 年省委中心组学习就达到 30 次，其中所举办“浙江论坛”，邀请相关领域的专家学者做报告的就有 8 次。二是加大对科学发展观的宣传教育。仅 2008 年各级党委就组织宣讲团 4959 个，宣讲 10 万多场。同时，浙江省各级党校、行政学院都将科学发展观纳入党政干部的课程体系之中进行专题培训。三是持续加大对理论的专题研讨。如 2008 年为纪念改革开放 30 周年，举办了“中国特色社会主义在浙江的实践”和“创业创新之路：浙江改革开放 30 周年”等大型理论研讨。四是推动形成一批理论研究成果。如 2009 年，浙江推出了电视政论片《检验：从浙江实践看“六个为什么”》以及图书《中国特色社会主义理论体系学习读本》《社会主义核心价值体系学习读本》《“六个为什么”学习读本》和《浙江省推动当代中国马克思主义大众化百法百例》。第三，在深入宣传学习贯彻习近平总书记系列讲话精神方面，组织专题学习和宣讲活动，仅 2012 年省委中心组就组织专题学习 20 次，开展理论宣讲 10 万场次，同时在全国率先建立理论微博群——“浙江微言”。此外，由于浙江是习近平同志曾经主政过的地方，浙江人民对习近平总书记的讲话精神有着得天独厚的亲近感，正是因为浙江有这个理论研究优势，一是推动了一大批研究习近平总书记系列讲话精神的著作问世，如浙江省委党校所出版的《学习习近平总书记系列讲话精神干部读本》《全面深化改革——马克思主义总体方法论创新发展》《全面依法治国——干部读本》《踏石留印、抓铁有痕——十八大以来浙江深入

“八八战略”的实践》《全面从严治党——学习习近平党的建设思想论述》等系列论著；二是推动了一系列研究习近平同志主政浙江思想的课题立项，如“‘四个全面’战略与‘八八战略’研究”“学习宣传习近平总书记‘红船精神’重要论述十周年专题研究”“习近平总书记‘绿水青山就是金山银山’重要思想研究”，等等。

就占领舆论阵地而言，在新媒体时代，要“确保党的各级新闻机构的领导权牢牢掌握在忠于马克思主义、忠于党和人民的人手里”，[①] 需要不断创新宣传的内容和形式。在内容方面，一方面加大主旋律的宣传，从 2004 年“树立科学发展观，实施‘八八战略’”的宣传主题活动到 2013 年“弘扬中国梦”，深入学习宣传习近平总书记重要讲话精神的宣传主题活动；从 2004 年围绕邓小平诞辰 100 周年的宣传报道到 2008 年纪念改革开放 30 周年、2009 年庆祝新中国成立 60 周年再到 2011 年庆祝建党 90 周年的宣传报道；等等。另一方面加大正能量的宣传，每年推出的典型主题宣传活动（“时代先锋”“风云浙商”“浙江骄傲”等）和典型人物宣传活动（“最美妈妈”“最美司机”“最美浙江人”等）。在形式方面，一是 2005 年浙江省委互联网管理工作领导小组成立并制定了《关于进一步加强互联网管理工作的实施意见》，建立健全网上监控、网上评阅、网上评论“三位一体”的工作机制；二是在全省普遍建立新闻发布制度，定期进行新闻通报会和媒体见面会；三是建立对舆论危机管理处置体制；四是不断创新网络发布平台，从 2002 年浙江在线的上线到 2006 年浙江电视台国际频道开播，从 2008 年浙江博客群的建立到 2010 年的全省各地市、各部门全面建立官方微博，从 2012 年“浙江政务微博”的搭建到 2014 年“浙江发布”官方微博、微信的正式上线等。

（二）发扬“不忘本来”的精神：传承传统文化，创新当代文化

当代浙江文化的发展是建立在浙江传统文化基础之上的，这是文化发展之“根”。传统文化既是当代文化发展的根基，又是当代文化发展的动力，只有传承传统文化，才能创新当代文化。浙江近 13 年来在传承优秀传

---

① 习近平：《干在实处　走在前列——推进浙江新发展的思考与实践》，中共中央党校出版社 2006 年版，第 312 页。

统文化方面的主要做法表现为官方顶层设计和民间主动参与这两条相互补充的路径。从官方顶层设计看，主要是通过五个关键性的纲领性文件来突出传承传统文化的重要性。第一个文件是2005年出台的《中共浙江省委关于加快建设文化大省的决定》（以下简称《决定》），这是一个规划浙江2005年到2020年间文化建设发展方向的纲领性文件，其中在“增强先进文化的凝聚力”部分，《决定》要求“发扬浙江优秀历史文化传统，积极推进文化创新，大力发展先进文化，支持健康有益文化，努力改造落后文化，坚决抵制腐朽文化”；在“文明素质工程”部分，《决定》要求“加强爱国主义教育基地建设，发展红色旅游，充分发挥革命纪念地和历史文化遗址、博物馆、纪念馆等的重要作用”；在“文化精品工程”部分，《决定》要求重点扶持“一批弘扬浙江优秀传统文化、具有传承和创新意义的文化艺术成果”。

在“文化研究工程”部分，《决定》要求开展浙江历史文化专题研究、浙江名人研究、浙江历史文献整理，对浙江地域历史文化开展系统研究，共确立了“浙江历史文化专题史”“浙江文献集成”“浙江历史文化名人”“南宋史研究”“浙江地域文化研究”“良渚文化研究”“钱塘江流域开发史研究”“浙江古镇古村落经济社会变迁研究”“浙商文化研究系列”等多个研究系列。在“文化保护工程”部分，《决定》部署了历史文化遗产保护和利用的一系列工作，要求使丰富的历史文化遗产真正成为文化大省建设重要而独特的宝贵资源。第二个文件是2008年出台的《浙江省推动文化大发展大繁荣纲要（2008—2012）》（以下简称《纲要》），在《纲要》中将“坚持弘扬中华文化”单独列出，成为《纲要》的六项基本原则之一，同时突出强调了“加强优秀传统文化教育”和“不断增强中华文化的国际影响力”两个方面。第三个文件是2011年发布的《浙江省文化发展“十二五”规划》，其中继续将“坚持继承和弘扬优秀民族文化，吸收和借鉴世界各国优秀文化成果”作为规划的基本原则之一，并从“加快转变文化发展方式”和“切实加强文化交流和文化贸易，推动浙江文化‘走出去’”这两个方面谋划如何继承优秀传统文化。第四个文件是2011年出台的《中共浙江省委关于认真贯彻党的十七届六中全会精神大力推进文化强省建设的决定》，其中与传统文化相关的“传统”一词就出现了9次，其中6次为

“优秀传统文化”，其余3次分别为“革命传统教育”“传统节日”“中华传统美德”。第五个文件是2014年出台的《关于建设美丽浙江创造美好生活的决定》，这份《决定》则强调“注重挖掘传统文化中的生态理念和生态思想”，将传承传统文化和生态文明建设的目标相关联。

通过民间主动参与来传承传统文化，主要是指民间自发组织的社会力量来传承原生态的民间文化，一是民间节庆活动的传承接续，如每年端午节，杭州西溪蒋村村民都保持着龙舟竞渡的传统习俗。在民间节庆活动的热潮下，浙江为了对传统节日文化的重视和保护，在全省首次确立14个传统节日保护示范地。二是民间家谱的再度兴盛。近年来，浙江民间重修家谱非常广泛，如丽水市缙云县修成的家谱已达百部以上，绍兴重修的家谱有300多套，宁波宁海县800多个村庄有九成左右续修了家谱。三是民办博物馆总数在全国位列榜首，影响最大。浙江现有民办博物馆79家，从胡庆余堂中药博物馆到张小泉剪刀博物馆；从马寅初纪念馆到都锦生织锦博物馆都是全国比较有知名度的民办博物馆。这里面值得一提的是宁波市鄞州区通过“企业＋博物馆”“个人＋博物馆”“景区＋博物馆”“生产基地＋博物馆”这四种独特的办馆模式，在同类地区中民办博物馆全国发展速度最快，从而享有“中国博物馆文化之乡”的美誉。四是民间公共关怀的精神进一步得到展现。如宁波市鄞州区鄞江镇自发组织成立了“历史文化名镇鄞江民间筹建委员会”，所有参与人员均不收取任何报酬，纯粹为群众义务服务。

（三）发扬“崇德向善”的精神：建设社会主义核心价值体系，培育当代浙江人共同价值观

2008年，浙江省制定并实施《浙江省文化发展大发展大繁荣纲要（2008—2012）》中重点突出了要“建设社会主义核心价值体系”，这是文化发展之“魂”。在此基础上积极培育当代浙江人的共同价值观：“务实、守信、崇学、向善”。具体来说，做了以下几项措施，第一，全面开展提高全民思想道德建设的实践活动。浙江先后制定并实施了《浙江省公民道德规范》《浙江公民道德实施纲要》《浙江公民道德养成计划》《浙江省道德模范待遇保障若干规定（暂行）》，为浙江全面提升公民道德提供了制度保障。尤其是《浙江省道德模范待遇保障若干规定（暂行）》，进一步明确了道德模范的待遇保障，营造了全社会形成“好人有好报”的鲜明导向和崇德向善的社会风尚。具体实践活动有，一是坚持每年开展以“浙江好人、德行天下”为主题的“公民道德日”活动；二是坚持在全社会广泛开展“学雷锋、树新风”活动；三是推进“讲文明、树新风”活动；四是深化道德模范的评选活动；五是坚持每年开展“浙江好人”“做一个文明有礼的浙江人”“做一个有道德的人”等主题道德实践活动；六是坚持发动群众评选“浙江好人”，寻找身边的好人好事，促进道德楷模不断涌现。据统计，截至2012年底，全省共评选出各级各类典型人物1000多人，吴菊萍、毛陈冰、郭文标、李学生、刘霆5人获得“全国道德模范”称号，俞佳友、钟杏菊等25人获“全国道德模范”提名奖，100余人入选“中国好人榜”。在全民的道德实践活动中，有两个亮点值得注意，一是突出未成年人思想道德建设工作体系。2004年浙江出台了《关于进一步加强和改进未成年人思想道德建设的实施意见》，并逐步形成了面向全体未成年人的“3510”工作目标。其中，“3”是指健全和完善学校、家庭、社会三个环节的未成年人思想道德教育网络；“5”是指深入实施未成年人思想道德建设的阵地工程、精品工程、绿网工程、净化工程、帮护工程这“五项工程”为抓手；“10”是指每年抓好文化产品创作生产传播、关爱农村及特殊群体未成年人等多方面的“十件实事”。而对于农村未成年人的思想道德建设，浙江省文明办2008年下发了《关于在全省农村开展“春泥计划”试点工作的通知》，并选取以浦江县、江山市为主的71个行政村进行“春泥计划”试点工作，2009年，浙江省文明办又下发了《关于进一步做好“春泥计划”的实施工作的通知》，在全省实施“春泥计划”。第二个亮点是突出流动人口、农村留守人员的思想道德建设，浙江省在城乡推进“双建设、双整治”工作，实施“双万结对共建文明”工程。

第二，开展“好家训好家风带好民风”的实践活动。2014年，浙江省文明办下达了《关于开展“我们的家训——浙江百姓重家风”活动的通知》，引导人们从自己做起，从家庭做起，讲道德、树家风，进而形成良好的民风。

第三，开展“信用浙江”建设的实践活动。2002年，浙江省政府下发了《关于建设“信用浙江”的若干意见》，明确提出建设“信用浙江”；

2005年，浙江省政府又出台《浙江省企业信用信息征集和发布管理办法》，提出要培育信用文化；2012年，《浙江省公民道德建设纲要》更是明确指出，“着眼于建设‘信用浙江’，把诚信建设摆在突出位置”。通过一系列制度建设来大力推进政务诚信、商务诚信、社会诚信、司法公信和个人诚信建设。

第四，开展“最美现象”评选的实践活动。为了发挥积极的道德引领力和感召力，引导全社会形成“崇德向善，见贤思齐”的良好风尚，浙江开展了“最美浙江人——浙江好人榜”推荐评选活动、“浙江骄傲”年度人物评选活动、“浙江孝贤”评选活动、“风云浙商”评选活动、“青春领袖”评选活动等，促进了“美丽浙江”和“美好生活”由“盆景”变为“风景”，进而成为“风尚”，不断焕发社会正能量。

第五，开展“我们的价值观大讨论”的实践活动。2012年，中共浙江省委专门成立了工作领导小组，通过传统媒体和网络平台征集“我们的价值观”核心词，全省干部群众广泛参与讨论。全省历时4个多月，共举办8000余场座谈会、报告会和研讨会，接到5万多份建议稿、23万余次的价值观词条，参与人员达1000多万人次，最终形成“务实、守信、尚学、向善”的当代浙江人的共同价值观以凝聚社会价值共识。

（四）发扬“讲求实效”的精神：建设公共文化服务体系和文化产业发展体系，提升文化软实力

建设公共文化服务体系和文化产业发展体系的双轮驱动、双翼齐飞，是文化发展之“用”，最终目的都是提升浙江省整体的文化软实力。

从建设公共文化服务体系看，习近平同志指出，为了充分保障人民群众最为基本的文化需求、文化权利、文化利益的实现，必须推动公共文化服务体系建设，这样为人民服务、为社会主义服务才能真正落到实处。在市场经济条件下，对于公共文化服务，“总的原则是，政府要继续加大投入力度”①。据统计，2008年，全省GDP达到21487亿元，人均GDP达到42214元，远超过全国平均水平，居全国第四位、各省（自治区）第一位，

① 习近平：《干在实处 走在前列——推进浙江新发展的思考与实践》，中共中央党校出版社2006年版，第329页。

这为政府加大对公共文化服务的投入奠定了雄厚的物质基础。13年来，浙江坚持“文化为民、文化靠民、文化惠民”的工作理念，对公共文化服务建设的资金投入力度逐年加大，据统计，“十五”期间，浙江省文化投入总量位居全国第二，人均文化经费7.8元，居全国各省（自治区、直辖市）首位。“十一五”时期，全省文化投入力度进一步加大，较“十五”期末增加30.06亿元，增长了1.85倍。之所以取得这样的成果，一是加大了对农村的文化投入来保证公共文化服务的均等化和普惠性。我省城乡经济发展的不平衡导致了文化发展的不平衡，对于城市来说，文化设施齐全、文化经费充足、文化人才集中、文化内容丰富，而对于广大农村则存在缺设施、缺经费、缺人才、缺内容的“供不应求”，甚至在一些偏远的农村地区，至今无法收听收看广播电视节目。因此，习近平同志强调建设公共文化服务能力，必须把着力点“放在基层特别是农村文化事业的发展上”①。针对基层特别是广大农村是浙江公共文化服务建设的“短板”与“软肋”，政府没有将其视为一种政治包袱，而是将文化惠民工程作为自己义不容辞的社会责任，如全省的农村文化礼堂建设、“新农村文化建设十项工程”“东海明珠工程”“文化走亲”活动、“千镇万村种文化”活动等。公共文化均等化和普惠化的第二个表现是加大对外来务工人员的文化投入，这对于作为外来务工人员的大省——浙江来说，也是公共文化服务建设中的“短板”和“软肋”。“十一五”期间，浙江省实施了“文化低保工程”，对外来务工人员的文化权益加以保证，如浙江省总工会的“向农民工送文化”行动、“一千双万大培训”活动、开播“民工在线”专题节目等暖心活动让更多的外来务工人员融入浙江，成为新浙江人。正是因为浙江省各级政府不断加大对公共文化服务的资金投入力度，截至2014年，浙江省基本建成了省、市、县、乡、村五级覆盖的文化设施网络、县级文化馆、图书馆、乡镇综合文化站和文化信息资源共享工程，这使得一个覆盖浙江省全社会比较完备的公共文化服务体系的雏形已经展现，“十五”期间和“十一五”期间浙江文化发展主要指标和综合实力在全国位居前列。

---

① 习近平：《干在实处　走在前列——推进浙江新发展的思考与实践》，中共中央党校出版社2006年版，第330—331页。

从建设文化产业发展体系看，随着后工业社会的到来，知识经济将逐步取代工业制造占据经济发展的主导地位。而文化产业通过文化经济化和经济文化化这一体两面的深入融合不仅点亮了浙江的经济发展，也点亮了浙江的文化发展。正是基于文化产业将是实现文化大省强省战略目标的重要突破口，浙江必须大力实施文化产业发展体系建设工程。而发展文化产业，一是要培育文化产业的市场主体，浙江一是通过加快国有文化单位的公司制、股份制改革，形成一批有竞争力的国有或国有控股的文化企业，据统计，2002 年至今，浙江省共组建了 8 家国有文化企业集团，如浙江日报报业集团、浙江广播电视集团、浙江出版联合集团就是其中的代表。二是通过充分发挥浙江民营经济发达的优势，大力发展民营文化企业，因为“发展民营文化企业，是浙江文化产业发展的必由之路，也是浙江文化改革与发展的特色与优势所在”①，据统计，到目前为止，浙江共有各类民营文化企业约 7 万家，投资总规模达到 2000 亿元以上，吸纳就业人员达 75 万余人，其中从浙江本土所成长起来的“中国演艺第一股”的宋城集团、“中国电视剧第一股”的华策影视、“中国电影第一股”的华艺兄弟、“网吧软件第一股”的网顺科技等，都是浙江近年来民营文化企业的知名品牌。三是通过我国不断对外开放的有利条件，引进外资或合资文化企业，由此造就了一支新的文化“浙军”——国有或国有控股的文化企业、民营文化企业、外资或合资文化企业这“三位一体”的文化产业主体格局。要形成文化产业发展的总体布局，在《浙江省文化产业发展规划》（2010—2015）中就提出浙江文化产业发展要打造“一核三极七心四带”的区块特色布局。所谓“一核”就是把杭州建设成为全省文化产业发展的核心；所谓“三极”就是推动形成宁波、温州和金华、义乌、东阳浙中城市群三大文化产业增长极；所谓“七心”就是建设湖州、嘉兴、绍兴、衢州、舟山、台州、丽水七大特色文化产业集聚中心；所谓“四带”就是构筑浙北、浙中、浙东、浙西南四大文化产业发展带。为了进一步优化这一布局，在 2011 年出台的《中共浙江省委关于认真贯彻党的十七届六中全会精

① 习近平：《干在实处　走在前列——推进浙江新发展的思考与实践》，中共中央党校出版社 2006 年版，第 327 页。

神大力推进文化强身建设的决定》中提出要实施文化产业倍增计划，到2015年，浙江文化产业增加值力争比2010年翻一番，占全省GDP比重7%，其中重点实施文化产业发展“122”工程，“1”就是培育100家重点文化企业，即“百强振兴计划”；“2”就是培育20个重点文化产业园区（基地），即“重点园区拓展计划”；“2”就是助推20家文化企业上市，即“上市助推计划”，截至2014年，浙江上市文化企业多达11家，已经成为全国文化企业上市最多的省份。要提升文化产业的竞争力。习近平指出，“要适应市场的需求，不断推进文化产业的创新。特别是面向高技术，积极推动信息产业与文化产业的高度融合”①。如阿里巴巴集团的文化创意平台走的就是“文化+信息”为特色的新型文化产业之路。总之，通过培育文化产业的市场主体、形成文化产业发展的总体布局、提升文化产业的竞争力这三大路径，使得浙江的文化产业发展迅猛，在全国处于领先地位。

三、“勇立潮头”的精神自强：浙江精神建构全面建设文化强省的宏伟蓝图

自2003年“八八战略”提出以来，“建设文化大省强省”的发展战略就作为浙江的优势战略不仅使浙江文化发展的总体水平始终走在全国前列，而且在实践过程中积累一些宝贵经验。作为省级层面的发展战略，这些经验一方面展现出浙江精神“勇立潮头”的精神自强，在国家层面，即全国整体的文化发展战略——“建设文化强国”提供了有益的启示；另一方面也展望着浙江未来文化发展之路将以四个全面战略布局为引领继续走在全国前列，从而建构出全面建设文化强省的宏伟蓝图。

（一）发扬“总结反思”的精神：浙江文化建设的“八个掌握”与“三个始终”

改革开放以来特别是近13年来，浙江从一个地域小省、经济穷省、资源弱省迅速一跃成为一个经济大省、富省、强省，从而其“五位一体”建设的综合水平在全国位居第一方阵、第一集团。海内外都不禁惊叹这种

① 习近平：《干在实处　走在前列——推进浙江新发展的思考与实践》，中共中央党校出版社2006年版，第331页。

“浙江奇迹”“浙江现象”“浙江经验”“浙江模式”所取得的非凡成就，同时也对其产生的深层原因进行探究。习近平同志指出：“改革开放以来浙江经济社会持续快速健康发展的深层原因，就在于浙江深厚的文化底蕴和文化传统与当代时代精神的有机结合。”[①]，简言之，在于浙江全面推进建设文化大省强省的发展战略。

浙江人民在“建设文化大省强省”的实践过程中，全面贯彻落实科学发展观，遵循文化发展的基本规律，积累了一些成功的经验。早在2005年，习近平同志就将这些宝贵经验概括为浙江文化发展必须牢牢掌握社会主义文化建设的八个方面：指导思想、本质特征、根本方向、工作方针、重要任务、基本要求、内在动力和最终目标[②]。这“八个牢牢掌握”不仅是浙江文化发展的总体水平始终走在全国各省区前列的高度总结，也是浙江继续接力建设“全面素质优良，社会文明进步，社会事业繁荣，文化产业发达，文化和教育科技卫生事业主要发展指标全面领先的文化大省”[③]的基本原则。

这些基本经验经过浙江历届省委接力推进文化发展的实践过程，又被进一步加以丰富和发展，被概括为“三个始终”。习近平同志指出，这就是“始终要靠在实践中正确地运用马克思主义的基本原理，始终要靠把中央的精神和浙江的实际紧密结合起来，始终要靠全省人民的同心同德、团结奋斗”[④]。

第一，在推进文化大省强省的实践过程中，浙江省委始终坚持在实践中正确地运用马克思主义的基本原理。马克思主义是我们党的传家宝，任何时候都要坚持下去。对于博大精深的马克思主义理论体系，则必须抓住其方法论的本质特征。就文化发展而言，浙江文化大省强省战略目标必须

---

① 习近平：《干在实处　走在前列——推进浙江新发展的思考与实践》，中共中央党校出版社2006年版，第289页。

② 习近平：《干在实处　走在前列——推进浙江新发展的思考与实践》，中共中央党校出版社2006年版，第297—298页。

③ 习近平：《干在实处　走在前列——推进浙江新发展的思考与实践》，中共中央党校出版社2006年版，第292页。

④ 习近平：《干在实处　走在前列——推进浙江新发展的思考与实践》，中共中央党校出版社2006年版，第8页。

放在总体性的格局中才能得以实现。从内部的总体性看，浙江省委从文化发展的“本”“根”“魂”“用”这“四位一体”的总体格局出发，做出了“占领精神阵地，当好‘守土卫士’”“传承传统文化，创新当代文化”“建设社会主义核心价值观体系，培育当代浙江人共同价值观”“建设公共服务文化体系和文化产业发展体系，提升全省的整体文化软实力”的具体举措。从外部的总体性看，浙江省委不是就文化本身来发展文化，而是跳出文化、走出文化来发展文化，即把文化放在内在联系的关系中来发展文化——将文化建设融入经济、政治、社会、生态文明、党的建设各个方面和全过程，这是促进融合发展的浙江文化发展战略。

第二，在推进文化大省强省的实践过程中，浙江省委始终坚持把中央的精神和浙江的实际紧密结合起来。一个地方在推进其文化发展战略时很容易出现两种偏差，一种是不能很好理解中央关于文化发展的精神，缺乏对文化发展地位和作用的深刻认识；另一种则是走向相反的极端，仅仅将自己定位于中央政策的传声筒和执行者，缺乏对文化发展的长远考虑和规划。因此，一个地方的文化发展战略能否既做到上接天线，即领会和贯穿中央关于文化发展战略的思想和部署，又能做到下接地气，即结合本地特色，因地制宜地贯彻并发展中央关于文化发展战略的思想和部署，是检验一个地方文化发展自觉程度的重要指标。13 年来，浙江在科学发展观的指引下，用高度的文化自觉走自己的特色之路，探索出一条本土化发展路径：从“八项工程”到“三大体系”建设，从“十大计划”到“精神富有”等等，浙江文化发展的自觉路径更加成熟、清晰、明朗。

第三，在推进文化大省强省的实践过程中，浙江省委始终坚持全省人民的同心同德、团结奋斗。文化要发展离不开中央和省委顶层设计的决策部署，更需要依靠广大人民群众的集体力量。浙江在探索本土路径的文化发展实践中，坚持文化发展依靠人民、为了人民，不断地培育人民群众的主体力量。比如让人民以主体的角色置身于农村公共文化服务建设的其中——从“送文化”下乡到农民“种文化”，在“送下乡”的过程中添加了“请上台”的节目，将农民从文化的旁观者变成参与者，从观众变成演员。这样，通过让人民群众不仅成为文化发展的“剧中人”，也成为文化发展的“剧作者”的过程，培育了公民的自治意识和主体意识，为浙江文化发展转向文化治理提供了发育的胚胎和萌芽。

（二）发扬“与时俱进”的精神：“建设文化大省强省”升华为国家的“建设文化强国”

党的十八大以来，习近平同志“建设文化强国”战略思想深深扎根于改革开放以来中国人民伟大的创新实践与创新理论，这其中最为紧密联系、相互贯通的则是习近平同志主政浙江期间“八八战略”宏伟蓝图中的文化发展战略——“建设文化大省强省”在实践与理论上所作出的重大贡献。从“建设文化大省强省”到“建设文化强国”，几字之差，可以看到文化发展一脉相承的接续发展的背后，是“建设文化大省强省”的创新战略作为一种地域性、本土化的鲜活样本与生动案例，是如何在党的十八大后以更高的层次、更宽的视野、更大的力度提升、推广与发展为全国性的文化发展战略——“建设文化强国”。这表现为，第一，在占领精神阵地方面，习近平同志将“精神阵地”的占领视为巩固党的执政地位的“基石”，他指出，一个政权的瓦解往往是从思想领域开始的，思想防线一旦被攻破，其他防线就很难守住。因此，与经济建设的中心工作相比，意识形态工作在党的事业全局中具有极端重要性，必须进行国家意识形态建设，从而切实维护国家意识形态安全。第二，在传承中华传统文化方面，习近平同志进一步将这一文化优势定位于我们在世界文化激荡中站稳脚跟的根基，并指出这是“中华民族的突出优势，是我们最深厚的文化软实力”[①]，也是我们最为独特的文化基因、历史传统与精神标识。因而，立足这个根基，继续传承其思想精华，并使之与当代文化相适应、与现代社会相协调，才能推动中华文化走向现代化、走向世界、走向未来。第三，在建设社会主义核心价值观体系方面，习近平强调要必须持续不断地加强社会主义核心价值体系建设，把培育和弘扬社会主义核心价值观作为凝魂聚气、强基固本的基础工程，作为一项根本任务，切实抓紧抓好。第四，在公共文化服务体系建设方面，党的十八大则提出到2020年要实现从“逐步形成”到“基本建成”这一目标，党的十八届三中全会又将构建现代公共服务体系、促进基本公共文化服务标准化、均等化列为全面深化文化体制

① 《习近平谈治国理政》，外文出版社2014年版，第155页。

机制创新的全局之中。为此，必须加快推进基层特别是农村为重点的文化惠民工程，继续推动公共文化服务设施向社会免费开放。第五，在文化产业发展体系建设方面，党的十八大提出到2020年使其成为国民经济的支柱性产业，而新型文化业态在与经济深度融合的同时还要加快与科技的深度融合，这是提高文化产业规模化、集约化、专业化水平的重要路径；党的十八届三中全会又提出市场对文化资源配置的决定性作用，建立健全现代文化市场体系，从而赋予文化产业“三位一体”格局的新内涵：加快国有文化企业公司制、股份制改造，对非公有制文化企业降低更多准入门槛。第六，在提升整体文化软实力方面，习近平同志将这种精神力量的自强上升为“关系我国在世界文化格局中的定位，关系我国国际地位和国际影响力，关系‘两个一百年’奋斗目标和中华民族伟大复兴中国梦的实现”[①]的战略高度，因为它的水平高低、优劣直接成为衡量和检验“建设文化强国”宏伟目标能否顺利实现的标志性特征，只有提升国家文化软实力，以“文化的兴盛”作为精神支撑和引擎，才能在“五位一体”的总体布局中实现中华民族总体性的全面复兴。

（三）发扬“开放图强”的精神：以“四个全面”战略布局为引领，推动浙江文化发展继续走在全国前列

无论是浙江建设文化大省强省战略的宝贵经验还是对全国“建设文化强国”的有益启示，都是浙江贯彻落实“干在实处，走在前列”要求的必然结果。2015年5月，党的十八大后习近平同志首次回到浙江，他对浙江未来的发展提出更高要求：“干在实处永无止境，走在前列要谋新篇”，这个新篇，对于浙江文化发展而言，就是要在协调推进全面建成小康社会、全面深化改革、全面依法治国、全面从严治党的进程中，不断抓住文化发展中的新机遇，解决文化发展中的新问题，从而在“四个全面”战略布局中继续走在全国前列。

第一，在全面建成小康社会的进程中推动浙江全面建成精神小康走在全国前列。浙江“十三五”规划的开启，标志着浙江全面建成小康社会进入决胜阶段。我们的全面小康社会应当是物质小康与精神小康全面协调发

① 《习近平总书记系列重要讲话读本》，学习出版社、人民出版社2014年版，第102页。

展的社会，精神小康的文化性不仅意味着小康社会的全面性，更意味着小康社会的更高层次。经过13年的文化建设，浙江的文化发展目标已经实现了从建设文化大省向建设文化强省的转变，接下来文化发展的目标要实现从建设文化强省向建成文化强省的转变。要实现建成文化强省的长远性目标就必须以建成精神小康社会的阶段性目标作为其坚实的文化基础。而建成的精神小康社会同样也是全面的，从领域的全面看，浙江要以提升整体文化软实力和竞争力作为总抓手，齐头并进地重点抓好“巩固壮大主流思想舆论”“传承中华传统优秀文化”“践行社会主义核心价值观”“构建现代公共文化服务体系”“提升文化产业发展水平”五项工作，其中在文化产业方面，重点发展广播影视、新闻出版、动漫游戏、文化演艺、文化产品制造、数字内容、文化创意、文化交易、文化旅游、文化会展十大领域，并着力把文化创意产业培育成为万亿产业。从对象的全面看，浙江要建成惠及全体人民的精神小康。小康不小康，关键看老乡。全面建成精神小康社会的重点在基层，特别是广大农村地区、偏远山区以及一些特殊群体，精神的贫困和欠发达问题还比较突出。浙江必须统筹推进公共文化服务的均衡发展，一手抓好城市社区文化建设，一手抓好以农村文化礼堂为重点的农村文化服务综合体建设，让城市的市民和农村的农民都能共享文化发展的成果。

第二，在全面深化改革的进程中推动浙江文化体制改革走在全国前列。浙江文化发展的活力来自浙江文化体制改革的动力，自2003年浙江省被中央确定为全国首批文化体制改革综合试点省份以来，经过这些年的探索和实践，浙江已经成为全国文化体制改革的先进地区，文化综合发展指数位列全国第3位。当前，全面深化改革的步伐已进入深水区和攻坚区，这也意味着浙江新一轮文化体制改革的大幕已经开启。为此，浙江省委专门成立了文化改革专项小组，并制定了《浙江省深化文化体制改革实施方案》和《浙江省深化文化体制改革重点举措及工作项目》，围绕培育社会主义核心价值体系、理顺文化宏观管理体系、优化文化微观运营体系、完善现代文化市场体系、构建现代公共文化服务体系、拓展传统文化传承和对外传播体系六大方面的改革任务和30个重点改革项目，确定了路线图和排出了时间表，这为浙江进一步破除和扫清文化发展的体制弊端，解放和发展文化生产力提供了有利环境。

第三，在全面依法治国的进程中推动浙江法治文化建设与文化法治建设走在全国前列。在法治文化建设领域，习近平同志指出，“法治文化是法治的‘灵魂’，是法治社会的重要精神支柱和内在动力”[①]。自2006年浙江省委决策部署建设法治浙江以来，弘扬法治文化的基础性工程一直在扎实稳步推进。下一步的目标就是使社会主义法治精神和法治理念为核心的法治文化深入人心，为此，浙江省委一方面将法治教育纳入精神文明创建的内容，开展群众性法治文化活动，如授予杭州市江干区钱江新城法治汇等21家单位为首批省级“法治文化建设示范点”称号，这为开展法治宣传教育，促进全社会尊法学法守法用法发挥了积极作用；另一方面健全媒体公益普法制度，并加强新媒体新技术在普法中的运用，从而提高法治宣传教育的针对性和实效性。在文化法治建设领域，浙江省委为了保障人民群众的文化创造权、享有权和参与权这些基本的文化权益，将文化发展纳入法治化轨道，重点是加强文化领域的立法，通过建立和完善文化法律法规，为进一步实现文化领域的依法行政工作提供法律保障。

第四，在全面从严治党的进程中推动浙江文化型政党建设走在全国前列。代表中国先进文化的前进方向本身就要求中国共产党不仅是政治的先锋队，也是文化的先锋队。党的十八大以来，浙江省委将文化力量融入党的五大建设的各个方面和全过程，着力打造文化型的政党。首先，在党的思想建设方面，一方面强化理论武装，深入学习21世纪的马克思主义，特别是习近平总书记一系列新思想、新观点、新论述；另一方面补好精神之“钙”，经常性开展理想信念教育和党性分析。其次，在党的组织建设方面，一方面选人用人在坚持德才兼备的基础上，更加强调以德为先的导向；另一方面不断加强党对人才工作的领导下，深入实施人才强省战略。再次，在党的作风建设方面，一方面大力弘扬求真务实的党风政风，提倡讲实话、办实事、求实效，力戒形式主义、官僚主义；另一方面大力发扬艰苦奋斗的工作作风，在各项工作中贯彻勤俭节约的原则，在日常生活中保持艰苦朴素的本色，真正做到与群众同甘共苦。复次，在党的反腐倡廉

① 习近平：《弘扬法治文化，`建设法治浙江》，《浙江日报》2006年7月24日。

建设方面，一方面加强对党员干部从政道德修养和政治纪律教育，做清正廉洁、勤政为民的表率；另一方面大力推进廉政文化建设，深入实施廉政文化精品工程，为廉洁从政营造良好的精神氛围。最后，在党的制度建设方面，一方面认真学习党章党规党纪，树立全党遵守制度、执行制度、维护制度的制度意识；另一方面积极推进党内协商民主的制度文化建设，从而提升党的制度执行效果。

第十章　浙江精神与“党建八八部署”相互促进相得益彰

办好中国的事情，关键在党，越是快速发展，就越要绷紧党的建设这根弦。将精神文明建设、物质文明建设与党的建设有机结合起来，是以习近平为书记的十一届浙江省委的重要特色。为更好地实施“八八战略”，十一届浙江省委在2004—2005年间，分别部署了浙江精神大讨论和“巩固八个方面的基础，增强八个方面的本领”的党建部署（简称“党建八八部署”）。具体来说，“党建八八部署”包括以下内容：一是致力于巩固党执政的思想基础，加强理论武装和党对意识形态工作的领导，不断增强用发展着的马克思主义指导新实践的本领；二是致力于巩固党执政的经济基础，全面推进经济强省建设，不断增强驾驭社会主义市场经济的本领；三是致力于巩固党执政的政治基础，全面推进法治社会建设，不断增强发展社会主义民主政治的本领；四是致力于巩固党执政的文化基础，全面推进文化大省建设，不断增强建设社会主义先进文化的本领；五是致力于巩固党执政的社会基础，全面推进平安浙江建设，不断增强构建社会主义和谐社会的本领；六是致力于巩固党执政的体制基础，健全和完善党的领导制度和领导方式，不断增强地方党委总揽全局、协调各方的本领；七是致力于巩固党执政的组织基础，加强干部队伍建设和基层组织建设，不断增强自身素质和团结带领广大群众干事业的本领；八是致力于巩固党执政的群众基础，密切党同人民群众的血肉联系，不断增强拒腐防变和抵御风险的本领。一方面，浙江精神的凝练、概括、宣传、坚守和弘扬，为浙江“党建八八部署”营造了极好的精神氛围和主观能动性；另一方面，“党建八八部署”的实践，将浙江精神引入党建领域，并将浙江精神的实现形式提升到新的高度。

一、“党建八八部署”充分反映了求真务实的浙江精神

“求真务实”是浙江精神的核心要义，就是要在浙江的具体实践中符合中央精神，切合浙江实际，将中央精神与浙江实际有机结合起来。“党建八八部署”是十一届浙江省委在“吃透上情、把握省情、熟悉下情、了解外情基础上，坚持上下结合、融会贯通、开拓创新，适时提出符合中央精神、切合我省实际”的党建决策部署，[①] 同时也是将坚守弘扬浙江精神与浙江党的建设融会一体的杰出典范。

（一）“党建八八部署”符合中央推进党的建设的主线

加强党的执政能力和先进性建设，是习近平同志主政浙江期间中共中央推进党的建设的主线。进入 21 世纪以来，中国共产党作为执政党，面临的新情况、新问题、新矛盾层出不穷，党中央将这些新情况、新问题、新矛盾概括为“四大考验”“四种危险”，并自觉地把保持党的先进性和纯洁性作为“在改革开放和社会主义现代化建设进程中应对和经受住各种考验、化解和战胜各种危险的重要法宝”[②]。与此同时，党中央指出“保持党的先进性，就必须立党为公、执政为民，不断提高领导水平和执政水平”，就必须“把党的先进性要求转化为全党的实际行动、贯彻到党的全部执政活动中去”。[③] 2002 年 11 月，党的十六大首次将党的执政能力概括为科学判断形势的能力、驾驭市场经济的能力、应对复杂局面的能力、依法执政的能力、总揽全局的能力，并号召在全党开展以实践“三个代表”重要思想为主要内容的保持共产党员先进性教育活动。2004 年 9 月，党的十六届四中全会通过《中共中央关于加强党的执政能力建设的决定》，提出加强党的执政能力建设的总体目标。2004 年 11 月，中共中央又下发了《关于在全党开展以实践“三个代表”重要思想为主要内容的保持共产党员先进性教育活动的意见》，决定在全党开展保持共产党员先进性教育活动。

在中央精神的指引下，以习近平同志为首的浙江省委对新形势下党的

---

① 习近平：《之江新语》，浙江人民出版社 2007 年版，第 85 页。

② 习近平：《扎实做好保持党的纯洁性各项工作》，《求是》2012 年 3 月 16 日。

③ 《十六大以来重要文献选编》（中），中央文献出版社 2006 年版，第 615—616 页。

先进性建设进行了深入探索。习近平同志指出：“先进性建设始终是我们党生存、发展、壮大的根本性建设”“党的先进性建设要紧密联系党的政治路线来进行，围绕党的中心任务来展开。伟大事业推动伟大工程，伟大工程保证伟大事业”“保持党的先进性，必须围绕落实科学发展观和构建社会主义和谐社会的要求，把保持党的先进性切实落实到发展社会主义先进生产力、发展社会主义民主政治、发展社会主义先进文化、构建社会主义和谐社会、实现最广大人民的根本利益上来”。从浙江省的具体情况来说，“就是要落实到深入实施‘八八战略’、全面建设‘平安浙江’、加快建设文化大省和努力建设‘法治浙江’上，落实到推动浙江全面建设小康社会、提前基本实现现代化上，落实到让全体人民共享经济社会发展的成果上。把握住这一点，就从根本上把握了先进性的本质，把握了加强先进性建设的方向”①。

与此同时，浙江省委、省政府充分认识到党的执政能力建设和先进性建设是紧密相关、相辅相成的。抓住了执政能力建设，就抓住了党的建设的主线，就抓住了保持党的先进性、完成党的执政使命的本质。只有不断提高党的执政能力，始终体现时代要求，才能巩固和发展党的先进性，永葆党的生机和活力。习近平同志指出：“共产党的执政不是光靠领导干部去执政，而是要靠全体党员去执政，发挥全体党员的先锋模范作用，在各个领域团结和带领群众前进，这也是我们党得以长期执政的一个重要原因。所以，领导干部要提高执政能力，全体党员也都要为巩固党的执政地位而努力提高实践本领。否则，先进性就是一句空话。”② 他强调，“必须把加强党的执政能力建设作为推进党领导的中国特色社会主义伟大事业和党的建设的伟大工程的结合点。紧跟时代发展要求，不断适应形势变化，切实加强自身建设，努力把党的执政能力建设贯穿于党的思想、组织、作风和制度建设之中，同时又通过抓实推进党的思想、组织、作风和制度建

① 习近平：《干在实处　走在前列——推进浙江新发展的思考与实践》，中共中央党校出版社 2006 年版，第 456—457 页。

② 习近平：《干在实处　走在前列——推进浙江新发展的思考与实践》，中共中央党校出版社 2006 年版，第 464 页。

设，有效提高党的执政能力”[1]。

（二）“党建八八部署”符合全面建设小康社会的要求

“小康”是改革开放之初邓小平提出的中国特色社会主义的新概念，也是中国现代化的阶段性发展目标。在此基础上，他对到20世纪末的发展阶段做了具体构想，确定了社会主义现代化建设“三步走”的战略部署。1987年，按不变价格计算的中国GDP总量达到了1980年的2.04倍，提前3年完成了第一个翻番的目标。1995年，按不变价格计算的中国GDP总量达到1980年的4.33倍，提前5年完成了翻两番的经济增长战略目标。有鉴于此，1997年党的十五大提出了“建设小康社会”的历史任务，确定了21世纪前半叶中国社会主义现代化建设新的“三步走”战略部署。2000年9月，党的十五届五中全会通过《关于制定国民经济和社会发展第十个五年计划的建议》，指出：“从新世纪开始，我国将进入全面建设小康社会，加快推进社会主义现代化的新的发展阶段。”[2] 2002年11月，党的十六大报告指出：“要在本世纪头20年，集中力量，全面建设惠及十几亿人口的更高水平的小康社会，使经济更加发展、民主更加健全、科教更加进步、文化更加繁荣、社会更加和谐、人民生活更加殷实”，[3] 鼓励有条件的地方可以发展得更快一些，在全面建设小康社会的基础上，率先基本实现现代化。

在中央精神的指引下，浙江省委带领全省人民发扬“浙江精神”，一心一意搞建设，千方百计求发展，使浙江全面建设小康社会的各项指标位于全国前列。例如：2004年，浙江省生产总值达到11243亿元，成为继广东、江苏、山东之后全国第四个经济总量突破万亿元的省份；2003年，浙江社会发展水平综合评价指数仅次于上海、北京，居全国第3位；2004年，浙江森林覆盖率达59.4%，仅次于福建，居全国第2位；2004年，浙江农村全面小康实现程度58.9%，比全国高37.3%，居全国各省区第1位。浙江省经济社会快速发展的态势，引起党中央的高度关注。2005年3

---

① 习近平：《干在实处　走在前列——推进浙江新发展的思考与实践》，中共中央党校出版社2006年版，第401页。

② 《十五大以来重要文献选编》（中），人民出版社2001年版，第1369页。

③ 《十六大以来重要文献选编》（上），中央文献出版社2004年版，第14—15页。

月，胡锦涛同志在参加十届全国人大三次会议浙江代表团审议政府工作报告时提出：“2004年浙江和全国一样，经济社会各项事业也都取得了新的显著成绩。经济保持了快速增长，生产总值突破了万亿元大关，改革开放进一步推进，非公有制经济、对外贸易迅速发展，城乡居民收入继续增加，人民生活继续改善，各项社会事业不断进步，发展的协调性逐步增强，‘平安浙江’建设取得新成绩，民主法制建设、精神文明建设和党的建设取得新进展，全省提前一年基本实现了‘十五’计划提出的主要目标和任务。希望浙江发扬成绩，再接再厉，紧紧抓住发展机遇，充分利用发展优势，积极挖掘发展潜力，努力在全面建设小康社会，加快推进社会主义现代化进程中，继续走在全国前列。”①

以习近平同志为首的浙江省委深刻认识到，虽然浙江经济社会发展的诸多指标走在全国前列，但与“在全面建设小康社会的基础上，率先基本实现现代化”的要求还有较大的差距。例如，2004年，浙江人均国内生产总值23942元，相当于世界中等偏下收入国家水平，城乡之间、地区之间、社会各阶层之间的收入差距还比较大，一些社会指标发展相对滞后，人的素质及环境质量亟待提高，等等。在这种情况下，要使浙江“继续走在全国前列”，必须进一步加强党的领导核心作用，必须进一步加强党的执政能力建设。习近平指出：“在地方同级各种组织中，党委是领导核心，各种组织必须自觉和服从党委的统一领导，围绕党委中心工作来安排和部署各自的工作。”② 他强调：“党的干部是党的执政能力建设的主体，党的干部的执政意识和执政素质至关重要，其外在表现出来的能力和作风同样至关重要。各级党的领导干部要不断增强党的意识和为民执政意识，无论在哪个方面、哪个部门、哪个地方工作的党员干部，首先要明白自己的第一身份是共产党员，第一职责是为党工作，第一目标是为民谋利，始终把党和人民放在首位，不断提高自身的能力和本领，切实为人民执好政、掌好权。”③

---

① 《总书记对浙江发展提出新要求》，《人民日报》2005年3月7日。

② 习近平：《干在实处　走在前列——推进浙江新发展的思考与实践》，中共中央党校出版社2006年版，第401页。

③ 习近平：《之江新语》，浙江人民出版社2007年版，第84页。

（三）“党建八八部署”体现“五加一”和谐发展理念

马克思主义总体性哲学是马克思主义的重要组成部分，总体性方法论是马克思主义者认识世界的科学方法。马克思主义者“唯一的武器，它的唯一有效的优势就是：它有能力把整个社会看作是具体的、历史的总体；有能力把物化形式把握为人与人之间的过程；有能力积极地意识到发展的内在意义，并将其付诸实践”①。改革开放以来，中国共产党充分吸取前三十年的经验教训，认识到前三十年因偏离马克思主义总体性而导致社会主义建设事业的严重挫折。

改革开放初期，邓小平同志从具体国情出发，及时提出“两手抓”的发展理论，即：一手抓改革开放，一手抓打击犯罪；一手抓经济建设，一手抓民主法制；一手抓物质文明，一手抓精神文明，而且两手都要硬。党的十四届三中全会以后，江泽民继承和发展了邓小平的“两手抓”，并在此基础上使用了“全面发展、全面进步”的提法，体现了中国共产党对马克思主义总体发展理论的进一步深化。1997年9月，江泽民在党的十五大上正式提出“三位一体”的概念，不仅认为“建设有中国特色社会主义的经济、政治、文化的基本目标和基本政策，有机统一，不可分割”，而且将其确立为“党在社会主义初级阶段的基本纲领”。② 党的十六大以后，以胡锦涛为核心的领导集体不断丰富发展的科学内涵。2003年7月，胡锦涛同志在全国防治非典工作会议上指出，“我们讲发展是党执政兴国的第一要务，这里的发展绝不只是指经济增长，而是要坚持以经济建设为中心，在经济发展的基础上实现社会全面发展”③。2004年9月，中共十六届四中全会明确提出构建社会主义和谐社会的任务，并将中国特色社会主义事业的总体布局由建设社会主义物质文明、精神文明、政治文明“三位一体”拓展到包括建设社会主义和谐社会在内的“四位一体”。

在中央精神的指引下，浙江省委作出系列决策部署，在“四位一体”的基础上构建浙江经济、政治、文化、社会、生态“五位一体”的总体布

---

① 〔匈〕卢卡奇：《历史与阶级意识》，商务印书馆1999年版，第299页。

② 《江泽民文选》第2卷，人民出版社2006年版，第18页。

③ 《十六大以来重要文献选编》（上），中央文献出版社2005年版，第396页。

局。具体来讲，就是以落实“八八战略”作为经济科学发展的总抓手，以建设“平安浙江”作为构建和谐社会的主要载体，以加快建设文化大省作为发展社会主义先进文化的重要举措，以建设“法治浙江”作为发展社会主义民主政治的有效途径，以实践“两山理论”探索生态文明建设的基本方向。与此同时，以习近平为首的省委一班人提出以执政能力建设为主要内容的“党建八八部署”，为“五位一体”的总体发展布局提供根本保障。即党的各级组织要通过自身建设，始终能够为国家发展和社会进步提供科学的理论指引和政策供给；始终能够为国家发展和社会进步提供有效的精神动力和智力支持；始终能够坚持把人民的根本利益作为全部工作的出发点和归宿，充分发挥人民参与中国特色社会主义建设的积极性、主动性和创造性。

二、以勇于创新的浙江精神落实“党建八八部署”

勇于创新是浙江精神的鲜明特质。习近平同志和省委一班人群策群力，创造性地提出“党建八八部署”，把推进党的伟大事业所需要的本领和推进党的建设新的伟大工程的本领有机统一起来，为浙江省各项建设事业在党的领导下继续走在全国前列提供了根本保障。此后，历届浙江省委把抓好“党建八八部署”视为主业，把党建优势视为浙江“八个优势”之外的第九个优势，以“钉钉子”的精神以及“功成不必在我的胸襟和咬定青山不放松的韧劲”，对党建工作紧抓不放、一抓到底，做到一张蓝图绘到底、一任接着一任干，步步为营、久久为功。

（一）以勇于创新的浙江精神不断加强党自身建设的本领

时代和实践的发展，不断对党的自身建设提出新的要求，不断赋予党的自身建设新的内涵。中国共产党要站在时代前列带领人民开创事业发展新局面，就必须以改革创新精神加强自身建设，始终成为中国特色社会主义事业的坚强领导核心。细究起来，“党建八八部署”提到“巩固八个基础、增强八种本领”，其中有“四个基础、四种本领”是直接对应加强和改进党的思想、组织、作风、制度和反腐倡廉建设提出来的。

首先，“党建八八部署”要求致力于巩固党执政的思想基础，加强理论武装和党对意识形态工作的领导，不断增强用发展着的马克思主义指导新实践的本领深化理论武装，切实提高理论素养和学以致用的能力。①理论武装方面，历届浙江省委坚持用中国特色社会主义理论体系武装头脑，“努力在真学、真懂、真信、真用上下功夫”[①]，不断健全党委（党组）理论学习中心组学习制度，强化党委（党组）主要领导作为中心组学习第一负责人的表率意识，严格执行中心组学习考勤、个人自学、集体研讨、学习档案、学习交流、专题研讨、学习通报和学习考核制度，使各级党员领导干部切实做到理论上弄通、思想上搞清、行动上落实、工作上创新，使中国特色社会主义理论体系成为认识和改造世界的思想之“魂”，指导和做好各项工作的统揽之“纲”，推进改革开放和现代化建设的指路明灯。②理论学习方面，历届浙江省委积极探索“全员化、常态化、长效化”学习机制，专门成立以省委分管副书记为组长的干部教育培训领导小组，指导各地各部门制定大规模培训干部的实施计划，全面推进学习型政党建设，建立健全集体学习、干部轮训、个人自学、调查研究、干部宣讲、网络学习、考核评价、评选表彰八项制度。③掌握理论宣传和意识形态工作的主动权方面，历届浙江省委坚持马克思主义在意识形态领域的指导地位，坚持党管意识形态不动摇，坚持贴近实际、贴近生活、贴近群众，强化政治意识、大局意识、责任意识，切实增强党对意识形态领域的控制力，增强正确引导社会舆论的影响力，增强人民群众建设中国特色社会主义的凝聚力。基本措施包括：大力加强关于意识形态领导的制度建设，先后出台《关于加强党对意识形态工作的领导若干意见》《关于加强和改进意识形态工作的若干意见》《关于深入推进马克思主义理论研究和建设工程的意见》《关于加强网上舆论工作的意见》《关于进一步强化和改进高校宣传思想工作的若干意见》《关于进一步加强和改进基层宣传思想文化工作的若干意见》；大力加强宣传干部队伍建设，按照“紧跟中央、安心热爱、专研求索、积极作为”的要求，落实政治家办报、办刊、办台、办新闻网站的方针，确保坚守意识形态工作一线的队伍在大是大非面前当“战士”不当“绅士”，关键时候站得出、顶得起、冲得上。

---

① 习近平：《干在实处 走在前列——推进浙江新发展的思考与实践》，中共中央党校出版社2006年版，第461页。

其次，“党建八八部署”要求致力于巩固党执政的组织基础，加强干部队伍建设和基层组织建设，不断增强自身素质和团结带领广大群众干事业的本领。①领导班子建设方面，习近平同志指出：“班子建设非常重要，一个地方看一个核心，党委就是核心”。[①] 浙江省委始终强调各级党委要坚持和健全民主集中制，按照集体领导、民主集中、个别酝酿、会议决定的原则，不断完善党委内部的议事和决策机制，保证党委决策的科学化、民主化；始终强调各级党委要讲团结，团结就是力量，团结出生产力、出凝聚力、出战斗力，也出干部；始终强调各级党委要树立正确的政绩观，解决好“政绩为谁而树”“树什么样的政绩”“靠什么树政绩”“如何考核政绩”的问题。②干部队伍建设方面，习近平同志指出：“干部不能放到温室里去培养”，“要注重在艰苦岗位、复杂的环境中去锻炼、识别”。[②] 浙江省委不仅把干部教育培训作为一项战略性、基础性工作抓紧、抓好，而且非常重视在实践中培养干部：把优秀年轻干部放到县（市、区）一把手岗位上锻炼，把长期在机关工作的干部下派到基层挂职，把经济发达地区的干部选派到贫困地区任职。在此基础上，第十三届省委进一步提出要建设一支“狮子型干部队伍”。为落实“狮子型”干部建设目标，省委先后提出，要当战士、不当“绅士”，做到“四个在前”（干工作冲在前，转作风做在前，谋发展想在前，带队伍抓在前），纠“四风”树“四气”（守土有责的志气，“舍我其谁”的豪气，“我不入地狱谁入地狱”的勇气，“功成不必在我”的大气），具备“四能四善”（能谋善断、能干善治、能征善战、能识善任），“四个干”（夙兴夜寐抓紧干、甩开膀子放手干、寻找窍门科学干、鼓足劲头拼命干），这些都推动全省上下进一步形成了敢担当、能担当、善担当的鲜明导向。③基层组织建设方面，习近平指出：“基层组织是党执政的基础，是保持党的先进性和战斗力的前沿和关口。”[③] 从基层党建补“短板”的实际出发，浙江省委先后出台了《浙江省非公有制企

---

① 习近平：《干在实处　走在前列——推进浙江新发展的思考与实践》，中共中央党校出版社 2006 年版，第 421 页。

② 习近平：《之江新语》，浙江人民出版社 2007 年版，第 2 页。

③ 习近平：《干在实处　走在前列——推进浙江新发展的思考与实践》，中共中央党校出版社 2006 年版，第 427 页。

业党组织工作暂行规定》《关于加强非公有制企业党建工作覆盖网建设的意见》，探索出非公有制经济党组织建设的具体工作方法；大力实施“先锋工程”，以“强核心、强素质、强服务、强实力”为主要内容，教育引导农村基层党员干部实现“三带、三转变”；以“一配二选三训四留”的工作思路，加强街道社区党组织的创新发展。2010 年 4 月，浙江省委结合创先争优活动在全国率先全面扎实开展服务型基层党组织建设。党的十八大明确提出加强基层服务型党组织建设后，浙江省委进一步加大工作力度，使“服务”成为基层党组织和党员队伍建设更为鲜明的主题。

再次，“党建八八部署”要求致力于巩固党执政的体制基础，健全和完善党的领导制度和领导方式，不断增强地方党委总揽全局、协调各方的本领。①习近平同志主政浙江期间，高度重视党内民主建设，提出了一系列发展党内民主、健全党内制度的重要思想与举措。他指出：“要进一步发挥党的各级委员会全体会议的作用，按照‘集体领导、民主集中、个别酝酿、会议决定’的原则，完善党委内部的议事和决策机制，完善常委会向全委会报告工作制度，完善全委会讨论决定全局性、战略性重大问题的制度，完善市、县党委、政府正职拟任人选和推荐人选全委会投票表决和征求意见制度；进一步健全党代表大会制度，在总结经验的基础上，逐步扩大党代会常任制试点工作，积极探索党的代表大会闭会期间发挥代表作用的途径和形式；进一步健全党员民主权利的保障机制，拓宽党内民主渠道，开辟党内民主新途径，完善党内情况通报、情况反映和党内重大决策征求意见制度，实现党员对党内事务的充分了解、广泛参与和有效监督；进一步完善党内民主生活制度，正确开展批评与自我批评，努力营造民主、和谐、团结的良好氛围。”① 历届浙江省委认真贯彻讲话精神，使上述部署真正落到实处。如在完善省委及常委会工作机制方面，先后出台了《中共浙江省委议事规则》《集体领导和分工负责制度实施办法》；在健全党代表大会制度方面，全面落实党代表活动五项制度，并在全省试行乡镇党代会年会制；在党务公开方面，积极推进建立党委新闻发言人制度，不

① 习近平：《干在实处 走在前列——推进浙江新发展的思考与实践》，中共中央党校出版社 2006 年版，第 370 页。

断完善党内情况通报制度、情况反映制度、重大决策征求意见制度，等等。②习近平主政浙江期间，高度重视完善地方党委的领导体制和工作机制。习近平同志指出，要按照总揽全局、协调各方的原则，注重发挥地方党委的领导核心作用，完善“一个核心”“三个党组”“几个口子”的领导体制和工作机制。这里面的“一个核心”即党委的领导核心地位，“三个党组”即政府、人大、政协三个党组，“几个口子”即财经工作领导小组等按条线口子运作的领导小组。他强调要规范党委与人大、政府、政协几套班子和工会、共青团、妇联等人民团体的关系，既加强领导，工作到位，又不事无巨细，包办代替，越位错位，切实把方方面面的积极性充分调动起来，共同做好浙江的工作。在浙江省委的领导下，先后出台了《关于进一步加强人大工作的意见》《关于加强和改善党对新世纪新阶段工会、共青团、妇联工作领导的意见》等系列文件，规范了党委与人大、政府、政协和群团组织的关系，加强了党对各项事业各个领域的领导。

最后，“党建八八部署”要求致力于巩固党执政的群众基础，密切党同人民群众的血肉联系，不断增强拒腐防变和抵御风险的本领。①习近平同志主政浙江期间始终强调人民“权利”至上，他指出“主仆关系不能颠倒”，“是否牢记主仆关系、践行执政宗旨，是否做到心系群众、服务人民，是否恪守为民之责、履行为民之职，始终是我们党加强作风建设的重要内容，是衡量一个领导干部作风是否端正的试金石”。[①] 2004 年，习近平同志和省委一班人在全省推进机关效能建设；2007 年春，他和省委一班人又在全省动员部署“作风建设年”活动。同年夏，浙江第十二次党代会审议通过《中共浙江省委关于进一步加强自身作风建设的决定》，要求省委班子带头树立良好的思想作风、学风、工作作风、领导作风和生活作风，做好实事求是、开拓创新等五个方面的表率。浙江省委随之在全省开展了“百名书记蹲点调研”“树新形象、创新业绩”主题实践活动和“走进矛盾、破解难题”“三服务一满意”等专项行动。党的十八大之后，浙江省委围绕打造“审批事项最少、办事效率最高、投资环境最优省份”的目标，加快政府自身改革。特别是推进“四张清单一张网”建设，即制定实

---

① 习近平：《之江新语》，浙江人民出版社 2007 年版，第 257 页。

施政府权力清单、企业投资负面清单、财政专项资金管理清单、政府责任清单，浙江政务服务网，以政府权力的减法换取市场活力的乘法。在提升机关效能的同时，浙江省委深入开展“服务企业、服务基层”活动，推动各级党员干部联系群众在“密切”上下功夫，服务群众在“具体”上见行动，“用脚步丈量民情”，打通联系服务群众的“最后一公里”。尤其在第二批教育实践活动中，全省党员干部普遍开展“走村不漏户、户户见干部”活动，入户走访基本实现全覆盖。实践证明，历届浙江省委狠抓作风建设，切实增强了党员干部服务人民的能力，使人民福祉得到大幅度提升。②习近平同志主政浙江期间，始终坚持反腐倡廉建设，不断增强各级党委党组织对社会的政治引领能力。他多次告诫领导干部要反对腐败，要求领导干部算好“利益账”“法纪账”“良心账”，真正做到对党和人民负责，对自己负责。他还代表省委常委郑重向全省人民作出廉政承诺：坚决抵制跑官要官、坚决拒收钱物、坚决反对以权谋私、带头坚持“两个务必”，带头遵纪守法、严格执行党风廉政建设责任制。在腐败治理上，浙江省委按照中央的部署和要求，先后制定实施了《浙江省反腐倡廉防范体系实施意见（试行）》和《浙江省建立健全惩治和预防腐败体系2008—2012年实施办法》。党的十八大以来，省委常委会成员以身作则，牢固树立“抓好党风廉政建设是本职、不抓党风廉政建设就是失职、抓不好党风廉政建设就是渎职”的意识，切实把主体责任放在心上、抓在手上、扛在肩上，带头做党风廉政建设的领导者、执行者、推动者，努力为党中央站好岗、放好哨，守好土、尽好责。

（二）以勇于创新的浙江精神不断加强党引领各项事业的本领

“党建八八部署”包括推进党的伟大事业所需要的本领，也包括推进党的建设新的伟大工程的本领。前者与党的自身建设相对应，解决的是“建设一个什么样的党和怎样建设党”的问题，侧重于如何保持党的先锋队性质；后者与执政能力建设相对应，解决的是“什么是社会主义和怎样建设社会主义”的问题，侧重于如何更好地开展治国理政活动。因此，“党建八八部署”提到“巩固八个基础、增强八种本领”，其中也有“四个基础、四种本领”是针对党领导人民进行经济、政治、文化、社会建设提出来的。

第一，“党建八八部署”要求致力于巩固党执政的经济基础，全面推进经济强省建设，不断增强驾驭社会主义市场经济的本领。1978年到2001年，浙江GDP年均增长率高达13.3%，位居各省前列。但是，先发地区必然遭遇先发问题，进入21世纪新阶段之后，浙江经济高速增长的势头开始放缓。习近平同志敏锐地指出：“浙江的发展正进入一个关键的时期，在这个关键时期，结构需要优化，产业需要升级，企业需要扩张，要素需要保障，环境需要保护，市场需要更大的空间，经济增长方式需要从根本上转变。”[①] 为了推进浙江经济结构的战略性调整和增长方式的根本性转变，实现浙江经济的创新发展，习近平同志和省委一班人提出实施“发挥八个优势、推进八项举措”的战略部署。其主要内容包括：推动以公有制为主体的多种所有制经济共同发展，不断完善社会主义市场经济体制；主动接轨上海、积极参与长江三角洲地区合作与交流，不断提高对内对外开放水平；加快先进制造业基地建设，走新型工业化道路；大力发展海洋经济，推动欠发达地区跨越式发展。习近平同志把浙江经济转型升级，形象地比喻为养好“两只鸟”：一个是“凤凰涅槃”，另一个是“腾笼换鸟”。所谓“凤凰涅槃”，就是要拿出壮士断腕的勇气，摆脱对粗放型增长的依赖，大力提高自主创新能力，建设科技强省和品牌大省，以信息化带动工业化，打造先进制造业基地，发展现代服务业，变制造为创造，变贴牌为创牌，实现产业和企业的浴火重生、脱胎换骨。所谓“腾笼换鸟”，就是要拿出浙江人勇闯天下的气概，跳出浙江发展浙江，按照统筹区域发展的要求，积极参与全国的区域合作和交流，为浙江的产业高度化腾出发展空间，并把“走出去”和“引进来”结合起来，引进优质的外资和内资，促进产业结构的调整，弥补产业链的短项，对接国际市场，从而培育和引进吃得少、产蛋多、飞得高的“俊鸟”。此后，历届浙江省委始终坚持这一发展思路，深入实施“八八战略”，在更高水平、更深层次上推进浙江经济的创新发展。尤其是第十三届浙江省委坚持以“五水共治”“三改一拆”为抓手，倒逼转型升级；实施“浙商回归工程”、制定“411”有效投资行

① 习近平：《干在实处　走在前列——推进浙江新发展的思考与实践》，中共中央党校出版社2006年版，第111页。

动计划，大力招引研发基地、营销网络、融资平台、地区总部，充分挖掘浙商在技术、管理、人脉等方面的资源，积极引进前沿技术、高端人才、优秀团队，有效提升了浙江经济质量和效益；扎实推进“腾笼换鸟、机器换人、空间换地、电商换市”，加快培育知名企业、知名品牌、知名企业家，做好“个转企、小上规、规改股、股上市”工作，加快发展信息、环保、健康、旅游、时尚、金融、高端装备制造七大行业，抢占未来发展的制高点；全面实施“八倍增、两提高”科技服务专项行动，推进青山湖科技城、杭州未来科技城和宁波新材料科技城规划建设，总结推广浙江清华长三角研究院“北斗七星”发展模式，加快推进协同创新平台建设，有效破解科技投入产出不匹配、产学研用结合不紧密、评价考核科技成果的标准不科学、科技创新的体制机制不适应等“四不”问题，打通了科技和经济转移转化的通道。

第二，“党建八八部署”要求巩固党执政的政治基础，全面推进法治社会建设，不断增强发展社会主义民主政治的本领。党的十六大确立的全面建设小康社会目标，其中一个重要内容是“社会主义民主更加完善，社会主义法治更加完备，依法治国基本方略得到全面落实，人民的政治、经济和文化权益得到切实落实和保障”。习近平同志和省委一班人根据中央的决策部署，作出建设法治浙江的重大决策，开启浙江作为市场经济先发地区运用法治思维、法治方式治省理政的征程。此后，历届浙江省委带领全省人民，从推进国家治理体系和治理能力现代化的高度，不断拓展提升对建设法治浙江内涵及实践的认识和把握。①历届浙江省委始终坚持党领导立法、带头守法、保证执法，引领、推进和保障各项事业的发展。一方面，浙江省委坚持从国情和省情出发，在地方立法权限范围内，努力把党委的重大决策经过法定程序转变为立法，同步推进基本建成与浙江经济社会发展要求相适应的地方性法规体系。另一方面，浙江省委坚持围绕中心、服务大局，充分利用“三改一拆”“五水共治”“四边三化”等法治实践载体，不断提高领导干部运用法治思维和法治方式深化改革、推动发展、化解矛盾、维护稳定的能力。②历届浙江省委始终坚持“职权法定、依法行政、有效监督、高效便民”原则建设法治政府。一方面，从2005—2014年，浙江省委先后推动起草、制定、颁布了《关于贯彻落实全面推进依法行政实施纲要的意见》《关于推进法治政府建设的意见》《公民权益依法保障行动计划》《关于加强法治政府建设的实施意见》《浙江省全面推进依法行政“十二五”规划》《浙江省法治政府建设实施标准》等系列文件。另一方面，浙江省委深入推进行政体制改革，进一步理顺政府与公民、政府与市场、政府与社会的关系：率先启动四轮行政审批制度改革，建立了市、县、乡三级行政审批分级代理制度；率先建立行政权力清单、企业投资负面清单、财政资金管理清单、责任清单和浙江政务服务网等“四张清单一张网”；率先推进扩权强县和强镇扩权改革，完善“省直管县”财政管理体制，启动小城市培育试点，扩大经济社会管理权限，强化社会治理和公共服务职能。③历届浙江省委始终坚持维护司法公平正义，不断深化司法体制改革。从2010年开始，浙江实施“阳光司法”工程，越来越多的侦查、检察、审判司法权力运行被“晒”到了阳光下。省公安厅出台了《关于全面开展“阳光执法”体系建设的意见》，并在全国率先推行民警岗位执法资格制度。检察机关通过互联网或案件管理大厅，向社会全部或有权限地公开法律文书。省高院开通了“浙江法院公开网”，成为全国首个省市县三级法院一体化公开、“一站式”服务、智能化应用的司法公开网站。④历届浙江省委始终坚持夯实法治社会基础，深入引导全社会学法尊法守法用法。在农村，不断完善村民自治组织体系，率先实现全省行政村“村务监督委员会”全覆盖；在城市，不断完善涵盖区本级、区级机关、乡镇街道、社区的法治量化考核评估体系，率先发布县域范围内的“法治指数”；在企业，颁布实施《浙江省集体合同条例》《浙江省企业民主管理条例》等法规政策，开展劳动关系和谐企业、诚信守法企业等创建活动，率先构建“劳动关系和谐指数”评价体系；在司法领域不断完善司法公开制度体系，率先实施司法透明指数，让公众充分享有知情权、参与权、监督权、发言权。

第三，“党建八八部署”要求致力于巩固党执政的文化基础，全面推进文化大省建设，不断增强建设社会主义先进文化的本领。习近平同志指出：“改革开放以来浙江经济社会持续快速健康发展的深层原因，就在于浙江深厚的文化底蕴和文化传统与当今时代精神的有机结合，就在于我们在推进经济发展的同时大力加强文化建设，就在于全省人民大力发扬‘浙江精神’，始终保持昂扬向上的精神状态。”① 习近平同志和省委一班人，一方面深入挖掘浙江人民推进改革发展中体现出来的创新品格和创业精神，对浙江精神进行新概括新提炼，强调要在坚持和发展“自强不息、坚韧不拔、勇于创新、讲求实效”精神基础上，与时俱进地培育和弘扬“求真务实，诚信和谐，开放图强”的精神，使之成为推动浙江经济社会又好又快发展的强大精神动力；另一方面对“文化大省建设”进行了细致谋划，全面实施文明素质工程、文化精品工程、文化研究工程、文化保护工程、文化产业促进工程、文化阵地工程、文化传播工程、文化人才工程等“八项工程”，着力建设社会主义核心价值体系、公共文化服务体系、文化产业发展体系等“三大体系”，加快建设教育强省、科技强省、卫生强省、体育强省等“四个强省”，努力使浙江文化发展水平与经济社会发展水平相适应，在文化建设方面走在全国前列。2008 年，第十二届浙江省委出台《浙江省推动文化大发展大繁荣纲要（2008—2012）》，进一步提出文化建设要“着眼于满足人民群众不断增长的精神文化需求，着力保障和实现人民群众的基本文化权益，不断提高公共文化服务能力，大力丰富社会文化生活，使广大人民群众共享文化发展成果”。2011 年，第十二届浙江省委出台《中共浙江省委关于认真贯彻党的十七届六中全会精神大力推进文化强省建设的决定》，提出建设文化强省的总体思路：在巩固文化大省建设成果基础上，继续深入推进社会主义核心价值体系、公共文化服务体系、文化产业发展体系“三大体系”建设，深入推进文明素质工程、文化精品工程、文化研究工程、文化保护工程、文化产业促进工程、文化阵地工程、文化传播工程、文化人才工程“八项工程”，重点实施中国特色社会主义理论体系普及计划、公民道德养成计划、文艺精品打造计划、网络文化建设计划、重大文化设施建设计划、基本公共文化服务提升计划、文化遗产传承计划、文化产业倍增计划、对外文化拓展计划、文化名家造就计划“十大计划”。浙江省第十三次党代会以来，浙江省委率领全省各级党组织和广大干部群众，在文化惠民上办实事，在提升管理上闯新路，在加

① 习近平：《干在实处　走在前列——推进浙江新发展的思考与实践》，中共中央党校出版社 2006 年版，第 289 页。

强建设上谋新招，以更高层次、更宽视野、更大力度推动文化强省建设：①大力弘扬浙江精神，积极弘扬和培育“务实、守信、崇学、向善”当代浙江人共同价值观，深化“最美浙江人”主题宣传实践活动，用社会主义核心价值观凝聚人心；②大力发展文化产业，依靠政策带动、资本拉动、创新驱动，不断释放发展活力，在新闻出版、影视服务、数字内容与动漫、文化旅游、文化会展和文化产品制造等领域逐渐领跑全国；③积极完善公共服务标准化体系，先后颁布实施“浙江省文化发展指数”（CDI）和《浙江省基本公共文化服务标准》，有效地保障人民群众基本公共文化权益、促进基本公共文化服务均等化，增强各级党委政府文化治理能力；④积极推进文化体制改革，省委十三届四次全会明确提出“鼓励社会力量、社会资本参与公共文化服务体系建设，培育文化非营利组织，推动公共文化服务社会化发展”，“创新公共文化服务机制，探索公共文化设施共建共享模式”。

第四，“党建八八部署”要求致力于巩固党执政的社会基础，全面推进平安浙江建设，不断增强构建社会主义和谐社会的本领。从 1978 年到 2003 年，浙江省 GDP 年均增长 13.1%，人均 GDP 从 331 元人民币增长到了 2440 美元，经济社会进入一个加速发展的黄金时期。2004 年 5 月，习近平同志和省委一班人居安思危，针对浙江面临的新形势、出现的新情况和需要解决的新问题，作出全面建设“平安浙江”、促进社会和谐稳定的决策部署，以确保社会政治稳定、治安状况良好、经济运行稳健、安全生产状况稳定好转、社会公共安全、人民安居乐业。在具体实践中，第十一届、十二届浙江省委率领全省各级党组织和广大干部群众，集中力量做好以下几个方面的工作：①党委领导，齐抓共管。浙江省委身先垂范，成立了由习近平同志亲自挂帅的领导班子，各级党委政府也都成立了一把手负责的平安建设领导小组。与此同时，浙江省委在反复调研、反复征求干部群众意见、反复修改的基础上，制定了《浙江省平安市、县（市、区）考核办法》，把列入考核的 86 条具体指标，逐一分解到各个职能部门。②以人为本，保障权益。习近平同志指出，建设平安浙江必须坚持以人为本，切实保障就业、社保和救助等为重点的各种社会权益。随着“平安浙江”建设不断深入推进，就业、医疗、教育、社保等各项事业得到快速发展，率先落实取消农业税、实行城乡免费义务教育、城乡居民社会养老保险、城镇廉租房保障等惠民政策。③政府主导，社会参与。习近平指出社会管理是政府的主要职能，但是政府不可能包揽代替社会生活的各个方面，要充分发挥社团、行业组织和社会中介机构在社会管理中的作用。在各级党委政府的扶持下，全省各地陆续成立社会组织服务中心，积极探索社会组织孵化模式，鼓励、引导、规范社会组织参与社会管理。④源头治理，化解矛盾。浙江各级党委政府把源头治理作为建设“平安浙江”的基础性工作，通过加强基层组织建设和下派农村工作指导员等方式，努力做到“预警在先，苗头问题早消化；教育在先，重点对象早转化；控制在先，敏感时期早防范；调解在先，矛盾纠纷早处理”，并在实践中创新出“小事不出村、大事不出镇、矛盾不上交”的“枫桥经验”。⑤从严治标，打击犯罪。各级政法机关精心组织开展“打黑除恶”“禁毒”“禁赌”等专项行动，安全生产隐患排查专项整治，违法排污企业专项整治，解决了一大批群众反映强烈的突出问题。与此同时，各级政法机关不断加强执法规范建设，创新普法载体，拓宽普法渠道，率先建立的乡镇（街道）综治工作中心，推动综治工作网络向基层延伸。在此基础之上，第十三届浙江省委“以时不我待、奋发有为的精神状态，坚持干在实处、走在前列的要求，再树率先之志、再谋平安之策、再强和谐之基，努力建设基础更牢、水平更高、人民群众更加满意的平安浙江”：①坚持以人为本安民心。浙江省委、省政府每年安排70%以上的新增财力用于民生，每年安排改善民生十个方面的实事，特别是“五水共治”“三改一拆”、城市治堵、食品安全整治等行动，招招有力，群众满意。②坚持固本强基抓源头。县、乡、村三级调解工作平台全面建成，警调、诉调、检调等衔接和联动机制日趋完善，社会稳定形势的党委定期分析机制、动态调整的平安考核机制、突发性事件的应急处置机制相继出台。③坚持善政良治激活力。一方面，各乡镇街道普遍建立集综治、司法行政、信访、警务、安全生产职能为一体的社会服务管理中心，充分体现基层的系统治理、依法治理、综合治理、源头治理；另一方面，各乡镇街道着力推动基层民主协商平台建设，引导群众依法实行自我管理、自我服务，充分释放参与平安建设的正能量。

（三）弘扬浙江精神协同推进“两个伟大”取得辉煌成就

浙江精神是浙江人民在实践中奋发图强、励精图治、“干在实处，走在前列”的精神支撑、精神引领。在与时俱进的浙江精神激励和引领下，浙江党的建设“伟大工程”和党领导的“伟大事业”取得举世瞩目的辉煌成就。

首先，自十一届浙江省委以来，历届浙江省委秉承和坚持以浙江精神为支撑，把党的建设标准定得更高些，把措施抓得更实些，党建创新发展取得辉煌成就：①浙江省委积极加强思想建设，从加强理想信念入手，解决“总开关”问题；重温红船精神，深刻理解“风雨同舟”“载舟覆舟”“逆水行舟”的道理；开展马克思主义群众观点教育，打通联系群众的“最后一公里”；自觉践行“三严三实”，使广大党员干部处理好廉政与勤政、小奉献与大奉献、小担当与大担当的关系；组织开展“当战士不当绅士”学习讨论实践活动，使广大党员干部在大是大非、艰难险阻面前敢于亮剑、敢于战斗；深入学习贯彻习近平系列讲话精神，使党员干部熟练掌握唯物辩证法，始终站在战略的高度、全局的高度谋划当前浙江，不断提高领导工作的原则性、系统性、预见性和创造性。②浙江省委积极加强组织建设，创新干部选拔、培养、考核机制。例如，在选拔年轻干部上，按照“拓宽来源、优化结构、改进方式、提高质量”的方针，使全省35岁以下的机关干部达到31.9%；在基层干部培养上，全面推行乡镇干部住夜值班制度、民情分析制度、乡镇干部夜学制度，下力气训练一专多能的“全科干部”，树立在基层一线选拔培养干部的导向，明确县级党政领导班子成员中具有乡镇（街道）党（工）委书记经历的逐步达到50%；在基层干部考核上，推行乡镇服务指数管理，制定《推进“五好”服务型乡镇（街道）建设考核办法》，加强对基层服务能力和服务水平的量化评价。③浙江省委积极加强作风建设，围绕打造“审批事项最少、办事效率最高、投资环境最优省份”目标，持之以恒地推进机关效能建设；围绕“群众路线教育实践活动”，推动各级党员干部联系群众在“密切”上下功夫，服务群众在“具体”上见行动，大幅度提升人民福祉。以2013年为例，城乡居民收入比持续下降为2.35∶1，是城乡居民收入差距最小的省份之一；全省城镇居民人均可支配收入为37851元，农村居民人均纯收入为16106元，分别连续13年和29年居各省区首位。④浙江省委积极加强反腐倡廉建设，切实把主体责任放在心上、抓在手上、扛在肩上，带头做党风廉政建设的领导者、执行者、推动者，努力为党中央站好岗、放好哨，守好土、尽好责。2014年，群众对浙江党风廉政建设和反腐败工作满意度达87.3分，较以往有了很大提高。浙江的群众正是从各级党组织反腐倡廉的决心中树立起建设美丽浙江、美好生活的信心，先后涌现出“最美妈妈”吴菊萍、“最美司机”吴斌、“最美交警”吴连表，为社会注入了健康发展的正能量。⑤浙江省委积极加强制度建设，紧密结合客观实际，充分考虑党的组织机构、党的活动和党的肌体的运转规律，不断完善依法执政的领导体制、党委议事和决策机制、干部选拔制度、干部考核制度、反腐倡廉制度。通过加强党的制度建设，不仅以党内法规的形式保障各级党委在国家治理中的领导地位，不仅以党内法规的形式增强各级党委在国家治理中的领导能力，更重要的是有利于“提高各级领导干部运用法治思维和法治方式深化改革、推动发展、化解矛盾、维护稳定”的能力，逐步“形成办事依法、遇事找法、解决问题用法、化解矛盾靠法的良好法治环境，在法治轨道上推动各项工作”。①

其次，自十一届浙江省委以来，浙江省委坚持以浙江精神为支撑，坚持以党的建设推动党的事业发展，全面落实“五位一体”总体布局，努力建设“两富”浙江、“两美”浙江，各项事业建设取得辉煌成就：①经济强省建设走在全国前列。全省生产总值从2001年的6898亿元提高到2013年的3.76万亿元，年均增长11.5%；人均生产总值从2001年的14664元提高到2013年的68462元；三大产业结构从2001年的9.6∶51.8∶38.6调整为2013年的4.8∶49.1∶46.1。中国科学院发布的《中国科学发展报告》显示，从2009年到2013年，浙江科学发展总水平连续5年位居全国前五，2013年浙江GDP质量指数居全国第2位。②法治浙江建设走在全国前列。立法听证、专家咨询、公开征求意见等科学民主立法的机制不断健全；专题协商、对口协商、界别协商、提案办理协商等民主协商制度不断完善；政府权力清单、企业投资项目负面清单、财政专项资金管理清

① 《习近平谈治国理政》，外文出版社2014年版，第204页。

单、责任清单和浙江政务服务网落实到位，政府权力的行使在人民监督下更趋规范；省高院开通全国首个省、市、县三级法院一体化公开、一站式服务、智能化应用的司法公开网站，检察机关通过互联网或案件管理大厅向社会全部或有权限地公开法律文书，公安机关百名民警破案数和提请逮捕数连续13年居全国首位，司法公正以人民看得见的方式得到体现；全省90％以上村庄制定了村民自治章程或村规民约等制度，所有行政村建立村务监督委员会，95％的村已达到民主管理规范化建设标准，676个村（社区）成为省级或全国“民主法治村（社区）”。③文化强省建设走在全国前列。先进文化凝聚共识，社会主义核心价值观落地生根，当代浙江人共同价值观（务实、守信、崇学、向善）深入人心，“最美”现象由“盆景”变为“风景”，由“风景”变为“风尚”；公共文化服务体系惠及人民，率先制定施行基层公共文化服务评价指标体系，初步建成覆盖城乡的公共文化设施网络，全省公共博物馆、美术馆、图书馆、文化馆（站）实现免费开放。2014年，文化部将浙江省基本公共文化服务标准化建设、基层综合文化服务中心建设和公共文化机构法人治理结构三项工作列为全国试点；文化保护工程成绩显著，全省拥有全国重点文保单位达231处、国家级历史文化名城7座，中国历史文化名镇（村）30个。率先由省政府公布非物质文化遗产名录，建立省市县三级非物质文化遗产名录体系，先后公布省级非物质文化遗产名录970项。在国家级非物质文化遗产名录中，浙江入选数量最多，居全国第1位；文化体制改革深入推进，文化产业强势发展。2013年，浙江已有文化及相关产业法人单位85683个，列全国第四位，个体经营户达99933个，列全国第二位。全国文化企业30强，浙江占据4席。《2013中国文化产业发展指数报告（CCI-DI）》显示，浙江文化产业综合发展指数仅次于北京、广东，位居全国第三。2013年，浙江文化产业增加值达1880.4亿元，占全省生产总值5％，标志其成为国民经济支柱性产业。④平安浙江建设走在全国前列。全省刑事发案、信访总量、生产安全事故总量连续10年保持“零增长”，2013年人民群众安全感满意率达到96.09％，被公认为全国最安全的省份之一；社会应急联动、社会公共服务、社会组织服务、网络舆情研判等四大平台市级全覆盖，基层社会管理综合信息系统省、市、县三级全覆盖；城乡居民就学、就业、医疗、保险、住房、收入水平显著提高。仅以2013年城乡人均收入为例，城镇居民人均可支配收入37851元，农村居民人均纯收入16106元，分别连续13年和29年居各省区首位。⑤生态省建设走在全国前列。浙江省委坚持以“五水共治”“三改一拆”为抓手，倒逼经济转型升级；以壮士断腕的气概，加大环境治理力度，形成民生福祉的新增长点。到2014年底，全省共改造旧住宅区、旧厂区、城中村3.73亿平方米，拆除违法建筑3.17亿平方米。2014年，全省投入“美丽乡村”建设资金达208亿元，97%的村实现生活垃圾集中收集处理，37%的村实现生活污水有效治理，农村生活污水治理农户受益率达到42%。

三、弘扬浙江精神与“党建八八部署”相互促进的经验启示

习近平同志提出“党建八八部署”以来，历届浙江省委以浙江精神为支撑和动力，带领各级党委、党组织层层传导压力，精心组织实施，一步一个脚印，一环紧扣一环，覆盖之广、措施之严、影响之深、反响之好，前所未有，真正抓出了高质量、高品格。

（一）弘扬浙江精神与实践“党建八八部署”的基本经验

“党建八八部署”是习近平同志和省委一班人深入调查研究，科学分析省情，一切从浙江实际出发形成的党建发展战略，它明确了浙江党建的目标和原则，也指明了浙江党建的路径和方法。此后，历届浙江省委坚持“党建八八部署”的路子，带领各级党组织不断开拓进取，形成在省域内协同推进党的“伟大工程”和“伟大事业”的新实践、新探索、新经验。

第一，以求真务实的浙江精神为指引谋划党的建设，以勇于创新的浙江精神为动力推进党的建设。其一，“党政军民学，东西南北中，党是领导一切的”，求真务实面对的最大实际就是要把党建设好。在浙江来说，就是要按照党党的十六大关于加强党的执政能力的总体要求，结合浙江党的建设的实际来谋划党的建设。十一届浙江省委提出的“党建八八部署”是将“求真务实”这一浙江精神引入浙江党的建设领域、谋划党的建设的典范。其二，以勇于创新的胆略和坚韧不拔的毅力实践“党建八八部署”。“党建八八部署”不仅是理论建构，更是行动纲领。15年来，历届浙江省委按照“党建八八部署”提出的要求、绘就的蓝图，指导全省各地、各领

域、各系统大胆创新，勇于开拓党的建设实践，冲破重重关隘、跨越道道沟壑，开创巩固党执政的八个方面的基础、增强党执政的八个方面的本领的良好局面。

第二，在实践“党建八八部署”的过程中，浙江省委始终坚持以与时俱进的浙江精神为引领，坚持协同推进党的“伟大工程”和“伟大事业”。把推进党的建设伟大工程同党领导的伟大事业紧密结合起来，是中国共产党不断取得胜利的一条重要经验。正如列宁所说的那样，共产党不仅要以“讲解或举例说明什么是共产主义”，更重要的是“在实践中说明应该如何建设社会主义”。习近平主政浙江期间就曾明确指出，推进党的先进性建设要有争先精神，要“使浙江经济社会发展的指标保持全国领先位置”①。2015 年，他在浙江考察工作期间，再次强调要坚持伟大工程和伟大事业协同推进。改革开放以来，尤其是党的十八大以来，浙江省委始终坚持将党的建设贯穿于各项建设之中，坚持党建工作和各项建设一同谋划、一同部署、一同考核，把每条战线、每个领域、每个环节的党建工作抓具体、抓深入。浙江的实践证明：党的建设，是党的事业前进的重要保证；党的事业，是党的建设的基础和条件；党的事业发展到哪里，党建工作就要加强到哪里。只有这样，才能在党的“伟大工程”和“伟大事业”两个方向上都取得伟大成就。

第三，在实践“党建八八部署”的过程中，浙江省委始终把重民爱民的浙江传统文化提升到坚持以人民为中心，坚持人民主体地位的高度，进而科学地解决了为了谁、依靠谁、谁来推进党的“伟大工程”和“伟大事业”的问题。一方面，浙江省委始终强调人民“生命至上”、人民“利益至上”、人民“权利至上”，在涉及人民安全问题上“不怕劳民伤财，不怕兴师动众，不怕十防九空”；② 在涉及人民利益问题上“把解决民生问题放在一切工作的首位”；在涉及人民权利问题上把“是否牢记主仆关系、践行执政宗旨，是否做到心系群众、服务人民，是否恪守为民之责、履行为

---

① 习近平：《之江新语》，浙江人民出版社 2007 年版，第 127 页。

② 余玮：《习近平：在希望的田野上耕耘希望》，《决策与信息》2006 年第 3 期。

民之职”作为“衡量一个领导干部作风是否端正的试金石”。[①] 另一方面，浙江省委始终强调“人民群众是真正的英雄”，认为“浙江经济社会发展取得的巨大成就是浙江人民创造的，历届省委、省政府作出的重大决策，也来自基层和群众的生动实践”，[②] “担负领导工作的干部，在对重大问题进行决策之前，一定要有眼睛向下的决心和甘当小学生的精神，迈开步子，走出院子，去车间码头，到田间地头，进行实地调研，同真正明了实情的各方面人士沟通讨论，通过‘交换、比较、反复’，取得真实可信、扎实有效的调研成果，从而得到正确的结论”[③]。浙江的实践证明：只有当人民生命、利益、权利得到充分保障，只有当人民享受到幸福感和获得感时，才能激发起创新创业的积极性，才能以全国近1%的土地、4%的人口，创造全国近7%的生产总值。

第四，在实践“党建八八部署”的过程中，浙江省委始终坚持浙江精神中“讲求实效”的绩效导向，不搞花架子，不搞形式主义。“基础不牢，地动山摇”，浙江的实践表明：只有加强基层组织建设，才能把党的路线、方针、政策通过密如毛细血管的组织架构传导到社会的每一个神经末梢；只有加强基层组织建设，才能使全省20多万个基层党组织在各项事业的建设中始终发挥勇于担当的堡垒作用，才能使370多万党员一直提供源源不断的“红色动力”。习近平同志主政浙江期间，曾多次强调要“切实做好机关、企业、农村、城镇社区和学校、文化团体的党建工作，以服务群众为重点，扩大党的工作覆盖面，构建基层党建工作新格局”[④]；“要继续坚持把‘三级联创’活动作为总抓手，以‘先锋工程’建设为主载体，常抓不懈，务求实效，促使全省更多农村基层党组织达到新‘五好’标准”[⑤]；要按照“班子精干高效、党员形象突出、政治优势明显、促进发展有力、自身建设过硬”的要求，积极探索民营企业党建工作的有效途径，不断增

---

① 习近平：《之江新语》，浙江人民出版社2007年版，第257页。

② 习近平：《干在实处　走在前列——推进浙江新发展的思考与实践》，中共中央党校出版社2006年版，第534页。

③ 习近平：《之江新语》，浙江人民出版社2007年版，第154页。

④ 习近平：《加强基层基础工作，夯实和谐社会之基》，《求是》2006年第21期。

⑤ 习近平：《以建设社会主义新农村为主题深入开展农村先进性教育活动》，《求是》2006年第8期。

强党组织在企业中的渗透力、影响力和覆盖率。[①] 此后，历届浙江省委始终坚持眼睛往“下”看、身子往“下”沉、劲头往“下”使，一切工作向基层倾斜；始终坚持打造过得硬打胜仗的基层干部队伍，不断增强其自身建设的能力、科学发展的能力、服务群众的能力、社会治理的能力、协调各方的能力、守土尽责的能力；始终坚持加强基层党风廉政建设，规范“小微”权力运行，严肃查处发生在群众身边的腐败问题；始终坚持以创新思维、创新措施引领和支持浙江的全民创业、万众创新，助推浙江的社会主义现代化事业走在前列。

第五，在实践“党建八八部署”的过程中，浙江省委始终坚持坚韧不拔的浙江精神，以“功成不必在我的胸襟和咬定青山不放松的韧劲，对认准了的事紧抓不放、一抓到底，做到一张蓝图绘到底、一任接着一任干，步步为营、久久为功”。浙江省委十一届七次会议围绕加强党的先进性建设和执政能力建设，提出“巩固八个方面的基础，增强八个方面的本领”，为实施“八八战略”提供智力支持与政治保证。十二届浙江省委在党的十七大精神指引下，扎实开展学习实践科学发展观活动、深入推进学习型党组织建设，在深入实施“八八战略”基础上，作出“创业富民、创新强省”决策部署。浙江省第十三次党代会以来，中共浙江省委带领各级党组织深入学习贯彻习近平系列讲话精神，着力解决“浙江的体制机制优势还有没有、各级各部门自我革命的精神还有没有、广大党员干部敢闯敢冒的劲头还有没有、人民群众创业创新的良好环境还有没有”等问题，为干好“一三五”实现“四翻番”、实施创新驱动发展战略、建设物质富裕精神富有的现代化浙江奠定了坚实的基础。

（二）坚持和弘扬浙江精神续写“党建八八部署”新篇章

早在2006年，习近平同志就曾指出，在新的历史起点上，在新的现代化假设进程中，更需要浙江精神的引领和激励，以支撑我们在未来的实践中奋发图强、励精图治、与时俱进。[②] 据此，我们在今后的实践中，当根

① 习近平：《干在实处 走在前列——推进浙江新发展的思考与实践》，中共中央党校出版社2006年版，第432页。

② 习近平：《与时俱进的浙江精神》，《哲学研究》2006年第4期。

据全面落实和推进“四个全面”战略布局这一中心任务，沿着“八八战略”所指引的航向，以浙江精神为支撑，继续写好“党建八八部署”这篇大文章，以党的建设带动各项事业“干在实处，走在前列”。

首先，以浙江精神为支撑，续写好“党建八八部署”这篇大文章，围绕全面建成小康社会抓党建。全面建成小康社会的“全面”，包含两重含义：一是涉及领域全面，要求统筹协调五大建设，相互配合相互促进，实现社会全面进步，不能留短板，不能顾此失彼；二是受惠对象全面，要求不能让一部分地区、一部分人掉队。在浙江省委的领导下，一方面各级党组织要始终把发展作为第一要务，一以贯之打好转型升级组合拳，推动新常态下新发展，确保到2020年完成干好“一三五”、实现“四翻番”的具体目标，在经济、政治、文化、社会和生态文明建设上实现全面协调发展，加快向基本实现社会主义现代化迈进；另一方面，各级党组织要树立全省一盘棋思想，深入实施新型城市化和大都市区带动战略，进一步发挥辐射示范、以城带乡作用。同时，对原26个欠发达县确保支持力度不减，通过改进考核激励，推动这些地区加快走出绿色发展、生态富民、科学跨越之路。

其次，以浙江精神为支撑，续写好“党建八八部署”这篇大文章，围绕全面深化改革抓党建。浙江发展能有今天的成就，靠的是率先改革，赢得了改革的时间差。当前，浙江的改革已进入深水区，各级党组织要在省委领导下坚定信心、迎难而上，蹄疾步稳、负重前行，把全面深化改革的各项举措落实好，把全面深化改革的牵引作用发挥好，以此引领浙江进入发展新境界。一方面，各级党组织要紧紧抓住经济体制改革这个重点，建立健全“四张清单一张网”，处理好政府和市场的关系，使市场在资源配置中起决定性作用，更好发挥政府作用；另一方面，各级党组织要紧紧围绕群众实际需求，坚持问题导向、效果导向，有什么问题就解决什么问题，什么问题突出就着重解决什么问题，真正从群众关注的焦点、百姓生活的难点入手来设计改革项目、编制改革方案、落实改革任务。

再次，以浙江精神为支撑，续写好“党建八八部署”这篇大文章，围绕全面依法治国抓党建。依法治国是国家治理现代化的根本要求，只有全方位做到科学立法、严格执法、公正司法、全民守法，才能确保社会公正、有序、平安，使人民群众对可以预期的未来满怀信心。在进一步推进法治浙江的建设过程中，浙江省各级党组织要在省委领导下积极发挥总揽全局、协调各方的领导核心作用，更好地领导立法、保证执法、支持司法、带头守法。具体来说，重点抓好以下几个方面的工作：抓住领导干部这个“关键少数”，不断增强各级领导干部运用法治思维和法治方式深化改革、推动发展、化解矛盾、维护稳定的能力；以法治政府建设为重点，加快打造“审批事项最少、办事效率最高、投资环境最优”的省份；以实施“阳光司法”工程、强化法律监督为重点，积极稳妥地推进司法体制改革；围绕经济社会发展的难点、党委决策的焦点、人民群众关心的热点，发挥好人大、政协在法治建设中的“一线”作为；围绕“三改一拆”“五水共治”等重点工作拓展法治实践平台，引导全省人民办事依法、遇事找法、解决问题用法、化解矛盾靠法。

最后，以浙江精神为支撑，续写好“党建八八部署”这篇大文章，围绕全面从严治党抓党建。党的十八大以来，浙江省各级党组织在省委领导下，按照“示范点、排头兵”要求深入开展党的群众路线教育实践活动，着力培养造就“狮子型”干部和团队，全面推进基层服务型党组织建设，积极打好意识形态主动仗，严格落实党风廉政建设“两个责任”，党的建设各项任务得到有效落实。在全面从严治党的新形势下，各级党组织要铆足力气、下足功夫，重点做好以下几个方面的工作：深入学习21世纪的马克思主义，全面贯彻落实习近平同志系列重要讲话精神；深入开展“两学一做”教育实践活动，进一步加强党员干部的规矩意识；着力建设“好班长、好班子、好梯队”，积极打造敢闯敢冲、敢于担当的“狮子型”干部队伍；树立大抓基层的工作导向，着力加强以农村为重点的基层党建工作；继续发扬钉钉子精神，自觉落实全面从严治党主体责任，始终保持反腐败斗争的高压态势。

后　记

按照校委深入研究和阐述“浙江是习近平新时代中国特色社会主义思想萌发地”命题的要求，应省哲学社会科学重点研究基地“文化发展创新和文化浙江建设研究中心”的邀约，由马克思主义研究院和“中心”共同商定设立“浙江精神和‘八八战略’研究”课题，并由马克思主义研究院承担具体研究工作。经过一年多的努力，本课题研究终于有了初步的成效，并以本书稿的形式呈现给大家。

本书稿由胡承槐牵头，由其提供写作主旨、主题、思路和结构设想，最后经集体讨论决定，并由胡文木具体负责书稿写作各项事务。本书的绪论和后记为胡承槐撰写，其他各章的作者分别为：第一章“‘八八战略’：浙江精神引领下区域发展战略的成功实践”撰写人董瑛，第二章“以敢为人先的拼搏精神为动力，充分发挥浙江的体制机制优势”撰写人吴彬，第三章“以开放精神为引领，不断提高对内对外开放水平”撰写人蔡青竹，第四章“秉承浙江精神，加快先进制造业基地建设”撰写人陈锦其，第五章“以浙江精神为引领，坚持城乡统筹协调发展”撰写人徐竹青，第六章“弘扬人与自然‘和谐’精神，引领创建‘绿色浙江’生态省”撰写人卢宁，第七章“浙江精神引领山海战略，推动区域经济社会协调发展”撰写人刘缉川，第八章“以浙江精神为引领，打造一流的经济社会发展环境”撰写人胡文木，第九章“大力弘扬浙江精神，全面建设文化强省”撰写人杨俊，第十章“浙江精神与‘党建八八部署’相互促进相得益彰”撰写人王侃、丁竑睿。

本书在撰写过程中，得到了浙江省委党校校委和“文化发展创新与文化浙江建设研究中心”的极大支持，以及中心负责人李涛教授的悉心指导帮助，马克思主义研究院的熊觉、史枚翎两位老师在具体事务性工作上也付出了很多心力，在此一并向他们表示衷心的感谢。最后，感谢浙江省哲学社会科学重点研究基地“文化发展创新与文化浙江建设研究中心”对本课题研究和书稿出版的资助！

胡承槐

2020 年 6 月